数据驱动商业模式闭环的形成机理研究

王烽权 著

中国财经出版传媒集团
经济科学出版社
Economic Science Press
·北京·

图书在版编目（CIP）数据

数据驱动商业模式闭环的形成机理研究 / 王烽权著.
北京：经济科学出版社，2025.6. -- ISBN 978-7-5218-7124-1

Ⅰ. F71

中国国家版本馆 CIP 数据核字第 2025BX6282 号

责任编辑：宋　涛
责任校对：徐　昕
责任印制：范　艳

数据驱动商业模式闭环的形成机理研究
SHUJU QUDONG SHANGYE MOSHI BIHUAN DE XINGCHENG JILI YANJU
王烽权　著
经济科学出版社出版、发行　新华书店经销
社址：北京市海淀区阜成路甲 28 号　邮编：100142
总编部电话：010-88191217　发行部电话：010-88191522
网址：www.esp.com.cn
电子邮箱：esp@esp.com.cn
天猫网店：经济科学出版社旗舰店
网址：http://jjkxcbs.tmall.com
北京季蜂印刷有限公司印装
710×1000　16 开　16.5 印张　237000 字
2025 年 6 月第 1 版　2025 年 6 月第 1 次印刷
ISBN 978-7-5218-7124-1　定价：89.00 元
（图书出现印装问题，本社负责调换。电话：010-88191545）
（版权所有　侵权必究　打击盗版　举报热线：010-88191661
QQ：2242791300　营销中心电话：010-88191537
电子邮箱：dbts@esp.com.cn）

本书受到以下基金项目资助：

2024 年重庆市教育委员会人文社会科学研究重点项目（24SKGH127）

重庆工商大学科研启动经费项目（2355063）

前 言
PREFACE

  数据驱动商业模式闭环是指在大数据的加持下，商业模式以新的逻辑创造、传递和捕获价值，从而实现"数据—业务—价值"的协同关系，形成一种类似"飞轮效应"的正向增强循环。一方面，数字经济时代，为获取新型竞争优势，数字化转型或数字化创新已成为企业发展的必由之路，能否形成数据驱动商业模式闭环是决定其成败的关键因素。然而，尽管业界已经认识到"数据—业务—价值"之间协同关系的重要性，成功形成数据驱动商业模式闭环的企业比例却很低。另一方面，业界关于数字化转型或数字化创新的火热实践也吸引了学界的关注，相关文献主要聚焦数据驱动商业模式创新，部分提及商业模式闭环，但却对数据驱动商业模式闭环语焉不详。因此，作为对现有数据驱动商业模式创新及商业模式闭环研究的系统整合以凸显其复杂性和动态性，数据驱动商业模式闭环的形成机理已成为业界和学界亟待解决的重要议题。那么，（1）数据驱动商业模式闭环包括哪些关键要素？应该如何构建？（2）数据驱动商业模式闭环具有哪些组态特征？它们对数据价值有什么影响？（3）数据驱动商业模式闭环是一个复杂的系统，存在怎样的演化路径？

  为了回答上述研究问题，本书立足数字经济时代下企业数字化转型或数字化创新实践，选取消费互联网新创企业作为主要样本案例，以"数据—业务—价值"的协同关系作为逻辑主线，基于数据网络效应理论基础，以及复杂系统理论视角，通过探讨数据驱动商业模式闭环的构建过程、组态特征及演化路径，全方位揭示其形成机理。

  首先，本书通过新经济创业企业的导入案例分析，描绘出商业模式闭环构建机理的轮廓，包括单点突破、场景延伸和生态协同三个阶段，每一阶段在实现价值创造和价值捕获动态平衡的同时都应形成一个能够自我强化的闭环，它们环环相扣、层层递进，并且为获取可持续竞争优势，每一阶段都需要同时对动态能力各维度进行部署。紧接着，本书聚焦数据驱动情境，借助盒马案例研究打开数据驱动商业模式闭环构建过程的"黑箱"。研究表明：数据驱动商业模式闭环的构建过程包括"闭环启动""闭环扩容""闭环加固"三个阶段，表现为"全触点体验优化→价值网络拓展→竞争优势实现"的动态循环，其背后体现出数据网络效应的理论逻辑。遵循数据网络效应的理论逻辑，"闭环启动""闭环扩容""闭环加固"三大阶段可进一步被提炼为"场景匹配""连接协同""提效增值"，数据网络效应作为助推数据驱动商业模式闭环构建的理论逻辑，其功效在于"场景匹配→连接协同→提效增值"的动态循环。

其次，本书从构建过程的关键要素及做法中归纳特征属性，通过模糊集定性比较分析（fsQCA）揭开数据驱动商业模式闭环组态特征的"面纱"。研究表明：大数据（体量、种类、速度）匹配商业模式创新（新颖、效率）带来高数据价值（用户绩效、企业绩效）的组态有4类，分别标签为"体验至上""运营强化""内容为王""规模主导"，它们被视为数据驱动商业模式闭环的组态特征，并且之所以能够带来高数据价值，是因为它们触发了数据网络效应中的关键要素，其中以AI能力的预测速度和预测精准度最为核心，在本书研究中，则主要对应于大数据的预测速度。此外，导致非高数据价值的组态有9类，作为"反面教材"，本书统一将其标签为"数据—业务欠缺"，即由于缺乏大数据的速度这一核心驱动力，使得数据网络效应难以维系，从而导致非高数据价值。

最后，本书适当提取构建过程中的关键要素和做法，以及组态特征中的特征属性，通过系统动力学建模仿真（SD）厘清数据驱动商业模式闭环演化路径的"轨迹"。研究表明：数据驱动商业模式闭环是一个由大数据、商业模式、数据价值三大子系统组成的复杂系统，以大数据洞察表征大数据，价值主张表征商业模式，用户绩效和企业绩效表征数据价值，通过系统动力学建模仿真得到其演化路径，随着时间的增加，大数据洞察、价值主张、用户绩效和企业绩效均呈增长态势（与"飞轮效应"的启动原理相似）。用户绩效是企业绩效的先决条件，只有当用户绩效达到一定阈值之后，企业绩效才会被触发和加速攀升。同时，敏感性分析结果表明，单纯提升大数据分析能力并不能增加数据价值，只有当其与商业模式等业务层面的要素结合时，才会贡献边际效用。这进一步印证了本书关于"数据和业务协同产生数据价值"的出发点和研究基调，同时也是对前文研究的总结和佐证。

  本书研究所形成的主要创新点及理论贡献在于：（1）本书以"数据—业务—价值"的协同关系为逻辑主线，通过构建过程、组态特征及演化路径三大研究主体，全方位揭示了数据驱动商业模式闭环的形成机理，是对现有数据驱动商业模式创新以及商业模式闭环研究的丰富和深化。（2）本书以数据驱动商业模式闭环的构建过程为载体，通过盒马案例研究补充了数据网络效应的理论逻辑，并且以数据驱动商业模式闭环的组态特征为载体，通过大数据和商业模式创新匹配组态影响数据价值的模糊集定性比较分析，实证检验了数据网络效应的作用机理，是对数据网络效应这一新兴理论的验证和传承。（3）本书基于学界对商业模式是活动体系的本质界定，从复杂系统理论视角出发，在案例研究的基础上通过模糊集定性比较分析（fsQCA）和系统动力学建模仿真（SD）全方位揭示了数据驱动商业模式闭环的形成机理，是对商业模式研究在系统论视角及方法上的推进，能够在一定程度上弥补其传统研究静态单一的不足。

目 录
CONTENTS

第1章 绪论 ………………………………………………………… 1

  1.1 研究背景与研究问题 ……………………………………… 1

  1.2 研究目的与研究意义 ……………………………………… 12

  1.3 研究思路 …………………………………………………… 16

  1.4 研究方法 …………………………………………………… 19

  1.5 研究创新点 ………………………………………………… 21

第2章 文献回顾和理论基础 ……………………………………… 24

  2.1 文献回顾 …………………………………………………… 24

  2.2 理论基础 …………………………………………………… 56

  2.3 研究评述 …………………………………………………… 64

第3章 导入案例分析 ……………………………………………… 66

  3.1 引言 ………………………………………………………… 66

  3.2 相关文献分析 ……………………………………………… 69

  3.3 研究设计 …………………………………………………… 76

  3.4 研究发现 …………………………………………………… 81

  3.5 结论与讨论 ………………………………………………… 104

第4章 数据驱动商业模式闭环的构建过程 ……………………… 109

  4.1 研究目的与研究框架 ……………………………………… 109

  4.2 研究设计 …………………………………………………… 111

4.3 案例分析与发现 ……………………………………… 118
4.4 理论模型 …………………………………………… 137
4.5 实践启示 …………………………………………… 143
4.6 本章小结 …………………………………………… 144

第5章 数据驱动商业模式闭环的组态特征 …………………… 146

5.1 研究目的与研究框架 ……………………………… 146
5.2 研究设计 …………………………………………… 148
5.3 分析流程 …………………………………………… 155
5.4 研究发现与命题归纳 ……………………………… 159
5.5 实践启示 …………………………………………… 176
5.6 本章小结 …………………………………………… 177

第6章 数据驱动商业模式闭环的演化路径 …………………… 180

6.1 研究目的与研究框架 ……………………………… 180
6.2 研究设计 …………………………………………… 182
6.3 模型运行结果 ……………………………………… 192
6.4 实践启示 …………………………………………… 212
6.5 本章小结 …………………………………………… 213

第7章 结语 ……………………………………………………… 215

7.1 研究结论 …………………………………………… 215
7.2 理论贡献 …………………………………………… 218
7.3 管理启示 …………………………………………… 221
7.4 研究局限与未来研究方向 ………………………… 223

参考文献 ……………………………………………………… 226
附录 …………………………………………………………… 246
后记 …………………………………………………………… 252

第1章 绪　论

1.1　研究背景与研究问题

商业模式（business model）是企业成功发展的重要基础，其本质为价值创造、价值传递、价值捕获等关键维度、要素及属性组成的活动体系，它们相互关联、反馈迭代、自成一体，形成商业模式闭环（business model loop）。作为数字经济时代的新型生产要素，数据已成为企业生产运营的重要驱动力，并进一步加速了商业模式闭环的形成，本书将其界定为数据驱动商业模式闭环（data-driven business model loop），即在大数据的加持下，商业模式以新的逻辑创造、传递和捕获价值，从而实现"数据—业务—价值"的协同关系，形成一种类似"飞轮效应"[1]的正向增强循环。作为系统揭示企业数字化转型或数字化创新深刻内涵，并且突出这一过程复杂性和动态性的重要概念，数据驱动商业模式闭环得到了业界和学界的广泛关注和高度重视，其形成机理俨然成为亟待解决的重要议题。

---

[1]　参照吉姆·柯林斯的著作《飞轮效应》，该书以亚马逊等公司为案例，阐明成功企业的发展是由一个个"飞轮"构成的，启动时较为费力，一旦步入正轨，势能便会持续积累，运转也会愈发顺畅，从而形成一种正向增强回路。

1.1.1 现实背景

数字经济时代，以"ABCD"[①]为代表的新一代信息技术引发第四次工业革命，众多行业被加速洗牌，竞争格局也被加速重构。新冠疫情的暴发更推动了这一时代洪流，企业原有"一招鲜吃遍天"式的竞争优势将难以长期维系，需动态调整方能在"VUCA"[②]的环境中"柳暗花明又一村"。在外源危机持续冲击的情况下，作为组成国家数字经济体系的微观个体，企业亟须借助数字化转型或数字化创新实现困境突破和降本增效（陈晓红等，2022；单宇等，2021）。因此，数字化转型或数字化创新不再是企业的"可选项"，而是"必修课"，这要求企业必须努力挖掘数据要素、积极变革商业模式、充分释放数据价值，以寻求"数据—业务—价值"的协同关系，进而构筑数字经济时代的新型竞争优势。

（1）在动荡形势和政策加码的背景下，数字经济发展如火如荼，数字化转型或数字化创新成为企业的必由之路。

2020年突如其来的新冠疫情冲击了全球经济，国际形势中不确定因素增多，带来复杂严峻的经济形势。在此背景下，党的十九届五中全会、"十四五"规划和2035年远景目标纲要，以及"十四五"数字经济发展规划均指出，要推动数字经济和实体经济深度融合，打造数字经济新优势，为构建新发展格局提供强大支撑，发展数字经济已上升为国家战略。数字经济发展速度之快、辐射范围之广、影响程度之深前所未有，正在成为重组全球要素资源、重塑全球经济结构、改变全球竞争格局的关键力量。根据中国信通院发布的《中国数字经济发展报告（2022年）》，2021年，中国数字经济发展取得新突破，数字经济规模达到45.5万亿元，同比名义增长16.2%，占GDP比重达到39.8%。同时，数字经济的发展需要企业的助力，企业的数字化转型或数字化创新也被推向风

---

① A代表人工智能（AI），B代表区块链（Block-chain），C代表云计算（Cloud），D代表大数据（Data）。

② V代表易变性（Volatility），U代表不确定性（Uncertainty），C代表复杂性（Complexity），A代表模糊性（Ambiguity）。

口，2020年4月，国家发展改革委中央网信办印发《关于推进"上云用数赋智"行动，培育新经济发展实施方案》，方案提出大力培育数字经济新业态，深入推进企业数字化转型或数字化创新，形成产业链上下游和跨行业融合的数字化生态体系。作为组成国家数字经济体系的微观个体，在外源危机持续冲击的情况下，企业亟须借助数字化转型或数字化创新培育组织韧性，从而实现困境突破和降本增效（陈晓红等，2022；单宇等，2021）。

（2）数字经济催生数据新型生产要素，使得企业数字化转型或数字化创新的实现途径为寻求数据和业务的结合。

2020年4月9日，中共中央、国务院发布《关于构建更加完善的要素市场化配置体制机制的意见》，将数据与土地、劳动力、资本、技术并称为五种生产要素，提出"加快培育数据要素市场"，同时，"十四五"规划和2035年远景目标纲要也将大数据的发展布局融入各篇章之中，并且强调"充分发挥海量数据和丰富应用场景优势"，由此"催生新产业新业态新模式，壮大经济发展新引擎"。这意味着，数据要素市场化配置及大数据产业布局已上升为国家战略，对发展数字经济影响深远。国际数据公司（IDC）预测，2025年全球数据规模将扩展至163ZB，相当于2016年所产生的数据量的10倍[①]。数据的重要性不言而喻，对企业而言，数据即洞察，只有洞察数据才能真正理解客户和市场、优化产品和供应链，从而实现数据和业务的结合（谢康等，2020；Grover et al.，2018）。正如格罗弗（Gartner）认为数字化转型已经完全超越了信息的数字化或工作流程的数字化，并着力于实现"业务的数字化"，从而使公司在一个新型的数字化商业环境中发展出新的业务（商业模式）和新的核心竞争力。阿里巴巴也强调，数字化是一个"从业务到数据，再让数据回到业务的过程"。

部分领跑企业已深谙此道，例如，盒马利用全渠道的数据驱动，重构了餐饮零售业的消费形式，将线上、线下与现代物流技术完全融合，

---

① 详见国际数据公司（IDC）发布的白皮书《数据时代2025》。

为消费者打造社区化的一站式新零售体验中心，用科技和人情味带给人们"鲜美生活"。截至 2021 年 11 月，盒马已在全国 27 个城市开设 300 家门店，建立 1000 个直采基地和 100 多个供应链中心仓，并与超过 100 家食品生产企业进行联名合作，自有品牌占比超过 20%，发展势头强劲，一举成为国内第一个实现规模化盈利的新零售标杆；又如，主营跨境电商的快时尚服装企业 SHEIN，用"中国超级供应链+数智化全球经营"的模式改变了国际竞争格局，借助数据和算法代替传统人工来对市场进行考察和判断，并将前端 App 和网站的用户行为数据与后端供应链无缝融合，以实现需求自动预测、小批量生产和快速迭代。SHEIN 的年营收增长率均超过 100%，2021 年的营业收入达到 157 亿美元，其估值更是已超 1000 亿美元，成为国内跨境电商中以数据智能撬动市场的典范。可见，在当前市场产能过剩、劳动力成本上升、流量及资本红利消弭、个性化定制化生产及服务需求高速发展的大环境下，基于数据驱动的业务精细化运营是每个企业的必备技能（Pan et al., 2022）。

（3）企业数字化转型或数字化创新的最终目标是实现数据价值，这离不开数据和业务的相互促进，三者形成"数据—业务—价值"的协同关系。

根据埃森哲发布的《2021 中国企业数字转型指数》，智能运营、商业创新和主营业务增长是决定企业数字化转型成功与否的关键，这背后恰好反映出"数据—业务—价值"的协同关系，即优质精确的数据能够为企业提供多维决策信息，助力企业不断完善产品和改进服务，从而吸引更多客户，我们需要加深与现有客户的关系。同时，这又会促进未来产品和服务的创新升级，有助于预测和发掘未来需求并塑造新商机。基于数据中台[①]，企业可以更好地实现数据和业务的正向循环和相互促进，并将数据价值叠加到企业的商业价值中，从而增强自身竞争力（魏江等，2022；钟华，2020；Gregory et al., 2021）。

---

① 详见阿里云全球技术服务部、阿里云研究院和埃森哲阿里事业部联合发布的《数据中台交付标准化白皮书》。

然而，尽管业界对"数据—业务—价值"协同的呼声日益高涨，成功实现三者协同关系的企业比例却很低。麦肯锡的一份研究报告指出，企业数字化转型失败率高达80%。IT桔子和36氪研究院也统计发现[①]，2011~2020年底，中国共出现新经济创业企业13万家，覆盖企业服务、电子商务、教育、文娱、本地生活、医疗健康等热门领域，但创业失败是主旋律，近十年来仅认知度较高的新经济关停倒闭项目数就高达1.4万个，2020上半年，平均每天有5家新经济创业企业关停倒闭。以新零售领域为例，其概念自2016年被业界提出之后，便引发了一波新零售创业潮，这一赛道涌入了盒马、超级物种、小象生鲜、每日优鲜等"明星选手"。然而狂热过后，由于没能充分挖掘和利用全渠道的数据驱动力来构建商业模式闭环，不少新零售企业折戟沉沙、黯然离场。例如，超级物种虽然线下供应链优势突出，但缺乏线上数字化运营能力，导致成本高企，连年亏损严重，不得不大幅闭店，最终沦为永辉的边缘化业务；小象生鲜过于看重线下线上相互导流，却忽视线下供应链等渠道建设，导致盈利艰难，最终沦为美团的"弃子"；再如，每日优鲜缺乏基于数据驱动对前置仓模式及组织流程的精细化运营和管理，导致自身造血能力欠缺，最终在债台高筑中"匆忙谢幕"。企业要想成功实现数字化转型或数字化创新，数据、业务、价值三者缺一不可。因此，探究数据驱动商业模式闭环的形成机理具有重要的实践意义。

1.1.2 理论背景

在学界，商业模式的研究历经20余载，伴随信息技术的发展更迭，其研究焦点呈现由商业模式（business model）向商业模式创新（business model innovation），再向数字化商业模式创新（digital business model innovation）的转变，本书所关注的数据驱动商业模式闭环属于

---

① 详见IT桔子发布的《2020~2021中国新经济创业投资分析报告》，以及36氪研究院发布的《2011~2020年中国新经济十年回顾研究报告》。

数字化商业模式创新范畴。与业界观点类似，文献普遍认为，技术创新需要通过相应商业模式创新来释放价值（吴晓波等，2021；Chesbrough and Rosenbloom，2002），这是因为商业模式创新能够为技术创新匹配合适的应用场景和价值主张，并通过连接利益相关者构建价值网络或商业生态来运营业务和组织生产，以更好满足目标客群的需求，从而实现用户、企业、伙伴等层面的价值目标（江积海，2019；Garcia-Castro and Aguilera，2015）。因此，本书以"数据—业务—价值"的协同关系为逻辑主线，其中"数据"指大数据技术及其驱动业务的具体做法和特征，"业务"指商业模式或商业模式创新的关键维度、要素及属性，"价值"指包括用户绩效和企业绩效等在内的数据价值，三者之间的协同关系是数据驱动商业模式闭环的核心。由于现有文献较少直接探讨数据驱动商业模式闭环，本书将其拆解为商业模式闭环和数据驱动商业模式创新，同时选取较为契合的数据网络效应以及复杂系统理论，进行相关文献及理论的对话。

（1）商业模式闭环强调要素之间的连接、反馈和协同，是对已有商业模式概念的深化，但数字化情境下（尤其是考虑数据作为驱动因素时）的相关研究较为欠缺。

商业模式闭环（business model loop）借鉴了物理学中反馈控制系统的基本原理，视商业模式为各要素相互耦合，并且能够动态调适的活动体系，通过运营过程中的持续反馈迭代，不断强化自身价值创造、价值传递和价值捕获的能力，从而形成三者之间的良性循环（Casadesus-Masanell and Ricart，2010，2011；Teece，2010，2018；Pagani，2013）。商业模式闭环的概念虽未被学界正式提出，但部分研究已经开始触及其核心思想，并对其达成共识。相关文献指出，商业模式是跨越核心企业及行业边界，连接合作伙伴、供应商、客户等利益相关者，各要素相互依赖的活动体系，应以系统和整体的思维考察商业模式（Zott and Amit，2010），其"动态一致性"强调构成要素之间相互联系、紧密耦合、牵一发而动全身，并且在内外部因素（外部因素包括环境变化，内部因素包括管理决策）的驱动下，商业模式处于持续不平衡状态，需要对商业模式的构成要素进行不断调整以促使其反馈迭代和动态演进，形成良性循环，从而获取可持续竞争优势（Demil and Lecocq，2010）。

进一步，卡萨德苏斯-马萨内尔和里卡特（Casadesus-Masanell and Ricart，2010，2011）通过类似系统动力学中因果反馈回路的表达模型，刻画商业模式的"自我强化性"，认为好的商业模式应该产生能够自我强化的良性循环或反馈闭环，从而可持续地创造、传递和捕获价值。同时，蒂斯（Teece，2010，2018）指出，价值创造、价值传递和价值捕获作为商业模式创新的关键维度，应该存在一种互补和促进的关系，即价值创造引导价值传递，价值传递带来价值捕获，价值捕获又进一步反哺价值创造，从而带来可持续竞争优势。此外，福斯和塞比（Foss and Saebi，2017）、兰佐拉和马基迪斯（Lanzolla and Markides，2021）也强调，未来研究应从复杂系统理论视角探析商业模式及商业模式创新。可见，部分学者围绕动态调适、反馈迭代、良性循环、要素关联、系统连接等关键特征，已对商业模式创新应在整体上构建出闭环这一重要目标形态达成共识。

总体而言，现有文献主要以静态线性、分割独立的思维探析商业模式的关键构成要素或关键维度，较少进一步基于反馈迭代、动态调适的视角审查要素或维度之间的协同联动（商业模式闭环），并且在数字化情境下，尤其是考虑当数据作为驱动因素时，相关研究较为缺乏，这也是本书研究的切入点。

（2）数据驱动商业模式创新的相关研究主要关注数据驱动对商业模式某一关键维度的改变，及其所带来的特定数据价值，但缺乏对"数据—业务—价值"协同关系的揭示。

数据驱动商业模式创新（data-driven business model innovation）是指数据作为企业的新型生产要素，经过一系列处理和分析，实现由数据向信息、知识及智慧的转变，从而形成洞见，指导并赋能商业模式以新的逻辑进行价值创造、价值传递和价值捕获，以此实现数据价值的过程（李文莲和夏健明，2013；Breidbach and Maglio，2020；Sorescu，2017）。相关文献主要关注数据驱动对商业模式某一关键维度（价值创造、价值传递或价值捕获）的改变，及其所带来的特定数据价值（例如生产运营优化、产品/服务创新或业态转变）（Wiener et al.，2020；Grover et al.，2018）。数据驱动价值创造主要表现为企业基于用户数据对用户画像和用户需求的准确理解，通过重构生产运营流程提升交易效率、降低交易复杂性，以及通过创新性推出产品或服务组合满足用户个性化需求、优化用户体验，并且通过联合生态伙伴敏捷响应市场变化（肖静华等，2020；Holmlund et al.，2020）。数据驱动价值传递主要表现为企业基于 DIGITAL 原则（Data：数据基础；Intelligent：技术支撑；Grounded：规划落地；Integral：整合一致；Teaming：合作伙伴；Agile：敏捷反应；Leadership：有力领导），培育出数字化能力，从而让需求侧不断积累的用户数据反哺供给侧企业的生产优化，通过改造价值链、扩展价值网，以及协同价值生态，促进供求的高效匹配（Magistretti，2021；Brock and Von Wangenheim，2019）。数据驱动价值捕获主要表现为企业基于数字技术对多主体之间连接互动的数据化记录，使得数据成为企业的新型生产要素，并且以机器学习算法为核心的人工智能技术能够发挥其预测、监控、最优化、自动化等重要功能，赋能企业精细化运营、多元化延伸和敏捷化响应，从而在降本增效的同时，持续扩大企业收益的空间（魏江等，2022；刘洋等，2020；徐鹏和徐向艺，2020；Grover et al.，2018；Porter and Heppelmann，2014）。

具体而言，对于数据驱动价值创造，企业与用户的连接交互产生了大量用户数据，这些数据将成为企业洞察用户的重要依据，从而触发数据驱动对价值创造的改变（肖静华等，2020；Holmlund et al.，2020）。企业基于用户数据对用户画像和用户需求的准确理解，首先，在生产运营优化的数据价值目标下，数据驱动价值创造主要表现为流程重构，即通过重构生产运营流程提升交易效率、降低交易复杂性（刘洋等，2020；Kretschmer and Khashabi，2020；Ross et al.，2017）；其次，在产品/服务创新的数据价值目标下，数据驱动价值创造主要表现为体验改善，即通过创新性推出产品或服务组合来满足用户个性化需求、优化用户体验（Holmlund et al.，2020；Grover et al.，2018；Parise et al.，

2016）；最后，在业态转变的数据价值目标下，数据驱动价值创造主要表现为敏捷响应，即通过联合生态伙伴敏捷响应市场变化（单宇等，2021；Wang，2021；Amit and Han，2017）。

对于数据驱动价值传递，基于用户数据提升用户体验的关键在于打通数据在需求侧和供给侧之间的双向流动，从而触发数据驱动对价值传递的改变（Magistretti，2021；Taylor et al.，2020）。企业基于DIGITAL原则（Data：数据基础；Intelligent：技术支撑；Grounded：规划落地；Integral：整合一致；Teaming：合作伙伴；Agile：敏捷反应；Leadership：有力领导）培育出数字化能力（Brock and Von Wangenheim，2019），首先，在生产运营优化的数据价值目标下，数据驱动价值传递主要表现为链式改造，即加强价值链各环节的无缝衔接、精简冗余和低效环节、促进流程自动化（Novak and Hoffman，2022；Hanelt et al.，2021）；其次，在产品/服务创新的数据价值目标下，数据驱动价值传递主要表现为网状扩展，即大数据使得企业与更多参与方（如互补者、竞争者等）建立连接（Garud et al.，2022；Tan and Zhan，2017）；最后，在业态转变的数据价值目标下，数据驱动价值传递主要表现为生态协同，即大数据等数字技术使得企业之间（主要包括核心企业、供应商、分销商、合作伙伴、竞争对手等）能够建立广泛且低成本的连接互动（Wang，2021；Sebastian et al.，2020；Helfat and Raubitschek，2018）。

对于数据驱动价值捕获，大数据等数字技术只有实现了供求双方的协同联动，只有充分激发数据价值才能在价值创造和价值传递的基础上，实现对成本结构的控制和收入来源的扩展（魏江等，2022；刘洋等，2020；徐鹏和徐向艺，2020；Grover et al.，2018）。首先，在生产运营优化的数据价值目标下，数据驱动价值捕获主要表现为规模经济，即数据要素在与其他生产要素结合之后，赋能企业生产经营等管理流程更加精细化，带来效率的提升和成本的降低（魏江等，2022；Raguseo et al.，2021；Menz et al.，2021；Kretschmer and Khashabi，2020）；其次，在产品/服务创新的数据价值目标下，数据驱动价值捕获主要表现为范围经济，即大数据使得企业能够更全面地洞察用户需求，并以此为中心来高效开发新产品或服务的组合，为企业带来更加多元化的收入（魏江等，2022；Wiener et al.，2020；Davenport，2014）；最后，在业态转变的数据价值目标下，数据驱动价值捕获主要表现为速度经济，即大数据等数字技术带来企业的模块化架构，通过各模块之间的协同，企业能够快速满足市场需求，获取先发优势（魏江等，2022；Stonig et al.，2022；Rahmati et al.，2021）。

综上，现有文献主要将数据驱动商业模式创新解构为不同数据价值目标下的数据驱动价值创造、数据驱动价值传递，以及数据驱动价值捕获，探讨了"数据—业务—价值"的线性关系。然而，商业模式的本质为活动体系，理应以系统和整体的视角对其进行考察（Zott and Amit，2010），并且，大数据等数字技术使得这一活动体系的边界更加模糊，因此数据驱动商业模式创新已超越传统商业模式创新中线性单一的维度，带来"牵一发而动全身"的系统创新（Foss and Saebi，2017；Sjödin et al.，2021）。相关研究在揭示"数据—业务—价值"的协同关系上存在不足，因此，本书探究数据驱动商业模式闭环的形成机理具有较大理论意义。

（3）数据驱动商业模式闭环的本质是一个复杂的系统，其理论基础是数据网络效应。因此，有必要通过探究数据驱动商业模式闭环的形成机理，进一步拓展和验证数据网络效应理论，并强化对商业模式活动体系的认知。

数据网络效应（data network effects）是指用户感知到的产品/服务价值随着用户数据的增多而提升，同时产品/服务使用的增多会产生更多用户数据，从而进一步提升用户感知价值，形成良性循环（Gregory et al.，2021；Knudsen et al.，2021）。作为学界提出的新概念和新理论，虽然目前较少有研究专门对其进行论述，但是也不乏文献遵循其内涵机制进行相关探讨。这些文献指出，在数字经济时代下，用户数据是企业创新的重要来源和依据，企业通过与用户的持续交互实现其研发、设计等关键环节的用户数据化参与，并借助机器学习算法等大数据分析技术，挖掘不断积累的用户数据价值，使得新产品开发或产品创新的迭代周期更短，应对市场变化的调整方式更加敏捷，能够快速且精准地满足不同用户需求，进一步扩大用户规模和数据体量，促进顾客绩效和企业绩效的全面提升（肖静华等，2018，2020；Wielgos et al., 2021；Tan and Zhan, 2017）。本书旨在探讨数据驱动商业模式闭环的形成机理，突出数据对于商业模式活动体系中关键要素及维度之间形成良性循环所起的助推作用，这一研究与数据网络效应的内涵机制十分契合。同时，数据网络效应作为数字经济时代下解释新现象的新兴理论，尚处于发展和完善阶段，还需在更多研究情境下对其进行完善、深化、拓展和验证（Gregory et al., 2021，2022）。

此外，复杂系统理论（complex system theory）是系统科学的一个前沿方向，其中，复杂是指个体加总不等于总体，总体分解也不等于个体，而系统是指由相互作用和依赖的若干组成部分结合而成的具备特定功能的有机整体，故复杂系统理论不同于还原论，其强调使用整体论和还原论相结合的方法来分析系统，从而揭示系统整体的动态演化问题（杨晓光等，2022；盛昭瀚和于景元，2021；罗家德和曾丰又，2019）。本书研究数据驱动商业模式闭环的形成机理，其中商业模式是跨越核心企业及行业边界，各要素相互依赖的活动体系（Amit and Zott, 2001；Zott and Amit, 2010），同时，大数据等数字技术使得商业模式这一活动体系的边界更加模糊。因此，数据驱动商业模式闭环的形成机理已经超越了传统商业模式研究所关注的线性单一维度，进而带来"牵一发而动全身"的系统迭代和调适（Sjödin et al., 2021；Wang, 2021；Foss and Saebi, 2017），故有必要将其视为一个复杂系统，通过结合还原论和整体论的方法，系统探索出数据驱动商业模式闭环的形成机理。

1.1.3 研究问题

从业界和学界对于探究"数据—业务—价值"协同关系的共同诉求出发，本书基于数据网络效应理论基础，以及复杂系统理论视角，通过构建过程、组态特征和演化路径三大研究主体，全方位揭示数据驱动商业模式闭环的形成机理。相应地，本书提出如下科学问题：

（1）数据驱动商业模式闭环包括哪些关键要素？应该如何构建？该科学问题是本书研究的"起始点"，旨在基于还原论打开数据驱动商业模式闭环构建过程的"黑箱"。该科学问题的回答，有助于探析数据、业务、价值之间相互促进和动态循环的关键要素及做法，以及在具体研究情境下补充数据网络效应的理论逻辑，并且为后续研究奠定基础。

（2）数据驱动商业模式闭环具有哪些组态特征？它们对数据价值有什么影响？该科学问题是本书研究的"里程碑"，旨在基于整体论揭开数据驱动商业模式闭环组态特征的"面纱"。该科学问题的回答需要从构建过程的关键要素及做法中归纳特征属性进行组态分析，以探析数据和业务的不同匹配组态对价值的整体影响，同时也是对数据网络效应理论框架的实证检验，并且在本书中起到承上启下的作用。

（3）数据驱动商业模式闭环是一个复杂的系统，存在怎样的演化路径？该科学问题是本书研究的"终点线"，旨在基于还原论和整体论相结合的复杂系统理论，厘清数据驱动商业模式闭环演化路径的"轨迹"。该科学问题的回答需要适当提取构建过程中的关键要素及做法，以及组态特征中的特征属性，视数据驱动商业模式闭环为一个复杂系统，通过系统动力学建模对该复杂系统进行仿真分析，以探析数据、业务、价值之间系统连接和迭代交互的协同关系，加深对其复杂系统本质的认知，并且是对前述研究的系统归纳和总结佐证。

1.2　研究目的与研究意义

1.2.1　研究目的

本书立足数字经济时代下企业数字化转型或数字化创新实践，聚焦

"数据—业务—价值"的协同关系,旨在揭示数据驱动商业模式闭环的形成机理。结合研究问题,可将研究目的细分为如下三点:

(1)打开数据驱动商业模式闭环构建过程的"黑箱",以探析数据、业务、价值之间相互促进和动态循环的关键要素及做法,并在具体研究情境下补充数据网络效应的理论逻辑。具体而言,本书将基于数据网络效应,通过案例研究得到数据驱动商业模式闭环的构建过程,同时补充其背后数据网络效应的理论逻辑,从而回答"数据驱动商业模式闭环包括哪些关键要素?应该如何构建?"这一科学问题。作为数据驱动商业模式闭环形成机理的"起始点",该部分研究为后续研究奠定了基础。

(2)揭开数据驱动商业模式闭环组态特征的"面纱",以探析数据和业务的不同匹配组态对价值的整体影响,并实证检验数据网络效应的理论框架。具体而言,本书将借助模糊集定性比较分析(fsQCA),从特征属性考察大数据和商业模式创新,将两者带来高数据价值的组态视为数据驱动商业模式闭环的组态特征,并基于数据网络效应理论和代表性案例实践阐明其背后的机理,同时也是对数据网络效应理论框架的实证检验,从而回答"数据驱动商业模式闭环具有哪些组态特征?它们对数据价值有什么影响?"这一科学问题。作为数据驱动商业模式闭环形成机理的"里程碑",该部分研究在本书中起到了承上启下的作用。

(3)厘清数据驱动商业模式闭环演化路径的"轨迹",以探析数据、业务、价值之间系统连接和迭代交互的协同关系,加深对其复杂系统本质的认知。具体而言,本书将基于复杂系统理论视角,通过系统动力学建模仿真(SD),结合数据网络效应,构建出大数据、商业模式、数据价值三者之间动态反馈的系统动力学模型,并借助 Vensim PLE 软件对模型进行仿真模拟和敏感性分析,从而回答"数据驱动商业模式闭环作为一个复杂系统,存在怎样的演化路径?"这一科学问题。作为数据驱动商业模式闭环形成机理的"终点线",该部分研究是对前述研究的系统归纳和总结佐证。

1.2.2 研究意义

本书紧扣数字经济发展趋势,基于业界实践诉求和学界研究缺口,聚焦"数据—业务—价值"的协同关系,通过探究数据驱动商业模式闭环的构建过程、组态特征及演化路径,全方位揭示其形成机理,从而为企业成功实现数字化转型或数字化创新提供理论及实践层面的指导,具有重要的理论意义和实践意义。具体如下:

(1)理论意义。

首先,本书揭示了数据驱动商业模式闭环的形成机理,进一步完善了基于大数据、AI等数字技术的数据驱动商业模式创新以及商业模式闭环研究。具体而言,本书将数据驱动商业模式创新和商业模式闭环相结合,从"数据—业务—价值"的协同关系出发,通过构建过程、组态特征及演化路径三大研究主体,全方位揭示数据驱动商业模式闭环的形成机理,从而在弥补数据驱动商业模式闭环相关研究不足的同时,也是对现有数据驱动商业模式创新以及商业模式闭环研究的丰富和深化(刘洋等,2020;Burstrm et al.,2021;Wiener et al.,2020;Sorescu,2017)。

其次,本书拓展了数据网络效应的研究情境及理论逻辑,从而进一步延伸了数据网络效应的作用客体至价值创造、价值传递和价值捕获及其相互关系,并且实证检验了数据网络效应的理论框架。具体而言,本书以数据驱动商业模式闭环的构建过程为载体,通过盒马案例研究补充了数据网络效应的理论逻辑。同时,本书以数据驱动商业模式闭环的组态特征为载体,通过大数据和商业模式创新匹配组态影响数据价值的模糊集定性比较分析,实证检验了数据网络效应的作用机理,是对数据网络效应这一新兴理论的验证和传承(Gregory et al.,2021,2022)。

最后,本书基于复杂系统理论视角,综合使用案例研究、模糊集定性比较分析(fsQCA)和系统动力学建模仿真(SD),从而进一步推动了借助复杂系统论视角及方法对商业模式的研究。具体而言,现有商业模式研究主要采用的研究方法为理论概念、案例研究和计量实证，并且较多基于还原论视角来层层解构商业模式，对其构成要素及其他内外部因素之间的系统关联探讨较少（Foss and Saebi，2017；Snihur and Bocken，2022）。本书从复杂系统理论视角出发，将还原论和整体论相结合，在案例研究的基础上通过模糊集定性比较分析（fsQCA）和系统动力学建模仿真（SD）全方位揭示数据驱动商业模式闭环的形成机理，是对商业模式研究在系统论视角及方法上的推进，能够在一定程度上弥补其传统研究静态单一的不足（Täuscher，2018；Snihur and Eisenhardt，2022；Vatankhah et al.，2023）。

（2）实践意义。

首先，对于数据驱动商业模式闭环的构建过程，企业可参考研究结论中数据、业务、价值之间相互促进和动态循环的关键要素及做法，从而让数字化转型或数字化创新落到实处。具体而言，企业应完善并优化各类用户触点，积累用户数据以跨越冷启动，从而逐步细化用户画像，实现后续对产品及服务的迭代优化；同时，强化产业链上下游企业合作，打通供需两侧数据的双向流动，实现需求主导下高质量、高效率的供给侧结构性改革，进而促成企业的全链路数字化；此外，我们致力于形成解决方案以提升竞争优势，开放能力系统以赋能行业生态，并寻求企业内外部的网络协同，从而构筑更高阶的竞争优势。

其次，对于数据驱动商业模式闭环的组态特征，企业可参考研究结论中数据和业务的不同匹配组态对价值的影响作用，从而形成对数字化转型或数字化创新的整体认识。具体而言，企业应结合大数据技术和商业模式创新，寻求数据和业务之间的协同，注重对大数据体量、种类和速度等关键特征的部署，以及对商业模式新颖性、效率性等关键属性的培育；同时，在数据和业务协同的基础上，企业应通过优化用户体验、强化生产运营、丰富数字内容等举措，提高用户满意度，从而实现用户绩效；并且，在实现用户绩效的基础上，企业应考虑做大用户规模、扩充用户数据，实现对用户画像的进一步完善，从而更加精准地洞察用户需求，并寻求多元化的变现方式，以实现企业绩效。

最后，对于数据驱动商业模式闭环的演化路径，企业可参考研究结论中数据、业务、价值之间系统连接和迭代交互的协同关系，从而厘清数字化转型或数字化创新的方法规律。具体而言，企业应通过提高大数据转化能力、识别能力和分析能力来促进大数据体量、种类和速度的增长，在此基础上不断积淀大数据洞察，并将其应用于指导业务实践，从而带来数据和业务的协同；同时，通过产品创新、用户关系管理等举措提高用户绩效，在此基础上通过提升用户规模和客单价水平促进企业绩效；并且，企业绩效较用户绩效而言具有时滞性，在企业绩效增长之前，企业还要注重多元化融资和现金流管理，以免资金链断裂徒增失败风险。

1.3 研究思路

本书研究遵循"提出问题→分析问题→解决问题"的整体思路，以"数据—业务—价值"的协同关系为逻辑主线，基于数据网络效应理论基础和复杂系统理论视角，综合使用文献计量分析、案例研究、模糊集定性比较分析（fsQCA）、系统动力学建模仿真（SD）等研究方法，将数据驱动商业模式闭环的形成机理解构为构建过程、组态特征及演化路径三大研究主体，其中构建过程是本书研究的"起始点"，主要基于还原论探析数据驱动商业模式闭环的关键要素及做法；组态特征是本书研究的"里程碑"，主要基于整体论，从构建过程的关键要素及做法中归纳特征属性，并进行组态分析；演化路径是本书研究的"终点线"，主要基于还原论和整体论相结合的复杂系统理论，适当提取构建过程中的关键要素及做法，以及组态特征中的特征属性，视数据驱动商业模式闭环为一个复杂系统，通过系统动力学建模对该复杂系统进行仿真分析。三大子研究的逻辑关系如图 1.1 所示。

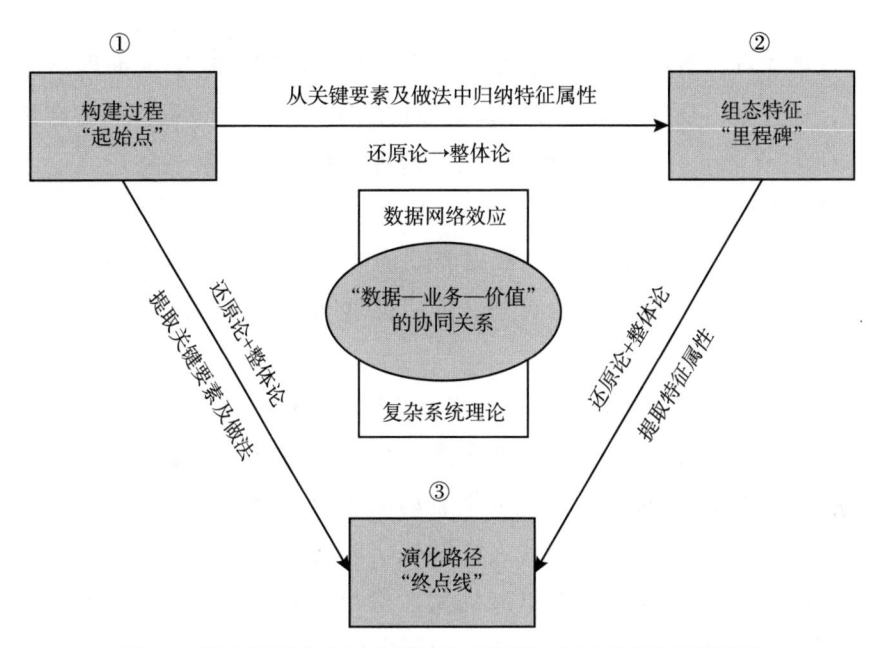

```
         ①                                              ②
    ┌─────────┐      从关键要素及做法中归纳特征属性    ┌─────────┐
    │ 构建过程 │ ──────────────────────────────────→ │ 组态特征 │
    │ "起始点" │          还原论→整体论               │ "里程碑" │
    └─────────┘                                      └─────────┘
         │           ╭─────────────────╮                  │
         │           │   数据网络效应   │                  │
         │           │                 │                  │
         │           │ "数据—业务—价值"│                  │
         │           │   的协同关系    │                  │
         │           │                 │                  │
         │           │   复杂系统理论   │                  │
         │           ╰─────────────────╯                  │
         │                    ③                          │
         │               ┌─────────┐                      │
         └──────────────→│ 演化路径 │←─────────────────────┘
                         │ "终点线" │
                         └─────────┘
```

图 1.1　数据驱动商业模式闭环形成机理三大子研究的逻辑关系

具体而言，本书的研究思路及章节安排如下：

第 1 章，绪论。从业界关于数字化转型或数字化创新的现实背景，以及学界关于商业模式闭环和数据驱动商业模式创新等研究的理论背景出发，提出本书研究问题，指明其研究目的及研究意义，并对研究思路、研究方法和研究创新点做简要介绍。

第 2 章，文献回顾和理论基础。借助 CiteSpace 文献计量软件，从技术发展轨迹下商业模式的研究历程、商业模式闭环、数据驱动商业模式创新三方面回顾相关研究，并对数据网络效应和复杂系统理论进行理论回顾，进而识别出研究不足，找准本书的研究切入点。

第 3 章，导入案例分析。立足中国新经济创业情境，基于动态能力理论，以价值创造和价值捕获协同演化作为研究视角，通过对美团、小米、ofo 的多案例研究，系统探索新经济创业企业商业模式闭环的构建机理，从而描绘出商业模式闭环的轮廓，是本书主体研究内容的基调，有助于循序渐进地理解数据驱动商业模式闭环这一重要概念。

第4章，数据驱动商业模式闭环的构建过程。基于数据网络效应，通过案例研究得到数据驱动商业模式闭环的构建过程，同时在具体研究情境下补充了数据网络效应的理论逻辑。该章节从还原论的角度出发，通过探讨数据、业务、价值之间相互促进和动态循环的关键要素及做法，回答了"数据驱动商业模式闭环包括哪些关键要素？应该如何构建？"的问题。这一科学问题，为后续研究奠定了基础。

第5章，数据驱动商业模式闭环的组态特征。借助模糊集定性比较分析（fsQCA），从特征属性考察大数据和商业模式创新，将两者带来高数据价值的组态视为数据驱动商业模式闭环的组态特征，并基于数据网络效应理论和代表性案例实践阐明其背后的机理，同时也是对数据网络效应理论框架的实证检验。该章节从整体论的角度出发，通过探析数据和业务的不同匹配组态对价值的整体影响，回答了"数据驱动商业模式闭环具有哪些组态特征？它们对数据价值有什么影响？"的问题。这一科学问题，在本书中起到承上启下的作用。

第6章，数据驱动商业模式闭环的演化路径。基于复杂系统理论视角，通过系统动力学建模仿真（SD），结合数据网络效应，构建出大数据、商业模式、数据价值三大子系统之间动态反馈的系统动力学模型，并借助 Vensim PLE 软件对模型进行仿真模拟和敏感性分析。该章节通过探讨数据、业务、价值之间系统连接和迭代交互的协同关系，回答了"数据驱动商业模式闭环作为一个复杂系统，存在怎样的演化路径？"的问题。这一科学问题，也是对前述研究的系统归纳和总结佐证。

第7章，结语。系统总结本书的研究结论和理论贡献，并指出研究局限和未来研究方向。

综上，本书的研究思路及技术路线如图1.2所示。

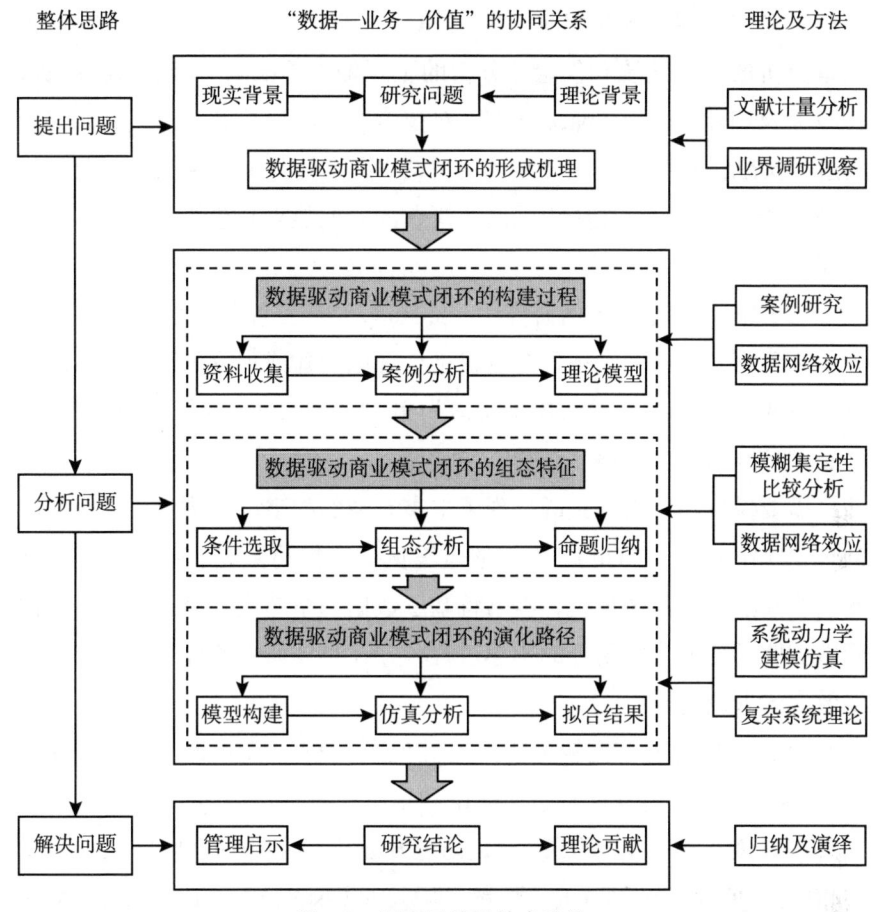

图 1.2 研究思路及技术路线

1.4 研究方法

本书基于复杂系统理论视角，将数据驱动商业模式闭环视为一个复杂系统，创新性采用结合还原论和整体论的系统论研究方法，以构建过程、组态特征及演化路径为研究主体，全方位揭示数据驱动商业模式闭环的形成机理。研究方法具体如下：

（1）文献计量分析。文献计量分析（bibliometric analysis）能够结合定量分析与定性分析的优点，即通过定量分析把握研究领域的发展全貌，并在定量分析的基础上针对重点文献进行定性分析，弥补了仅定量分析的过于笼统和仅定性分析的主观偏见等缺陷（李杰和陈超美，2022）。本书借助 CiteSpace 软件，对技术发展轨迹下商业模式的研究历程进行文献计量分析，主要涉及文献共引、关键词共现和聚类，及其战略坐标图分析，目的在于识别商业模式的研究热点和趋势，引出本书研究议题。

（2）案例研究。案例研究（case study）是一种基于对案例实践的理解和洞察，通过归纳推理等逻辑进行理论构建或理论扩展的质性研究方法。它适合回答"怎么样（how）"和"为什么（why）"的研究问题（Yin，2014）。案例研究应遵循"理论抽样"的总体原则选择案例对象，并且需要做到一个平衡：既呈现了丰富有趣的故事，又构建了普遍适用的理论（毛基业，2020）。本书通过案例研究探讨数据驱动商业模式闭环的构建过程，具体地说，本书将基于数据网络效应，通过案例研究得到数据驱动商业模式闭环的构建过程，并在具体研究情境下补充数据网络效应的理论逻辑。

（3）模糊集定性比较分析。定性比较分析（qualitative comparative analysis，QCA）是一种基于整体论和组态思维探析"多重并发""殊途同归""非对称性"复杂因果关系的研究方法，包括清晰集 QCA（csQCA）、多值集 QCA（mvQCA）、模糊集 QCA（fsQCA），其中 csQCA 和 mvQCA 只适合处理类别问题，而 fsQCA 不仅可以处理类别问题，也可以处理程度变化的问题和部分隶属的问题，使得 fsQCA 具有质性分析和定量分析的双重优势，因此得到了更广泛的应用（杜运周等，2021；Ragin，2008）。本书通过 fsQCA 探讨数据驱动商业模式闭环的组态特征，具体的，本书将借助 fsQCA，从特征属性考察大数据和商业模式创新，将两者带来高数据价值的组态视为数据驱动商业模式闭环的组态特征，并基于数据网络效应理论和代表性案例实践阐明其背后的机理，同时也是对数据网络效应理论框架的实证检验。

（4）系统动力学建模仿真。系统动力学（system dynamics，SD）是一种基于系统论，以反馈控制理论为基础，以计算机模拟技术为工具，采用定性和定量相结合的方法,并通过"结构—功能分析"来研究复杂系统运行情况并尝试解决复杂动态反馈性系统问题的一种仿真方法(钟永光等,2016;王其藩,2009)。本书通过 SD 探讨数据驱动商业模式闭环的演化路径,具体的,本书将基于复杂系统理论视角,结合数据网络效应,构建出大数据、商业模式、数据价值三者之间动态反馈的系统动力学模型,并借助 Vensim PLE 软件对模型进行仿真模拟和敏感性分析,同时也是对前述研究的系统归纳和总结佐证。

1.5 研究创新点

本书基于数据网络效应理论基础,以及复杂系统理论视角,通过探讨数据驱动商业模式闭环的构建过程、组态特征和演化路径,全方位揭示其形成机理。具体而言,本书的研究创新点可细化为如下三方面:

(1)本书揭示了数据驱动商业模式闭环的形成机理,是对现有数据驱动商业模式创新以及商业模式闭环研究的丰富和深化。

现有数据驱动商业模式创新的相关研究主要探讨了大数据等数字技术对商业模式价值创造、价值传递或价值捕获等单一维度的影响(Trischler and Li-Ying,2022;Wiener et al.,2020),然而大数据等数字技术的应用使得商业模式这一活动体系的边界更加模糊,故数据驱动商业模式创新已超越传统商业模式创新中线性单一的维度,带来"牵一发而动全身"的系统创新(Foss and Saebi,2017;Sjödin et al.,2021)。同时,部分学者开始基于要素之间的协同联动、反馈迭代等方式触及商业模式闭环的概念(Casadesus-Masanell and Ricart,2010,2011;Teece,2010,2018),但是在数字化情境下,尤其是考虑到当数据作为驱动因素时,相关研究较为缺乏。因此,本书将数据驱动商业模式创新和商业模式闭环相结合,以"数据—业务—价值"的协同关系为逻辑主线,通过构建过程、组态特征及演化路径三大研究主体,全方位揭示数据驱动商业模式闭环的形成机理,从而进一步完善了基于大数据、AI 等数字技术的数据驱动商业模式创新以及商业模式闭环研究（刘洋等，2020；Burstrm et al.，2021；Wiener et al.，2020；Sorescu，2017）。

（2）本书拓展了数据网络效应的研究情境及理论逻辑，是对数据网络效应这一新兴理论的验证和传承。

现有文献对数据网络效应的探讨主要聚焦需求侧的用户感知价值，强调对用户数据的积累和分析能够提升用户体验，形成良性循环，但却缺乏对价值创造和价值捕获之间相互关系的探讨，以及在更多研究情境下的实证检验（Gregory et al.，2021，2022）。因此，一方面，本书以数据驱动商业模式闭环的构建过程为载体，通过盒马案例研究补充了数据网络效应的理论逻辑，将数据网络效应的理论边界由需求侧的用户感知价值进一步延伸至需求侧和供给侧协同联动所带来的数据价值和竞争优势，同时也将数据网络效应的作用客体延伸至价值创造、价值传递和价值捕获及其相互关系。另一方面，本书以数据驱动商业模式闭环的组态特征为载体，通过大数据和商业模式创新匹配组态影响数据价值的模糊集定性比较分析，实证检验了数据网络效应的作用机理。

（3）本书基于复杂系统理论视角，通过案例研究、模糊集定性比较分析（fsQCA）和系统动力学建模仿真（SD），来探讨数据驱动商业模式闭环的形成机理，是对商业模式研究在系统论视角及方法上的推进。

现有商业模式研究主要采用的研究方法为理论概念、案例研究和计量实证，并且较多基于还原论视角来层层解构商业模式，对其构成要素及其他内外部因素之间的系统关联探讨较少（Foss and Saebi，2017；Snihur and Bocken，2022）。因此，本书基于学界对商业模式是活动体系的本质界定，从复杂系统理论视角出发，将还原论和整体论相结合，在案例研究的基础上通过模糊集定性比较分析（fsQCA）和系统动力学建模仿真（SD）全方位揭示数据驱动商业模式闭环的形成机理。具体而言，本书基于构建过程的关键要素及做法归纳其特征属性，借助 fsQCA 探讨大数据与商业模式创新的不同匹配组态对数据价值的影响，从整体论视角抽象出数据驱动商业模式闭环的组态特征，以揭示其"多重并发""殊途同归""非对称性"的复杂因果关系。同时，数据驱动商业模式闭环是一个复杂系统，包括大数据、商业模式、数据价值三大子系统之间的动态反馈关系，涉及诸多定性、定量，以及存量、流量等变量，本书借助 SD 明晰这些变量之间的复杂关系，进而厘清其演化路径，这也是对商业模式研究在系统论视角及方法上的推进，能够在一定程度上弥补其传统研究静态单一的不足（Täuscher，2018；Snihur and Eisenhardt，2022；Vatankhah et al.，2023）。

第2章
文献回顾和理论基础

2.1 文献回顾

本书的核心研究议题为数据驱动商业模式闭环的形成机理,考虑到现有研究较少直接对其进行探讨,故本章层层递进、深入浅出,将相关文献划分为技术发展轨迹下商业模式的研究历程、商业模式闭环、数据驱动商业模式创新三方面进行综述,从而更好发现研究不足。具体阐述如下:

2.1.1 技术发展轨迹下商业模式的研究历程

2001~2023年,商业模式的研究历经了20余年时间[①],看似进入"下半场",但依旧"方兴未艾",研究焦点呈现由商业模式(business model)向商业模式创新(business model innovation),再向数字化商业模式创新(digital business model innovation)转变的趋势。追根溯源,商业模式一词,1957年最早出现在贝尔曼和克拉克(Bellman and Clark)所写论文的正文中,1960年出现在琼斯(Jones)所写论文的标题。此后30年间,该术语的应用不温不火,仅有五篇同行评审的期

---

① 本书以2001年阿米特和佐特(Amit and Zott)在《Strategic Management Journal》发表的标志性著作《Value Creation in E-business》作为起点。

刊文献在标题中出现商业模式。直到 1990 年，随着互联网的兴起和普及，以及美国高科技企业的快速成长和繁荣，业界、媒体、出版商、学界、咨询机构等开始频繁使用"商业模式"来描述这些高新技术企业的价值创造逻辑或成功源泉，以区分其他企业。因此，这一术语的使用频率与美国纳斯达克指数（Nasdaq）的增长呈现出同一步调（Wirtz et al.，2016）。21 世纪初，互联网经济泡沫破灭，很多美国高科技企业破产倒闭，纳斯达克指数急剧下降，但商业模式这一术语被保留下来，商业模式创新也逐渐成为不同于产品创新、服务创新、流程创新等传统创新类型的新范式（张玉利等，2020；杨俊等，2020；Lanzolla and Markides，2021；Zott et al.，2011）。

纵观商业模式这 20 余年来的研究历程，信息技术（information technology，IT）的更迭起着最为核心的驱动作用（Budler et al.，2021；Vatankhah et al.，2023）。为了进一步揭示技术发展轨迹下商业模式研究的演进历程，本章借助 CiteSpace 文献计量软件，对国内外重点期刊上与商业模式相关的研究文献进行了系统分析[①]，图 2.1 展示了年度发文量，可以看出，商业模式正在吸引国内外众多学者的研究兴趣，尤其是近三年，其发文量有了质的飞跃。图 2.2 展示了关键文献共引的时序图，并且基于关键词的共现、聚类和突变分析，本章进一步归纳得到如表 2.1 所示的技术发展轨迹下商业模式研究的演进脉络。遵循波特和赫佩尔曼（Porter and Heppelmann，2014）对 IT 三次浪潮的界定[②]，本章对检索结

[①] 检索的时间范围设置为 2001-01-01 至 2023-12-31，其中，WoS 的主题检索词为 "business model*"；CNKI 的主题检索词为 "商业模式"。同时，对于 WoS，限定文献类型为 "article"、语言为 "English"、研究领域为 "management" 和 "business"，并聚焦战略、创新、创业等管理学领域的国际重要期刊；对于 CNKI，聚焦国内管理学的重要期刊。研究成员通过逐篇略读检索结果，剔除与研究内容关联度不大或者不相关的文献，最终筛选出 1208 篇国内外文献。

[②] IT 1.0 是指企业生产流程从订单处理到账单支付，从计算机辅助设计到生产资料规划都逐渐实现了自动化和标准化；IT 2.0 是指互联网的出现实现了个体生产活动与外部供应商、渠道和客户之间跨地域的协调与整合；IT 3.0 是指新一代产品内置传感器、处理器和软件，并与互联网相联，同时产品数据和应用程序在产品云中储存并运行，海量产品运行数据让产品的功能和效能都大大提升。

果划分为三个阶段，下面对此作详细阐述。

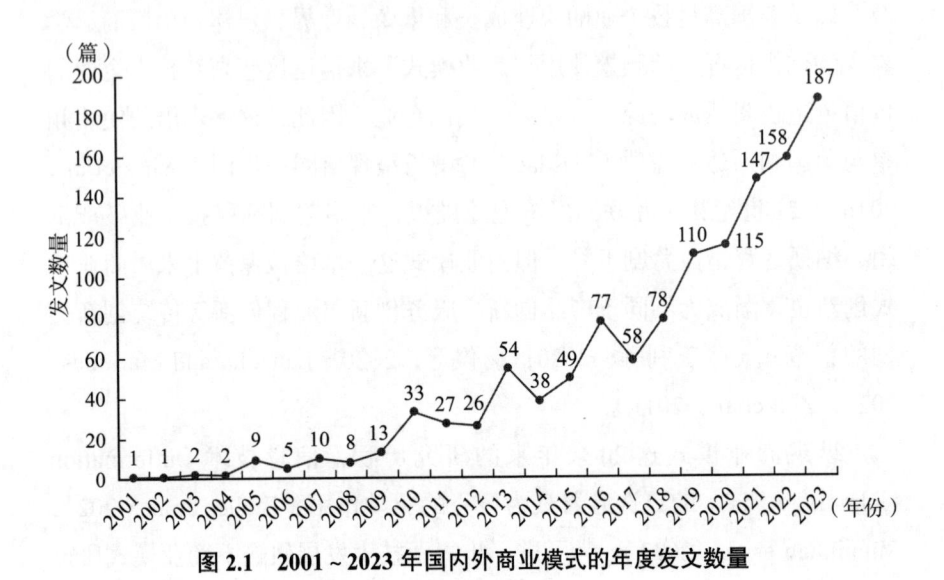

图 2.1　2001～2023 年国内外商业模式的年度发文数量

资料来源：根据 CiteSpace 文献计量结果整理而来。

（1）2001～2010 年（IT 1.0）：商业模式的概念渊源。

第一个阶段是 2001～2010 年（标签为 IT 1.0）（见表 2.1），这一阶段，PC 互联网技术占据主导，电子商务发展迅猛，一批新创企业凭借其独特的商业模式迅速成长起来（例如亚马逊、阿里巴巴等），由此引发学者对商业模式的关注和探讨，其中的开山之作便是 2001 年阿米特和佐特（Amit and Zott）在《Strategic Management Journal》发表的《Value Creation in E-business》，该文通过对 59 家来自美国和欧洲的上市电商企业的案例进行扎根研究，得出商业模式价值创造的来源（价值动因）为新颖（novelty）、效率（efficiency）、互补（complementarities）、锁定（lock-in），并且指出商业模式是对交易内容、结构和治理的设计，以及跨越行业及企业边界的活动体系。

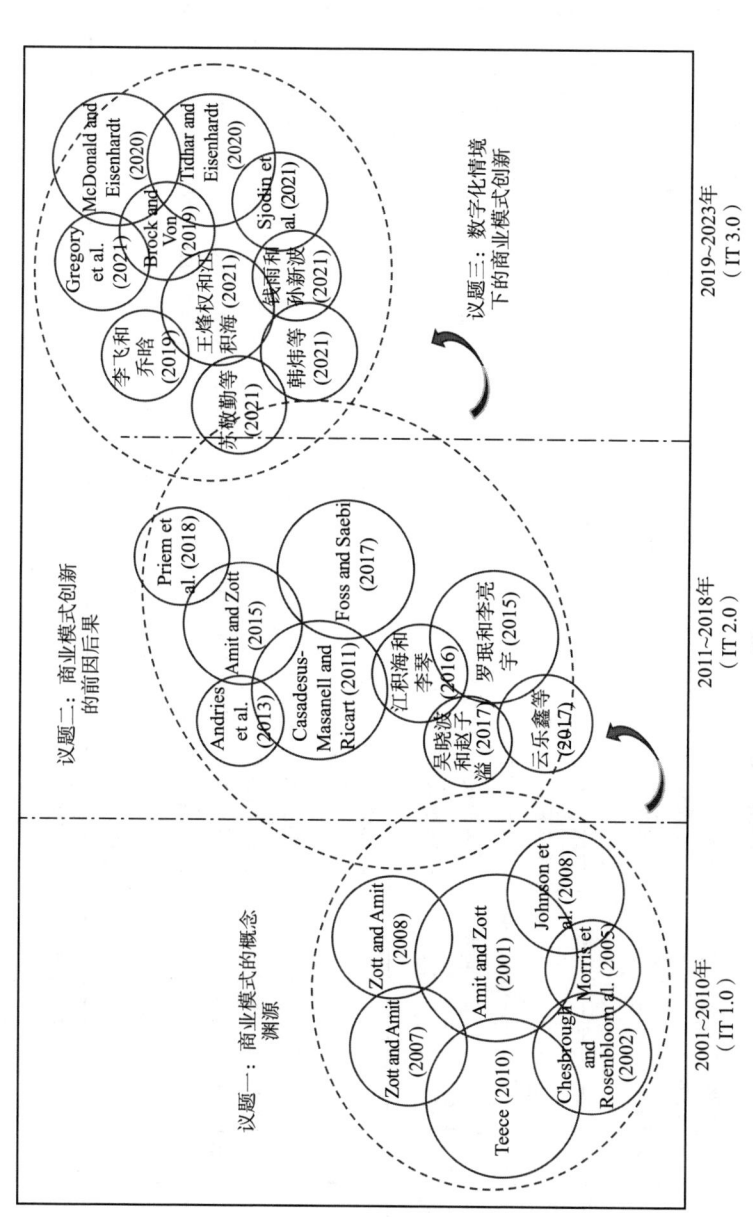

图 2.2　国内外商业模式关键文献共引的时序图

资料来源：根据 CiteSpace 文献计量结果整理而来。为保证图像清晰，只保留了被共引次数较多的文献，并删除共引连接线。圆圈大小表示文章被引次数的相对多少，仅作象征性展示。

表 2.1 技术发展轨迹下商业模式研究的演进脉络

阶段划分	主导技术	代表商业模式	相关研究议题	典型文献
2001~2010年（IT 1.0）	PC互联网、电子商务	新颖/效率型商业模式	• 商业模式是什么？（概念、要素、架构、属性） • 商业模式为什么能创造价值？（价值动因） • 商业模式与技术创新和企业战略的关系是什么？	Amit and Zott (2001); Chesbrough and Rosenbloom (2002); Morris et al. (2005); Zott and Amit (2007, 2008); Johnson et al. (2008); Casadesus-Masanell and Ricart (2010); Teece (2010)
2011~2018年（IT 2.0）	移动互联网、社交媒体	平台/共享型商业模式	• 商业模式创新如何形成？（前因） • 商业模式创新受什么因素影响？（权变） • 商业模式创新如何开展？（路径） • 商业模式创新带来什么结果？（功效）	Casadesus-Masanell and Ricart (2011); Andries et al. (2013); Amit and Zott (2015); Foss and Saebi (2017); Priem et al. (2018); 罗珉和李亮宇 (2015); 云乐鑫等 (2016); 吴晓波和赵子溢 (2017)
2019~2023年（IT 3.0）	物联网、数智技术	智能/生态型商业模式	• 不同数智技术（例如 AI、大数据等）如何赋能商业模式创新？ • 智能互联下商业模式创新如何实现生态协同和价值共创？ • 数字原生企业和传统企业如何进行商业模式数字化创新或转型？ • 数字化商业模式创新的动因、机理、功效是什么？	Brock and Von Wangenheim (2019); Tidhar and Eisenhardt (2020); McDonald and Eisenhardt (2020); Sjödin et al. (2021); Gregory et al. (2021); Kazantsev et al. (2023); 李飞和乔晗 (2019); 王烽权和江积海 (2021); 韩炜等 (2021); 苏敬勤等 (2021); 钱雨和孙新波 (2021)

资料来源：根据 CiteSpace 文献计量结果整理归纳而来。

阿米特和佐特（Amit and Zott，2001）提出的商业模式价值动因影响深远，特别是新颖性和效率性，为商业模式设计提供了操作性较强的指导思路，他们也对此进行了一系列实证研究（Zott and Amit，2007，2008）。然而，商业模式的本质内涵及概念辨析仍然是模糊的，学者随后进行了大量探讨，例如，切斯布洛和罗圣明（Chesbrough and Rosenbloom，2002）认为商业模式是将技术与其本身所蕴含的潜在经济价值联系起来的启发逻辑，包括市场定位、价值主张、价值链、成本和利润、价值网、竞争优势等关键要素。Morris等（2005）将商业模式的定义归纳为经济、运营、战略三大类，其构成要素包括提供物、市场、内部能力、竞争战略、功效和增长。约翰逊等（Johnson et al.，2008）提出了一个包含顾客价值主张、盈利模式、关键资源和关键流程四个相互锁定的要素构成的商业模式四要素模型，认为成功的商业模式都离不开四要素的协调、互补和互动，某一要素的变化会影响整个系统，不同要素之间的冲突会显著影响系统的整体绩效。值得一提的是，国内学者魏炜和朱武祥在《发现商业模式》一书中将商业模式界定为利益相关者的交易结构，包括定位、业务系统、盈利模式、关键资源能力、现金流结构与企业价值六大要素，并且业务系统是其核心概念，强调交易结构的构型，以及交易方的角色和关系。随后，魏炜和朱武祥在《重构商业模式》《商业模式的经济解释》《商业模式学原理》等书中强化对商业模式的理解和解读，在国内产生了较大影响力。

虽然早期学者对商业模式的概念及内涵进行了有益探索，但是尚未对此达成一致，目前学界上较为公认的是蒂斯（Teece，2010）对商业模式的理解和界定，即商业模式是描述企业价值创造（value creation）、价值传递（value delivery）、价值捕获（value capture）的基本原理或机制设计，其本质在于为顾客创造和传递价值，引导顾客付费，并将其转化为企业利润，相应地，商业模式创新是指企业遵循新的主导逻辑来创造、传递和捕获价值的创新方式。同时，奥斯特沃德和皮尼厄（Osterwalder and Pigneur，2010）指出商业模式包括价值主张、客户关系、渠道通路、客户细分、关键业务、核心资源、重要伙伴、成本结构、收入来源等九大要素,即"商业模式画布",这为商业模式设计提供了比较具象且实操性较强的指导工具,在业界影响深远。这些研究成果为后续商业模式在更大范围内的研究做了较好铺垫。

此外,在学界正式提出商业模式概念之初,尽管大部分学者肯定其存在价值,但也有部分学者质疑其合法性,认为商业模式作为企业战略的衍生或附属概念,存在使用随意和语义混淆等问题(Porter, 2001),有必要进一步厘清商业模式和战略的概念辨析。对此,卡萨德苏斯 - 马萨内尔和里卡特(Casadesus-Masanell and Ricart, 2010)指出战略是较大范围内的企业目标,商业模式是特定时点下的战略体现,也就是说,战略需要对商业模式进行选择,而商业模式反映的是已实现的战略。同时,在有多种备选商业模式的情况下,战略与商业模式是不同的:战略的价值在于灵活配置和选择商业模式,如果没有选择,两者就很难相互区分。类似地,蒂斯(2010)也强调,商业模式与战略是两个不同的概念,它们既相异又互补,认为战略需要通过商业模式落地,同时商业模式配合战略分析能够带来竞争优势。

(2)2011~2018年(IT 2.0):商业模式创新的前因后果。

第二个阶段是2011~2018年(标签为IT 2.0),这一阶段,移动互联网技术占据主导,社交媒体发展迅猛,网民人数大幅增长,"流量红利"凸显,大量新创企业在这一阶段爆发(例如美团、小米、拼多多、Uber、Airbnb等),平台和共享经济成为热词,企业面临的内外部环境也日益动荡和不确定,使得商业模式创新的重要性与日俱增,并且呈现出基于价值网络的连接互动和协同创新等特征,成为企业获取竞争优势的重要来源(江积海和李琴,2016;Foss and Saebi, 2017)。在这个背景下,大量文献探讨了商业模式创新的前因、路径和结果等议题。

对于商业模式创新的前因,文献从内部运营和外部环境等不同角度进行了探讨(Foss and Saebi, 2017)。例如,阿米特和佐特(2015)基于设计学文献提炼出商业模式设计的前因,包括目标(goals)、模板(templates)、约束(constraints)和利益相关者(stakeholders),其中目标(旨在平衡价值创造和价值捕获)影响锁定性,模板(参考在位企业等)影响效率性和新颖性,约束(主要指资源环境)影响新颖性,利益相关者(包含各参与方的活动体系)影响锁定性和互补性;类似地,吴晓波和赵子溢(2017)通过文献梳理发现,商业模式创新前因包括管理认知、资源能力、组织活动和盈利模式等内部因素,以及技术创新、情境因素、市场机会和企业的价值网络等外部因素。

对于商业模式创新路径,文献已经就商业模式创新过程中快速试验和反馈迭代的动态特征达成共识(Andries et al.,2013)。例如,卡萨德苏斯-马萨内尔和里卡特(2011)认为商业模式创新要考虑三大标准,即与公司目标的一致性(aligned with company goals)、自我强化性(self-reinforcing)和鲁棒性(robust),这一动态过程要求商业模式创新能够形成一种类似"飞轮效应"的良性循环,具体途径有三类,即增强自身的良性循环、削弱竞争对手的循环,以及将竞争对手转变为合作伙伴。类似地,阿赫滕哈根(Achtenhagen et al.,2013)也认同商业模式创新是一个动态过程,这需要战略行动的引导(包括有机成长和战略并购相结合、产品市场渠道等多维扩张、低成本和差异化相结合),背后体现的是关键能力的支撑(包括不断探索新商业机会、平衡资源的部署、领导文化和员工承诺之间的连贯或一致性),关键能力则通过一系列活动落地,并且战略行动、关键能力和活动之间相互联系、协同互补,它们能够形成良性循环。此外,国内学者云乐鑫等(2017)基于案例研究探索了创业企业实现商业模式内容创新的过程机理,认为创业企业所嵌入的网络结构通过促进以知识获取为核心的获得性学习影响商业模式内容创新,而网络行为依赖以知识创造为核心的试验性学习作用于商业模式内容创新,并且基于网络行为的知识创造机制是诱发商业模式内容创新的更重要途径。

对于商业模式创新结果,文献普遍认为,与工业经济时代不同,互联网时代下商业模式创新关注重点应由供给侧企业的价值捕获转变为需求侧用户的价值创造(Priem et al.,2018),并且企业与用户的连接互动成为常态,使得连接红利(linkage divident)成为商业模式创新的新型价值来源(罗珉和李亮宇,2015)。例如,普里姆等(Priem et al.,

2013、2018）基于需求侧战略视角，强调价值创造是价值捕获的前提，其中价值创造以提升顾客获利体验为核心，可表示为支付意愿，是价值系统中所创造价值的上限，而价值捕获则聚焦企业的利润分配，其水平高低由资源产权、市场（成本）结构、议价能力决定。并且认为商业模式创新和需求侧战略的共同点是都以顾客和价值创造为中心，它们可以相互促进，即需求侧战略有助于更细致理解特定场景下商业模式创新中用户价值主张及价值创造的内涵和构建过程，而商业模式创新可为需求侧战略搭建连接资源基础观及其他战略理论的桥梁。

（3）2019~2023年（IT 3.0）：数字化情境下的商业模式创新。

第三个阶段是2019~2021年（标签为IT 3.0），这一阶段，数字化、智能化技术（例如 AI、大数据等）占据主导，物联网发展迅猛，使得数字时代下人与人、人与物、物与物之间的智能互联成为常态（Palmaccio et al.，2021），同时，数字化时代也加剧了易变、不确定、复杂且模糊（VUCA）的内外部环境特征，为了保持竞争优势，企业需要在数智技术赋能下进行动态的商业模式创新，即数字化商业模式创新，以提升其适应力或韧性（Sjödin et al.，2021；McDonald and Eisenhardt，2020）。

具体而言，数字化商业模式创新是指数字化、智能化技术嵌入商业模式，形成新的价值捕获、传递、创造逻辑的创新范式（Sjödin et al.，2021）。一方面，现有文献对数字技术赋能的商业模式创新以及数字化转型进行了探讨，例如，肖迪恩等（Sjödin et al.，2021）通过归纳式多案例研究发现，AI 能力包括数据传输能力、算法开发能力、AI 民主能力，它们分别作用于商业模式创新的价值创造、价值传递、价值捕获，形成"敏捷化用户共创→数据驱动的传输运营→可扩展的生态整合"的协同共演和反馈闭环。布洛克和冯·旺根海姆（Brock and Von Wangenheim，2019）指出，数字化转型是 AI 提升企业运营能力的重要环节，其关键成功要素可归纳为 DIGITAL 框架，即 Data（数据基础）、Intelligent（技术支撑）、Grounded（规划落地）、Integral（整合一致）、Teaming（合作伙伴）、Agile（敏捷反应）、Leadership（有力领导）。

另一方面，现有文献对数字化商业模式创新带来的生态协同或价值共创等价值结果进行了探讨，例如蒂达和艾森哈特（Tidhar and Eisenhardt, 2020）借助机器学习和多案例研究方法，通过对苹果应用商店上典型应用的分析，识别出商业模式创新成功的核心要义在于实现价值创造和价值捕获之间的正确匹配，具体而言，价值创造即活动体系，包括用户资源、营销、设计、线下品牌、产品复杂性、产品品质等要素，价值捕获即收入模式，包括第三方支付/免费模式、购买支付、免费增值等要素，指出高绩效数字产品在采纳不同收入模式时应建立匹配的价值创造活动体系，并提醒缺乏免费增值模式以及对价值创造的误解是造成数字产品低绩效的主要原因。格雷戈里等（Gregory et al., 2021）在已有平台网络效应的基础上提出数据网络效应，即融入AI的机器学习算法对平台产生及收集的数据进行分析，使得平台能够基于用户需求进行智能预测和个性化推荐，并且AI和数据网络效应的协同能够提升用户感知价值，具体而言，平台AI能力（预测速度、预测精准度）能够提升用户感知价值，数据网络效应起正向调节作用，包括三方面内容：数据管理（数据数量、数据质量）、用户中心化设计（绩效预期、努力预期）、平台合法性（数据隐私、算法透明性）。卡萨茨夫等（Kazantsev et al., 2023）探讨平台生态型企业基于数据共享的商业模式创新，以实现数据价值最大化。具体而言，以私有数据和开放数据为横轴，以私有商品和公共商品为纵轴，建立2×2分类矩阵，得到4类商业模式，即①数据爬虫（将开放数据转换为私有商品）；②数据市场（将私有数据转换为私有商品）；③数据聚合（将私有数据转换为公共商品）；④数据传播（将开放数据转换为公共商品）。

同时，国内学者也从商业生态、技术嵌入、要素匹配、类型学等视角对数字化商业模式创新进行了探讨。例如，韩炜等（2021）指出数字技术使得新创企业能够实现从商业模式创新到生态化成长的跨越，并通过双案例研究揭示这一过程机理，认为新创企业商业模式创新特征（新颖性、效率）在很大程度上影响其对商业生态系统属性（多样性互补、聚焦性互补）的塑造，在这一过程中，新创企业采取不同的资源编排策略（积累式结构化、延展式能力化、协调式杠杆化等）以应对不同参与者需求和在位企业反应，从而形成不同属性的商业生态系统；王烽权等（2020）以新电商拼多多为案例研究对象，探讨了人工智能技术对商业模式中"人""货""场"的匹配重构机理，认为人工智能通过对"人"的中心化、社群化和场景化的协同性重构刻画用户特征，通过对"货"的在线化、精准化和情感化的协同性重构丰富产品属性，并且基于人工智能对"人"和"货"的重构，"场"突出了多元化场景下用户特征与产品属性的精准对接，使得人货匹配路径由"人找货"转变为"货找人"，他们随后更进一步聚焦互联网短视频商业模式，探究其价值创造的典型路径及机理（王烽权和江积海，2021）。

此外，2013 年，学者们共同创办了一本《Journal of Business Models》期刊；同时，学界举办了各类商业模式研究的学术会议，比如，2016 年战略管理年会（SMS 36th Annual Conference）提出共享经济下商业模式创新的专题：《Sharing Economy and Digitalization：What Will Future Business Models Look Like?》；2019 年研究与发展管理会议（R&D Management Conference）提出 AI 重塑商业模式创新的专题：《How Artificial Intelligence is Reshaping Business Models》；并且，2022 年管理学年会（Academy of Management 82nd Annual Meeting）以及战略管理年会（SMS 42th Annual Conference）均将 AI、大数据、物联网等数字技术赋能的商业模式创新列为重点议题。许多国际知名期刊也纷纷出版专刊，如表 2.2 所示。

表 2.2　历年来英文学术期刊出版商业模式的专刊

时间	期刊名称	期数	文章篇数	专刊文献研究主题
2021	Technological Forecasting and Social Change	5/6	12	数字技术对商业模式创新的影响及其交互过程
	Journal of Business Research	4	9	数字化商业模式创新路径

续表

时间	期刊名称	期数	文章篇数	专刊文献研究主题
2020	Industrial Marketing Management	6	6	基于产业生态的物联网商业模式创新
	Journal of Management Studies	3	4	商业模式的概念辨析及理论根基
2019	California Management Review	2	5	数字经济时代的商业模式创新及应用
2018	Long Range Planning	1/2	11	商业模式的动态创新过程
2017	R&D Management	3/4	7	认知决策与商业模式创新
2016	R&D Management	3	7	商业模式与价值创造
2015	Strategic Entrepreneurship Journal	1	6	认知决策与商业模式创新
2014	International Journal of Entrepreneurship and Innovation Management	4	5	创业视角的商业模式创新
	R&D Management	3	6	商业模式设计与创新流程
2013	Long Range Planning	6	5	商业模式的动态性与转型
	International Journal of Innovation Management	1	6	商业模式设计与创新流程
	International Journal of Product Development	3/4	5	商业模式设计与创新流程
	Strategic Organization	4	5	商业模式研究的学术争议
2010	Long Range Planning	2/3	19	商业模式的动态性与演化

资料来源：根据各本专刊的封面文章或编委会注释（Editorial）整理而来（仅部分展示）。

通过系统分析商业模式相关的文献及学术会议，我们可以发现以AI、大数据、物联网等为代表的数字化、智能化技术正在加速变革商业模式，使得数字化商业模式创新成为研究热点，具有较大的研究前景（刘洋等，2020；Trischler and Li-Ying，2022；Hanelt et al.，2021）。

更进一步，借助 CiteSpace 文献计量软件，基于 Web of Science 核心合集和中国知网（CNKI）两大数据库的检索结果，本章对国内外数字化商业模式创新的相关文献进行了系统分析。通过关键词的共现和突现分析，以频次为横轴、中心度为纵轴，得到如图 2.3 所示的战略坐标图。可以看出，目前国内外数字化商业模式创新的研究主要集中于市场需求洞察（例如基于社交媒体的用户生成内容等数据精准刻画用户画像、用户参与新产品研发等）（Kitchens et al.，2018；Morgan-Thomas，2020）和组织流程优化（例如数字化转型带来组织变革、依托平台生态的开放创新等）（Chen et al.，2021；Wang，2021）（第一象限的主流领域），并且不同于过往研究单纯探讨企业绩效提升（例如数智技术促进生产效率和财务绩效等）（Corte-Real et al.，2017；Pagani，2013）（第四象限的边

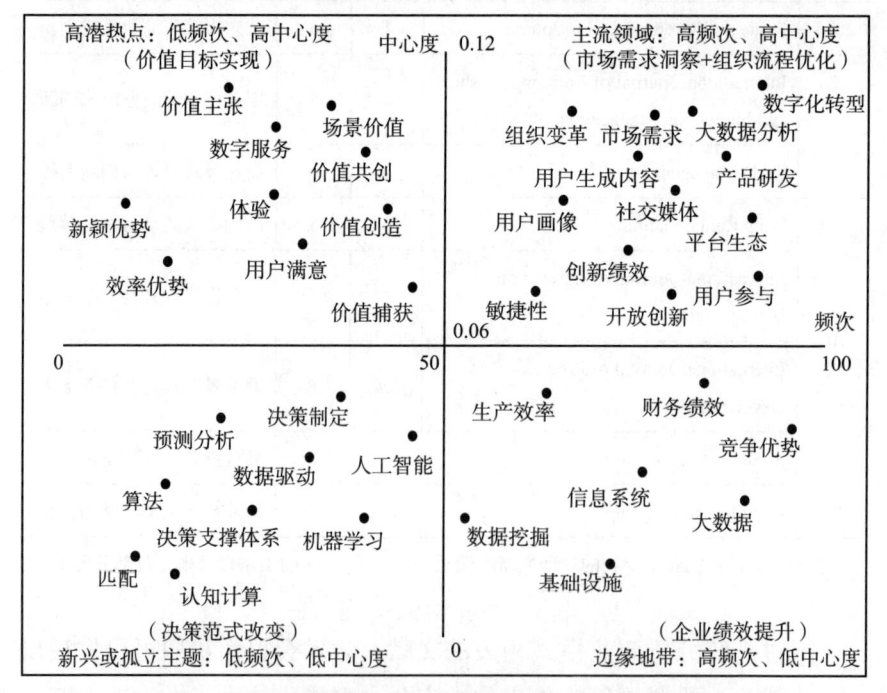

图 2.3 国内外数字化商业模式创新的关键词战略坐标图

资料来源：根据 CiteSpace 文献计量结果整理而来。为保证图像清晰，只保留了共词较多的关键词，仅做象征性展示。

缘地带），价值目标实现（例如围绕满足用户需求和优化用户体验的价值共创及价值捕获等）的重要性和中心地位正日益凸显（江积海，2019；Wielgos et al.，2021；Xie et al.，2016）（第二象限的高潜热点），同时，以数据驱动为核心的人工智能、机器学习等数智技术助推企业内外部要素之间的连接协同、动态调适和反馈迭代，其所带来决策范式的改变有望成为新兴研究热点（Jain et al.，2021）（第三象限的新兴主题）。

因此，本书在已有数字化商业模式创新的研究基础上，进一步聚焦数据驱动商业模式闭环的形成机理，具有极大的理论价值和现实意义。由于现有文献较少直接探讨数据驱动商业模式闭环，本章将其拆解为商业模式闭环和数据驱动商业模式创新两方面进行综述。

2.1.2 商业模式闭环

闭环（closed loop）这一概念起源于物理学，也叫反馈控制系统，是指将系统输出量的测量值与所期望的给定值相比较，由此产生一个偏差信号，利用此偏差信号进行调节控制，使输出值尽量接近于期望值[1]。在管理学领域，闭环最早被广泛应用于物流和供应链管理，大量文献探讨了闭环供应链[2]的运作、定价、决策、库存、渠道、博弈等议题（李新然和刘媛媛，2018）。遵循闭环的关键特征，本书进一步将其拓展至商业模式研究领域，提出商业模式闭环（business model loop），即视商业模式为各要素相互耦合，并且能够动态调适的活动体系，通过运营过程中的持续反馈迭代，不断强化自身价值创造、价值传递和价值捕获的

---

[1] 定义源于百度百科：https://baike.baidu.com/item/%E9%97%AD%E7%8E%AF/5946597?fr=aladdin。

[2] 根据百度百科的定义，闭环供应链是指企业从采购到最终销售的完整供应链循环，包括了产品回收与生命周期支持的逆向物流。它的目的是对物料的流动进行封闭处理，减少污染排放和剩余废物，同时以较低的成本为顾客提供服务。因此闭环供应链除了传统供应链的内容，还对可持续发展具有重要意义。

能力，从而形成三者之间的良性循环（Casadesus-Masanell and Ricart，2010，2011；Teece，2010，2018；Pagani，2013）。

总体而言，现有文献主要以静态线性、分割独立的思维及方法探析商业模式的关键构成要素或关键维度，较少基于反馈迭代、动态调适的视角审查要素或维度之间的协同联动（商业模式闭环），同时，虽然现有文献还没有直接提及商业模式闭环，但这并非意味着商业模式闭环这一概念缺乏合法性，事实上，在一系列文献支撑下，部分研究已经开始触及其核心思想，并对其达成共识，但在数字化情境下，尤其是考虑数据作为驱动因素时，相关研究较为欠缺。具体的，立足于本书对商业模式闭环的界定，可将相关文献作出如下梳理和划分。

（1）商业模式闭环的概念渊源。佐特和艾米特（Zott and Amit，2010）指出，商业模式是一种跨越核心企业及行业边界，连接合作伙伴、供应商、客户等利益相关者，各要素相互依赖的活动体系。因此，应该以系统和整体的思维来考察商业模式。同时，卡萨德苏斯－马萨内尔和里卡特（2010）界定商业模式为一系列选择及其结果的集合，不同设计有不同的运行逻辑，能为利益相关者创造不同价值。基于此，首次提出类似系统动力学中因果反馈回路的商业模式表达模型，认为商业模式的关键成功因素是在不同选择及其结果之间形成良性循环，即能够自我强化的反馈回路。与之类似，德米尔和勒科克（Demil and Lecocq，2010）提出商业模式的"动态一致性"，刻画商业模式的 RCOV 框架（包括资源与能力、组织架构、价值主张），认为这些构成要素相互联系、紧密耦合、牵一发而动全身，并且在内外部因素（外部因素包括环境变化，内部因素包括管理决策）的驱动下，商业模式处于持续不平衡状态，需要对商业模式的构成要素不断调整以促使其反馈迭代和动态演进，形成良性循环，从而获取可持续竞争优势。更进一步，卡萨德苏斯－马萨内尔和里卡特（2011）提出评判商业模式创新是否成功的三大标准——与公司目标的一致性（aligned with company goals）、自我强化性（self-reinforcing）和鲁棒性（robust），其中自我强化性最为重要，认为好的商业模式应该产生能够自我强化的良性循环或反馈闭环，从而可持续地创造、传递和捕获价值。并且，蒂斯（2010，2018）指出，价值创造、价值传递和价值捕获作为商业模式创新的关键维度，应该存在一种互补和促进的关系，即价值创造引导价值传递，价值传递带来价值捕获，价值捕获又进一步反哺价值创造，从而带来可持续竞争优势。此外，福斯和赛比（Foss and Saebi，2017）、兰佐拉和马基迪斯（Lanzolla and Markides，2021）也强调，未来研究应从复杂系统理论视角探析商业模式及商业模式创新。例如，刘等（Liu et al.，2021）通过对超过150篇文献中商业模式构成要素的主题分析，提炼出管理价值、识别价值、创造价值、表达价值、传递价值、捕获价值、保护价值、维系价值八大功能要素，并基于复杂适应系统构建出商业模式架构，其关键在于形成不同功能要素之间的反馈闭环。瓦坦卡等（Vatankhah et al.，2023）也认为，商业模式作为活动体系，由于其构成要素相互关联、非线性演化、跨边界等特征，可视为复杂系统，并聚焦其动态性，以弥补传统静态视角的不足。可见，部分学者围绕动态调适、反馈迭代、良性循环、要素关联、系统连接等关键特征，已对商业模式创新应在整体上构建出闭环这一重要目标形态达成共识。

（2）商业模式闭环的应用场景。针对商业模式闭环的关键特征，学者基于不同应用场景做出了如下探讨：

首先，商业模式闭环强调动态调适和反馈迭代的良性循环。相关文献对此进行了探讨，例如，阿赫滕哈根等（2013）认为对商业模式进行调适和改变能够可持续地实现价值创造，这一过程需要战略行动的引导（包括有机成长和战略并购相结合、产品市场渠道等多维扩张、低成本和差异化相结合），背后体现的是关键能力的支撑（包括不断探索新商业机会、平衡资源的部署、领导文化和员工承诺之间的连贯或一致性），关键能力则通过一系列活动落地，并且战略行动、关键能力和活动之间相互联系、协同互补，它们能够形成良性循环，进一步促进价值创造的可持续性。德米特里耶夫等（Dmitriev et al.，2014）提出基于技术创新商业化的商业模式构建模型，包括价值构念（价值主张、市场细分、收入模型）、价值创造（合作网络、生产设施和资源、互补性资产）、价值捕获（成本结构、盈利潜力），它们相互影响、协同共演，形成动态调适的循环结构。科佐利诺等（Cozzolino et al.，2018）研究了在位企业在经历颠覆性创新后进行动态调适的机制，开创性地将颠覆性创新划分为两个阶段，首先是颠覆性技术引入市场，然后是新进入者带来颠覆性商业模式，并探讨了在位企业商业模式调整的前因、阻碍及过程。研究表明，在颠覆性技术引入市场阶段，对于在位企业而言是获取外部经济性的机会，往往通过各自独立的研发试验这种方式调整商业模式；在新进入者带来颠覆性商业模式阶段，对于在位企业而言是挑战现有商业模式的威胁，往往通过联盟和并购这种方式调整商业模式。这两阶段的调整机制使得在位企业的商业模式由封闭的纵向联合，转变为开放的平台型商业模式。

其次，以大数据、AI为代表的数字技术促进了商业模式闭环的动态调适和反馈迭代。少量文献对此进行了探讨，例如，肖迪恩等（2021）通过归纳式多案例研究发现，AI能力包括数据传输能力、算法开发能力、AI民主能力，它们分别作用于商业模式创新的价值创造、价值传递、价值捕获，形成"敏捷化用户共创→数据驱动的传输运营→可扩展的生态整合"的协同共演和反馈闭环。昆兹等（Kunz et al.，2017）提出基于"主体（顾客、企业）→过程（价值共创）→结果（顾客价值、企业价值）"的大数据赋能顾客参与的理论框架，其中大数据使得各要素之间形成能够相互强化的动态反馈环，通过个体数据洞察、聚合数据洞察、顾客决策支撑、关键绩效指标体系、企业战略支撑、个性化定制等实现。并且认为大数据能够实现顾客价值（价值创造）和企业价值（价值捕获）的相互增强和动态平衡，形成可持续的价值闭环。霍姆伦德等（Holmlund et al.，2020）构造了大数据分析与用户体验管理的关系框架，认为两者之间存在一种反馈迭代的"闭环"关系，即各类数字化触点收集了大量用户数据，企业借助大数据分析技术能够从中获取有价值的洞见，并将其转化为改善用户体验的行动，进而开启新一轮的反馈迭代和动态调整，实现大数据分析与用户体验之间的协同。古普塔等（Gupta et al.，2021）认为大数据分析可以提升战略或运营决策的质量，增强市场营销的有效性，形成"大数据分析→顾客知识→锁定目标→个性化→顾客体验→描述/预测模型"的闭环。

最后，部分文献聚焦商业模式闭环中的可持续特征，将"三重底线"，即经济价值、社会价值、环境价值融入对循环商业模式（circular business model）的探讨中[①]。例如，弗里斯哈马尔和帕里达（Frishammar and Parida, 2019）将循环商业模式定义为：核心公司与合作伙伴一起，通过一系列创新举措来创造、传递和捕获价值，并通过延长产品和零部件的寿命来提高资源利用效率，从而实现环境、社会和经济效益。基于多案例研究发现，循环商业模式的转型路径包括启动→审视→设计→规模化。金达等（Kanda et al., 2021）认为循环经济的目标是最大限度地减少经济及其组织子系统的资源投入和废物排放输出。通过案例分析，我们发现相较于循环商业模式，循环生态系统是一个更合适的概念，可以更好地描述实现循环系统所需的不同利益相关者之间的更高水平协调，这一概念增加了在组织层面分析、计划和沟通循环经济系统的适用性，特别是在价值链集成度较低的情况下。圣玛丽亚等（Santa-Maria et al., 2021）基于动态能力探讨在位企业如何进行循环商业模式创新，具体做法包括：采用生命周期视角、采用以可持续发展为导向的工具、构想可持续发展的价值主张、发展可持续发展战略和文化，并参与和协调商业生态系统中的利益相关者。

2.1.3 数据驱动商业模式创新

数据驱动（data-driven）是指大数据环境下，数据作为企业的新型生产要素，经过收集、存储、分析、应用等处理程序，实现由数据向信息、知识及智慧的转变，从而形成洞见，最终实现数据价值的过程，这会引发商业模式的变革，进而带来数据驱动商业模式创新（data-driven

---

[①] 本书重点关注数据驱动商业模式闭环中经济价值的可持续性，故兼顾"三重底线"的循环商业模式暂不在本书的探讨范畴之内。

business model innovation)(许宪春等，2022；李文莲和夏健明，2013；Sorescu，2017；Wiener et al.，2020）。

具体而言，以体量（volume）、种类（variety）、速度（velocity）为主要特征的大数据，其价值（value）需要通过数据驱动商业模式创新实现（陈晓红等，2022；Sorescu，2017；Grover et al.，2018）。参照国家市场监督管理总局和国家标准化管理委员会联合发布的《数字化转型价值效益参考模型》（国家标准：GB/T 23011—2022），数据价值表现为生产运营优化、产品/服务创新、业态转变三种类型。其中，生产运营优化是指利用大数据对传统业务进行改造，包括提高设计、生产/服务、采购及供应商协作、全要素全过程的质量（陈衍泰等，2021；Wang，2022；Yang，2021；Pan et al.，2022），降低研发、生产、管理、交易的成本（Zhang and Xiao，2020；Tan and Zhan，2017），以及提升规模化和多样化效率（魏江等，2022；江积海等，2022）；产品/服务创新是指利用大数据进行业务延伸，包括基于新技术提供新产品（例如通过融合创新研制和应用新技术，并创新智能产品和高体验产品或服务）（肖静华等，2018，2020；曹鑫等，2022）、服务延伸和增值（例如依托智能产品/服务提供延伸服务，以及拓展基于原有产品的增值服务）（Gebauer et al.，2020；De Luca et al.，2021），由此带来主营业务增长（包括提升主营业务核心竞争力、推动主营业务模式创新）（杨德明和刘泳文，2018；Johnson et al.，2017）；业态转变是指基于大数据开展新型业务，包括用户/生态合作伙伴连接与赋能（表现为增强用户黏性，利用"长尾效应"满足个性化需求，创造增量价值，以及利用"价值网络外部性"快速扩大价值空间边界，实现价值效益指数级增长）（马浩等，2021；Jacobides，2022；Sebastian et al.，2020；Helfat and Raubitschek，2018）、数字新业务（例如将数字资源、数字知识、数字能力等进行模块化封装并转化为服务，以及形成数据驱动的信息生产、信息服务新业态，实现新价值创造和获取）（吴绪亮，2021；Davenport，2014；Sedera et al.，2022；Cennamo et al.，2020），并进一步促进绿色可持续发展（Hiteva and Foxon，2021）。

此外，商业模式（business model）作为一种跨越核心企业和行业边界，各要素相互依赖的活动体系，其本质是为企业创造、传递和捕获价值的基本原理（Amit and Zott，2001；Teece，2010）。不同于单纯的产品或服务创新，商业模式创新（business model innovation）是基于活动体系的更高维创新，体现为企业探索新的方式以及构建新的逻辑来创造、传递和捕获价值（Casadesus-Masanell and Zhu，2013；Massa et al.，2017）。其中，价值创造（value creation）聚焦需求侧用户的消费体验及主观感知，强调对异质性和多元化用户需求的满足（Priem et al.，2013，2018）；价值传递（value delivery）聚焦连接需求侧用户和供给侧企业的渠道通路，强调对前端服务体系和后端供应体系的精准对接和协同联动（Taylor et al.，2020；Teece，2018）；价值捕获（value capture）聚焦供给侧企业的绩效收益及竞争优势，强调在价值创造和价值传递的基础之上，对成本结构的控制和收入来源的扩展（Teece，2018；Priem et al.，2013，2018）。因此，价值创造、价值传递、价值捕获作为商业模式以及商业模式创新的关键维度，为学界探讨数据驱动商业模式创新提供了突破口（李文莲和夏健明，2013；Wiener et al.，2020；Sorescu，2017）。

可见，数据驱动商业模式创新的核心是在大数据环境下通过商业模式创新实现数据价值（陈晓红等，2022；许宪春等，2022；李文莲和夏健明，2013；Sorescu，2017），为了系统凝练相关研究议题，本章重点以数据价值的类型为纵轴，数据驱动商业模式创新的关键维度为横轴，构造如图 2.4 所示的 3×3 矩阵。该矩阵中的不同小格代表不同数据价值目标下的数据驱动商业模式创新的不同细分研究议题，其底纹颜色的深浅表示目前研究热度[①]。

[①] 本章在前述商业模式文献的基础上，进一步筛选出 57 篇数据驱动商业模式创新相关的文献，通过逐篇阅读进行编码归类和统计分析。

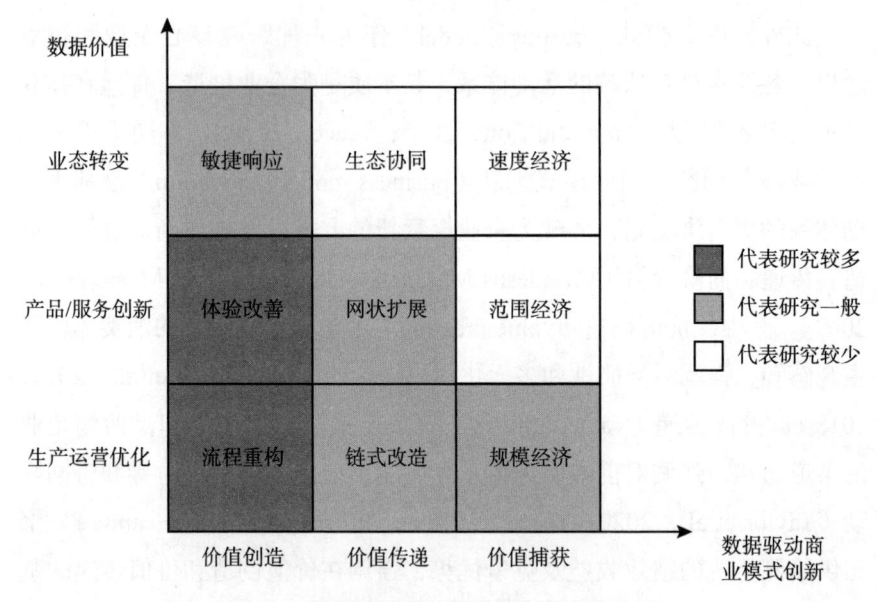

图 2.4 数据驱动商业模式创新的研究议题

数据价值＼数据驱动商业模式创新	价值创造	价值传递	价值捕获
业态转变	敏捷响应	生态协同	速度经济
产品/服务创新	体验改善	网状扩展	范围经济
生产运营优化	流程重构	链式改造	规模经济

图例：代表研究较多／代表研究一般／代表研究较少

资料来源：根据相关文献整理归纳而来。

总体而言，现有相关研究主要关注数据驱动对商业模式某一关键维度的改变，及其所带来的特定数据价值，并且主要集中于数据价值和价值创造、价值传递的交汇处（重点探讨了流程重构、体验改善、敏捷响应等议题），但缺乏对"数据—业务—价值"协同关系的揭示。接下来，参照布雷德巴赫和马格里奥（Breidbach and Maglio, 2020），以及索雷斯库（Sorescu, 2017），本章将数据驱动商业模式创新解构为数据驱动价值创造、数据驱动价值传递、数据驱动价值捕获三类，在不同数据价值目标的指引下对相关文献展开综述。

（1）数据驱动价值创造与数据价值。正如前面所述，价值创造（value creation）聚焦需求侧用户的消费体验及主观感知，强调对异质性和多元化用户需求的满足（Priem et al., 2013, 2018）。企业与用户的连接交互产生了大量用户数据，这些数据将成为企业洞察用户的重要依据。因此，数据驱动价值创造主要表现为企业基于用户数据对用户画像和用户需求的准确理解，通过重构生产运营流程提升交易效率、降低交易复杂性，以及通过创新性推出产品或服务组合满足用户个性化需求、优化用户体验，并且通过联合生态伙伴敏捷响应市场变化（肖静华等，2020；Holmlund et al.，2020）。具体表述如下：

针对生产运营优化这一价值目标，数据驱动价值创造主要表现为流程重构，即大数据颠覆了传统的研发设计、采购物流、生产制造、营销服务等流程，呈现出信息透明、实时反馈、高度协同、全程数字化记录且可追溯等特征，并且用户还能参与到这些价值创造的环节中来（刘洋等，2020；Kretschmer and Khashabi，2020；Ross et al.，2017）。相关文献对此展开了探讨，例如，肖静华等（2018）认为大数据应用改变了传统以管理者经验决策为主导的研发模式，使得普通消费者能够参与企业的研发创新，并基于双案例对比研究发现了两种类型，即秉承用户导向的企业所形成的数据驱动型研发创新，通过"数据获取—数据迭代—数据驱动"实现；秉承设计师导向的企业所形成的数据支撑型研发创新，通过"数据获取—数据整合—数据支持"实现，这两种研发创新类型均为企业与消费者协同演化动态能力所支撑。张明超等（2021）认为数据精益生产有别于传统精益生产，并通过案例研究发现，"数据资源行动—数据能力生成—精益价值实现"是数据驱动精益生产创新的内在机理路径，其背后体现出数据对客户、流程、合作和员工的赋能作用，从而推进数据化精益生产的落地实现。对于客户赋能作用，企业通过沉淀数据需求资源，使得客户形成数据设计能力，以实现生产目标精准化；对于流程赋能作用，企业通过调度数据作业资源，使得流程构建数据制造能力，以实现生产加工精密化；对于合作赋能作用，企业可以通过整合数据关联资源，为合作商提供数据供应能力，从而实现生产配套的精选化；对于员工赋能作用，企业可以通过部署数据任务资源，激活员工的数据自驱能力，从而实现生产治理的精细化。此外，杨扬等（2020）、古恩齐和哈贝尔（Guenzi and Habel，2020）认为大数据正在营销领域掀起一场革命，这使得大数据营销成为趋势，不同于"铺天盖地打广告"式的传统营销，大数据营销中营销人员通过大数据技术与分析方法，挖掘、组合和分析相同类型或来源的数据，从而发现隐藏其中的模式，比如不同客群的用户画像、沟通交流方式，及其如何影响顾客的购买决策，并在此基础上有针对性地开展个性化营销活动，从而为顾客创造出更大的价值。

针对产品/服务创新这一价值目标，数据驱动价值创造主要表现为体验改善，即大数据基于对海量用户信息的分析，使得目标客群及用户画像更加明晰，用户需求也能够被更好洞察，进而通过精准推送产品/服务信息、提供个性化解决方案，通过与用户建立连接互动和及时反馈等方式提升用户体验（Holmlund et al., 2020; Grover et al., 2018; Parise et al., 2016）。相关文献对此展开了探讨，例如，肖静华等（2020）提出"成长品"以形容大数据、人工智能等数字技术赋能下的新产品形态，基于智能广告案例研究发现，成长品具有发展方向难以预测、即时反馈和即时调整三个主要特性，同时成长品由要素解构与重组、成长性验证和多样化匹配三个关键过程形成，数据交互和智能算法构成其成长的重要条件，并且成长型产品的创新主要基于生物演化的适应逻辑，即随用户需求的偏好差异和动态变化而实时调整，以持续适应用户需求、优化用户体验。江积海（2019）提出"场景价值"的概念，认为以大数据为驱动力量的智能商业加深了企业对用户的洞察，通过在恰当的时间、空间下提供恰当的产品或服务，从而创造出基于交易价值和使用价值之上的场景价值。具体而言，商业模式场景化创新是"货—人—场"向"人—货—场"的转变，是数字经济时代下智能商业实现精准化价值创造的重要路径；"价值（感知）驱动（用户）行为"是场景价值创造的主导逻辑，并且不同于交易价值与使用价值的"因人"或"因货"，场景价值强调供给和需求连接及其互动的"因场"；"人"与"货"在时间及空间上的场景化，形成"随时""随地""随意"和"随便"4类典型的场景化路径，并影响用户行为的关注、互动、购买及推荐意愿，进而实现"比你懂你"来创造场景价值。霍姆伦德等（Holmlund et al., 2020）构造了大数据分析与用户体验管理的关系框架，认为两者之间存在一种反馈迭代的"闭环"关系，即各类数字化触点收集了大量用户数据，企业借助大数据分析技术能够从中获取有价值的洞见，并将其转化为改善用户体验的行动，进而开启新一轮的反馈迭代和动态调整，实现大数据分析与用户体验之间的协同。

针对业态转变这一价值目标，数据驱动价值创造主要表现为敏捷响应，即遵循"局部开始→全局优化→生态构建"的典型做法和一般规律，大数据的广泛应用使得不同企业之间能够建立跨界连接，形成围绕用户需求的生态网络，并通过核心企业的一系列制度安排和资源部署，持续强化对用户需求及市场变化的敏捷响应，以提高企业应对危机的适应力或韧性（单宇等，2021；Wang，2021；Amit and Han，2017）。相关文献对此展开了探讨，例如，雅各布斯（Jacobides，2022）认为大数据、物联网等数字技术促进了商业生态的形成，可将其理解为不同企业及参与方相互协同以寻求价值创造和价值捕获的新型组合。生态构建需要七个步骤，前两个步骤解释了如何为多产品或体验的生态设置边界，一旦建立了边界，企业就需要审查自身价值主张并考虑是否由他们自己生产提供物，抑或成为生态整合者，抑或成为多成员生态的一员。后五个步骤帮助企业决定他们是否能够领奏自身的多成员生态，抑或参与其他生态，抑或成为一名互补者。具体而言，生态构建的步骤包括：潜在活动范围及目标的选择→竞争蓝图及锚点分析→企业角色及战略路径决定→生态价值主张思考→搭档策略制定→生态治理及参与→成功标准及未来预期。韩炜等（2021）认为，以大数据为代表的新一代信息技术使得越来越多新创企业虽起步于商业模式创新，但其成长过程不再局限于传统意义上组织规模的扩张，而是组织边界不断模糊和跨界拓展的生态化成长，也就是说，数字化商业模式创新能够塑造出商业生态系统，并且数字化商业模式创新特征能够影响其所塑造的商业生态系统的属性特征，从而提升数字新创企业的抗风险水平。此外，单宇等（2021）探讨数智赋能和危机情境下组织韧性的形成机理，通过林清玄的案例研究发现，基于激活、适应性重构与转化的动态循环，组织韧性是在不利事件的压迫和干扰下所形成的一种特殊动态能力，并且数智赋能对组织韧性形成的作用机理主要聚焦于连接、聚合与筛选，其背后体现出数智赋能下组织核心要素类似生态化的重塑过程。因此，在危机情境下，数字化作为组织能力升级的跳板，能够重塑企业经营管理场景和运营模式，使得组织能力在有限时间内实现由低阶向高阶的跃迁。

（2）数据驱动价值传递与数据价值。正如前面所述，价值传递（value delivery）聚焦连接需求侧用户和供给侧企业的渠道通路，强调对前端服务体系和后端供应体系的精准对接和协同联动（Taylor et al., 2020；Teece，2018）。基于用户数据提升用户体验的关键在于，能否打通数据在需求侧和供给侧之间的双向流动。因此，数据驱动价值传递主要表现为企业基于DIGITAL原则（Data：数据基础；Intelligent：技术支撑；Grounded：规划落地；Integral：整合一致；Teaming：合作伙伴；Agile：敏捷反应；Leadership：有力领导），培育出数字化能力，从而让需求侧不断积累的用户数据反哺供给侧企业的生产优化，通过改造价值链、扩展价值网，以及协同价值生态，促进供求的高效匹配（Magistretti，2021；Brock and Von Wangenheim，2019）。具体表述如下：

针对生产运营优化这一价值目标，数据驱动价值传递主要表现为链式改造，即大数据通过加强对价值链各环节的无缝衔接，精简其冗余和低效环节，以及促进流程自动化等方式改造了传统价值链，从而提升物流、信息流和资金流的运转效率（Novak and Hoffman，2022；Hanelt et al.，2021）。相关文献对此展开了探讨，例如，张振刚等（2021）关注大数据时代的动态能力及其对价值链重构路径的影响，通过案例研究发现，大数据时代的动态能力（包括资源配置能力、客制化能力、实时分析与预测能力、创新能力）会引发价值链的渐进式重构（例如改进产品、改进售后服务水平等）及破坏式重构（例如开辟新市场、更改连接关系等），从而以"动因—行为—结果"的逻辑主线构建出大数据时代下企业价值链重构路径。谷方杰和张文锋（2020）基于价值链视角探讨了企业数字化转型策略，通过西贝餐饮集团的案例研究发现，成功的数字化转型需要企业对组织活动、经营模式、业务流程以及人员管理等诸多方面进行重塑，需要以内部条件和外部环境为基础，有策略地进行数字化转型，具体包括优化内外部价值链以实现数字化运营、采用智能化装备以实现标准化管理、采取自动化管理以加快门店自助化服务建设、搭建数字化平台以创新商业模式、创新消费模式以融合线上线下消费场景、打造自身私域流量阵地和建立对顾客有效的连接方式等。此外，白冰峰等（2020）、陈等（Chen et al.，2015）、桑德斯（Sanders，2016）关注数据驱动价值链改造中的供应链环节，他们认为以大数据、物联网、云计算和人工智能为代表的新兴数字技术为实现供应链协同提供了可能。供应链协同不仅是供应商及客户之间交换和集成信息，而且还涉及链条伙伴在预测、分销、协同规划和产品设计等领域的战术联合决策，它整合了需求创造和需求履行流程。供应链协同需要将优质资源的数字化，以及业务流程再造作为其转型升级的核心内容，包括供应链上的供应端、客户端，以及链上每个节点加强沟通以实现一体化运行，还需注重整个价值链上系统化的流程能力，从而做到真正的协同运作，进而实现多方共赢。

针对产品/服务创新这一价值目标，数据驱动价值传递主要表现为网状扩展，即大数据使得企业与更多参与方（例如互补者、竞争者等）建立连接，而不再仅局限于供应商、顾客、员工等传统价值链中的成员，因而扩大了价值创造的体量和价值传递的途径（Garud et al.，2022；Tan and Zhan，2017）。相关文献对此展开了探讨，例如，童文锋等（2022）在传统价值链、价值棒的基础上，结合价值网，提出"价值圈层"及其"联动价值"的概念，认为VUCA时代，价值不仅来自产品的基本功能或属性，而且来自能够低成本实现的频繁互动和广泛联接，这使得人与人、人与物、物与物突破时空和地域限制，参与价值形成的多个环节。此时，情景叠加和多维度共存的价值圈层取代了原本独立分割的线性流程，企业、供应商、消费者、互补者，甚至竞争者等传统价值参与角色被赋予了新的理解，即在价值圈层下，企业（自我）和他者能够相互影响甚至相互转换，指挥家与联动者使得内外部相互融合，而连接、互动及赋能则是企业新增的主要职能。刘向东等（2022）关注零售业的数字化，他们认为能否精准匹配个性化交易需求是衡量数字化零售组织价值的标尺，基于交易需求异质性，他们探讨了数字化零售对匹配效率的影响，并划分数字化零售平台的零售服务为三类：商品展示（商品集聚和信息编码）、信息触达（搜索呈现和主动推荐）和履约交付（店内分拣和店外配送），实证结果表明，这三类零售服务均通过优化匹配效率促进消费者购买。其中，前两种服务为消费者节约匹配成本和搜寻成本，服务质量决定平台是否具有"品类丰富属性"和"价格优惠属性"；履约交付服务为消费者节约等待成本或交通成本，而"交付时效属性"则取决于平台服务质量。并且，信息触达是数字化内核的集中体现，也是零售创新的关键着力点，伴随零售活动的流量结构"从搜索逻辑转向推荐逻辑"的转换，零售企业要想通过提高信息推荐精准性优化消费者效用感知，首先需对消费者形成充分认知，因此，掌握大数据对提供高质量服务至关重要。此外，曹鑫等（2022）、波特和赫佩尔曼（Porter and Heppelmann, 2014）、肖静华等（2020）、王（Wang, 2022）、格鲍尔等（Gebauer et al., 2020）进一步聚焦以大数据为支撑的智能互联产品，认为智能互联产品是伴随物联网技术发展的产品创新，包含物理部件、智能部件和联接部件，三者叠加模糊了企业边界，助力企业指数级增长。特别地，智能互联产品不仅基于物理部件和智能部件产生了"新型分工"属性，而且基于智能部件和联接部件产生了"智能连接"属性，其中"新型分工"属性通过提高效率、降低成本，改变企业的边界范围，"智能连接"属性通过形成跨边界、大规模、高集成的连接，推动产品体系的智能化，实现企业边界快速扩张和企业指数级增长（曹鑫等，2022）。

  针对业态转变这一价值目标，数据驱动价值传递主要表现为生态协同，即大数据等数字技术使得企业之间（主要包括核心企业、供应商、分销商、合作伙伴、竞争对手等）能够建立广泛且低成本的连接互动，由此带来生态协同，这极大打破了生态成员之间信息及资源等要素流通的壁垒，带来生态价值的共创共享（Wang, 2021；Sebastian et al., 2020；Helfat and Raubitschek, 2018）。相关文献对此展开了探讨，例如，肖迪恩等（2022）通过多案例研究，提出生态协同是制造企业开展数字化商业模式创新的重要成功因素。具体而言，数字化商业模式创新是制造企业保持竞争力的必经途径，而为了实现这一目标，就必须拓展合作伙伴关系，并帮助现有供应商、客户等合作伙伴和其他利益相关者实现数字化，从而构建和协调生态网络。这一过程中会遇到一些障碍和挑战，包括数字价值短视、传统价值链惯性和以企业为中心的价值捕获逻辑等。为了成功突围，企业需要进行两个阶段的工作和六个相互依赖的活动：第一阶段称之为复兴阶段，包括启动数字伙伴关系、促进伙伴数字化和激励生态系统伙伴；第二阶段称之为实现阶段，包括领导敏捷性共创、调整数字化交付和调整收入分享机制。马浩等（2021）通过ECO框架概括数字经济时代的生态系统战略，具体包括构建存在（enacted entity）——生态系统是一种思维模式，同时也是一种实际现象。它是遵从核心企业的设想和意图构建出来的一种存在，介于企业和环境之间，兼具组织和市场双重属性。生态系统虽是结果，但若将其设想为一个多重过程，即可发现催化其演进的多种策略。价值共创（co-creation of value）——生态系统的参与方包括核心企业、上下游企业、合作伙伴，以及第三方互补者等，他们共享某个具体的价值主张，抑或有关价值创造的广泛愿景，并通过共同演进和共同专业化，进而共同创造价值。治理机制（organizing mechanisms）——生态治理作为成功实施战略的关键保障，包含三个要素：一是边界，决定了生态如何嵌入环境，以及基础设施如何支撑生态；二是成员，他们资格的正规性、开放性、排他性和紧密性，决定了生态的参与度；三是权力，其共享、分层和让渡，决定了生态的活力与控制力。此外，杨伟和蒲肖（2021）关注创新生态系统如何在数据驱动下变得更有韧性，认为若要从根本上消除创新生态系统的脆弱性，就需要抛弃"头痛治头，脚痛治脚"的短线思维，并在数据驱动的赋能下构筑具有韧性的创新生态系统。创新生态系统的韧性可以具体表现为预见能力、适应能力、应变能力和协同能力，其中预见能力是指创新生态系统的构成主体对内外部环境进行扫描，识别出可能的危机事件，从而做好准备的能力；适应能力是指创新生态系统适应新的环境以进一步生存和发展的能力；应变能力是指在危机事件发生时能够有效应对并化解危机，从而减少损失并从中获益的能力；协同能力是指创新生态系统的构成主体在应对危机时需要在多样性和一致性之间实现动态平衡的能力。因此，数据驱动能够提高创新生态系统韧性的路径主要包括四条，即全景监测提升预见能力、知识管理优化适应能力、敏捷行动增强应变能力，以及数字孪生改善协同能力。

（3）数据驱动价值捕获与数据价值。正如前面所述，价值捕获（value capture）聚焦供给侧企业的绩效收益及竞争优势，强调在价值创造和价值传递的基础之上，对成本结构的控制和收入来源的扩展（Teece，2018；Priem et al.，2013，2018）。只有大数据等数字技术实现了供求双方的协同联动，数据价值才能被充分激发。因此，数据驱动价值捕获主要表现为企业基于数字技术对多主体之间连接互动的数据化记录，使得数据成为企业的新型生产要素，并且以机器学习算法为核心的人工智能技术能够发挥其预测、监控、最优化、自动化等重要功能，赋能企业精细化运营、多元化延伸和敏捷化响应，从而在降本增效的同时，持续扩大企业收益的空间（魏江等，2022；刘洋等，2020；徐鹏和徐向艺，2020；Grover et al.，2018；Porter and Heppelmann，2014）。具体表述如下：

针对生产运营优化这一价值目标，数据驱动价值捕获主要表现为规模经济，即数据作为新型生产要素，具有边际成本极低、规模报酬递增等特征，在与其他生产要素结合之后，赋能企业生产经营等管理流程更加精细化，从而带来效率的提升和成本的降低（魏江等，2022；Raguseo et al.，2021；Menz et al.，2021；Kretschmer and Khashabi，2020）。相关文献对此展开了探讨，例如，陈剑等（2020）关注数字化环境下企业运营管理的变革，认为数字技术对商业活动的经营环境、主体行为、产品及其创造过程等产生了深远影响，并且伴随数字化程度的不断提高，变革呈现出由赋能向使能的转变。具体而言，数字化赋能是指数字化环境下企业运营管理的效率提升，主要包括需求预测、产品设计、定价与库存管理、供应链管理等关键环节；数字化使能是指数字化环境下企业运营管理的价值创新，主要包括需求创造、业务设计、价值共创、供应链重构、生态圈构建等关键模式。刘杰（2021）指出数字经济时代下，数据成为重要生产要素，而数据价值需要通过算法的构建和应用才能得以实现，同时，产业互联网成为传统企业转型升级的战略选择，已在消费互联网企业成功应用的算法模型开始进入产业互联网领域，企业应在业务算法化和算法业务化的指导下，提升管理能力、升级业务模式。具体而言，业务算法化包括日常运营与事务算法化、管理流程算法化、战略决策算法化三个层面，需要企业"大处着眼、小处着手"，在做好顶层设计和全面规划的前提下，针对业务中影响面大、出现频率高、预期价值显著和规范性强的场景，逐步推进业务算法化；算法业务化意味着企业不应将算法仅仅视为一种应用或技术，而要将算法视为企业的重要资产，尤其是可以开展的一项业务，这要求企业沉淀出可复用的算法能力，并通过云计算的 SaaS（Software-as-a-Service）开展算法共享服务业务 AaaS（Algorithm-as-a-Service），提供"按需算法"的服务业务，从而开拓出新业态。此外，陈国青等（2020）、瑙豪斯等（Nauhaus et al.，2021）聚焦大数据环境下企业决策范式的变革，认为大数据使管理决策由关注传统流程转变为以数据为中心，其中各参与方的角色和信息流向更趋多元和交互，形成大数据驱动的新型管理决策范式，并在信息情境、决策主体、理念假设和方法流程等决策要素上产生了深刻转变。具体而言，对于信息情境，决策所涵盖的信息范围由单一领域向跨域融合转变，决策过程中利用的信息由领域内延伸至领域外，可理解为"跨域转变"；对于决策主体，决策者与受众交互融合，决策形式由人运用机器转变为人机协同，由人作为决策主导、以计算机为辅，逐渐转变为人与人工智能系统（或智能机器人）并重，可理解为"主体转变"；对于理念假设，决策时的理念立足点由经典假设转变为宽假设，甚至无假设条件，支撑传统管理决策的众多经典理论假设被放宽甚至取消，可理解为"假设转变"；对于方法流程，决策由线性、分阶段过程转变为非线性过程，由线性模式转变为各管理决策要素及环节相互关联和反馈的非线性模式，可理解为"流程转变"。

针对产品/服务创新这一价值目标，数据驱动价值捕获主要表现为范围经济，即大数据使得企业能够更全面地洞察用户需求，并以此为中心来高效开发新产品或服务的组合，这一过程突破了"业务相关性"的限制，体现出"数据相关性"的特征，同时数据要素的"非竞争性"进一步扩大了范围经济的实现范围，从而为企业带来更加多元化的收入（魏江等，2022；Wiener et al.，2020；Davenport，2014）。相关文献对此展开了探讨，例如，江积海等（2022）基于商业模式场景化的新视角，探讨商业模式多元化的价值动因及其创造价值的内在机理。通过对美团的案例研究，我们发现了三个商业模式多元化的价值动因。这些商业模式分别是时间场景互联（频次、时间、连续性等）、空间场景互联（基于位置的服务、供求连接等）以及价值主张场景互联（用户画像、功能需求、情感需求等）。时间场景互联的商业模式多元化为用户提供了一站式消费体验，促进用户数、转化率、交易频次等指标上升；空间场景互联的商业模式多元化立体地洞察消费需求，减少用户交易成本，有助于增强用户黏性，带来交易频次、客单价与货币化率等指标提高；价值主张场景互联的商业模式多元化为用户提供精准的整体解决方案，创造更多用户总价值，推动用户数、转化率、客单价、货币化率等指标上升。三种价值动因共同作用，使得场景价值的创造倍增。谢康等（2020）关注产品创新视角下大数据成为现实生产要素的实现机制，认为在大数据环境下，数据与劳动、资本、土地、技术等一样，也具有生产要素的重要特质，然而只有通过与劳动等相结合才会实现从可能生产要素向现实生产要素的转变。具体而言，该文将大数据分析作为"劳动"的替代变量，组织惯例更新作为"管理"的替代变量，组织学习作为"知识"的替代变量，行业的 IT 使用强度作为"技术"的替代变量，行业的竞争压力作为"资本"的替代变量，进而建构"大数据资源—企业能力—产品创新绩效"的链式中介模型，刻画出数据与劳动、技术、资本等五种生产要素的关系，可视为大数据成为现实生产要素的实现机制，实证研究结果进一步验证了数据作为桥梁型生产要素能将现有生产要素联系起来的观点，从而形成对数据这一新型生产要素的认知。此外，张和肖（Zhang and Xiao，2020）认为在新产品开发中，顾客不仅是大数据的提供者（CDP），同样也是大数据的分析者（CDA），即授予顾客数据使用权，使其参与到大数据分析中来，并提供观点和想法，供顾客分析的数据主要指自身数据以及大样本数据，这两种顾客参与大数据的类型都能够促进产品创新绩效，其中 CDP 通过增强企业对顾客需求的预测及反应提升产品创新绩效，CDA 通过获取顾客洞见、减少企业运营成本以及增强顾客和企业的凝聚力提升产品创新绩效。

针对业态转变这一价值目标，数据驱动价值捕获主要表现为速度经济，即大数据等数字技术带来企业的模块化架构，包括创新模块化、营销模块化和生产模块化，通过各模块之间的协同，企业能够快速满足市场需求，获取先发优势，并有机会进一步发展数字化新业务，在不断强化自身生产运营的同时赋能行业及生态，从而实现更高阶的竞争优势（魏江等，2022；Stonig et al.，2022；Rahmati et al.，2021）。相关文献对此展开了探讨，例如，焦豪等（2021）认为动态能力是企业在数字经济时代下实现流程及业务模式创新的有效途径，并基于数据全生命周期管理的视角，通过京东的案例研究，进一步探讨数据驱动的动态能力作用机制，即动态能力在数字经济情境下激发数据驱动效应从而实现数字化转型的作用机制。研究表明，数据分析平台、运营平台和赋能平台发挥不同特征的数据驱动效应，实现了流程、信息、业务、产业及生态的数据化。同时，动态能力通过激发数据驱动效应实现企业数字化转型的过程机制包括：利用机会感知能力来激活数据分析平台，以实现数据的采集提取、质量监控和智能分析，从而感知数字商业机会；利用机会把控能力来激活数据运营平台，以实现数据的挖掘利用、循环反馈和流动互通，从而更新流程管理和业务模式；利用变革重构能力来激活数据赋能平台，通过实现数据的内化重构、知识创新和开放共享，可以重构上下游产业链并建立数字生态系统。格罗弗等（Grover et al.，2018）认为大数据分析是创造和实现数据价值的关键，并且基于动态能力（从能力构建到能力实现），将其具体路径展现为：大数据分析基础设施（包括大数据资产、分析工具或软硬件设施、人力才能）→大数据分析能力（包括整合、扩散、探索、分析）→价值创造机制（包括信息透明、试验迭代、预测优化、个性定制、持续学习、预应调整）→价值目标（包括组织绩效、业务流程优化、产品服务创新、顾客体验增强）→价值影响（包括功能价值，如市场份额、财务绩效；表征价值，如品牌形象和声望）。此外，格鲍尔等（Gebauer et al.，2020）探讨如何通过数字化产品及服务提升企业收入，其关键在于对商业模式的关键构成要素（价值主张、价值创造、价值捕获）进行动态调整，并且还需克服信心障碍、融合障碍和合作障碍，具体包括三个演化阶段，即通过"硬件+"逻辑增强产品属性→通过多重产品组合逻辑创造顾客价值→通过平台生态整合多重产品组合。

2.2 理论基础

本书的理论基础为数据网络效应，研究视角为复杂系统理论，旨在揭示数据驱动商业模式闭环形成机理的同时，也对数据网络效应的理论逻辑和研究情境做出拓展，以及从系统论视角和方法推进商业模式的研究。具体阐述如下：

2.2.1 数据网络效应

数据网络效应（data network effects）是指用户感知到的产品/服务价值伴随用户数据的增多而提升，同时产品/服务使用的增多会产生更多用户数据，从而进一步提升用户感知价值，形成良性循环（Gregory et al.，2021；Knudsen et al.，2021）。现有研究主要聚焦以网络规模为导向的传统网络效应，即产品的价值随着使用者的增多而提升，包括直接网络效应和间接网络效应（Afuah，2013），但在数字经济的时代背景下，AI、大数据、云计算等新一代信息技术的迅猛发展使得数据已成为企业的新型生产要素和重要资产（谢康等，2020），于是有学者开始尝试将数据及其算法融入传统网络效应，探讨数据网络效应的深刻内涵和作用机制。例如，格雷戈里等（Gregory et al.，2021）在已有平台网络效应的基础上，提出数据网络效应这一新型网络效应，在数据网络效应下,用户感知价值取决于数据驱动的机器学习效应及其带来的产品/服务优化。该过程可进一步解释为,平台借助AI的机器学习算法对用户数据进行分析,使得平台能够预测用户需求并进行个性化推荐,从而形成数据网络效应,表现为"数据越多→分析越准确→产品/服务越优化→用户越满意→使用越多→数据越多"的良性循环。数据网络效应的引擎为平台AI能力,而平台AI能力(包括预测速度、预测精准度)能够提升用户感知价值,这一主效应受到三方面的正向调节作用,即数据管理(包括数据数量、数据质量)、用户中心化设计(包括绩效预期、努力预期)和平台合法性(包括数据隐私、算法透明性),它们共同构成了数据网络效应提升用户感知价值的理论框架(见图2.5)。

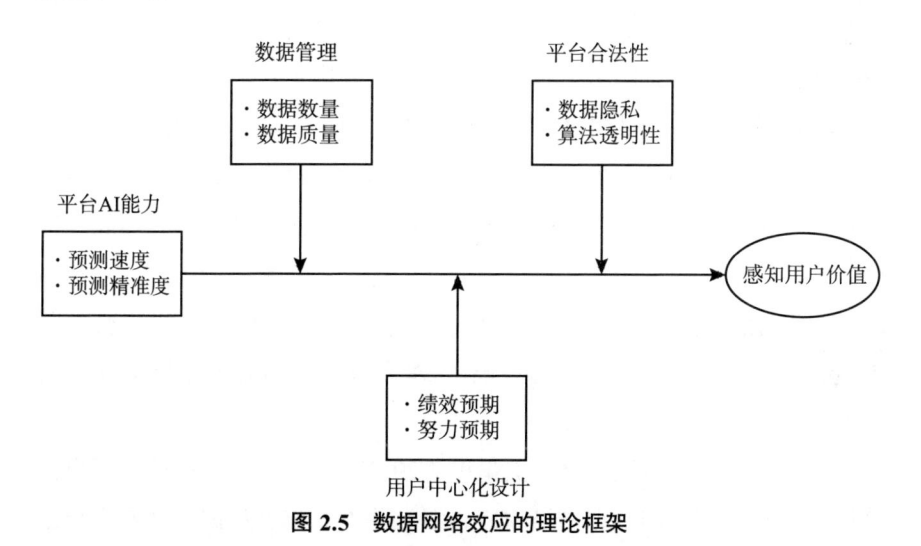

图 2.5 数据网络效应的理论框架

资料来源:格雷戈里等(Gregory et al., 2021)。

具体而言,遵循"价值动因→价值主体→价值过程→价值客体"的逻辑,本章对格雷戈里等(2021)提出的数据网络效应做出如下解读:

(1)对于价值动因。网络效应对用户的感知价值具有重要影响,即平台的用户规模越大,则每个用户感知到的价值就越高。一方面,直接网络效应能通过用户之间的互动为用户创造价值;另一方面,在间接网络效应下，平台或者产品的使用人数越多，则与之对应的互补产品的开发则更为完善，从而增加产品对每个用户的价值。但是，网络效应理论无法解释为什么平台的 AI 能力可以有效提升用户的感知价值。格雷戈里等（2021）则指出如果一个平台对用户数据的学习能力越强，平台对每个用户的价值就越大，那么就可以认为平台产生了数据网络效应。同时，格雷戈里等（2021）引入 AI 能力的概念，认为用户对平台的感知价值主要取决于平台中数据驱动的学习规模和 AI 实现的学习水平。可见，在数据网络效应下，智能算法与数据是创造用户感知价值的主要源泉。因此，价值动因可以理解为基于 AI 技术的数据价值。

（2）对于价值主体。基于大数据和 AI 的平台经济，主要依托于数据与技术创造价值，其中，数据作为战略性的核心资源，处于至关重要的位置。数据并非企业自有，而是由平台中的用户所创造并提供。获取用户数据的过程也是服务于用户的过程，只有用户在平台中持续参与和互动，平台才有机会获得源源不断的数据资源。一方面，智能算法基于准确及时的预测为用户提供服务；另一方面，用户在被服务的过程中产生数据并提供反馈，如隐性的行为数据以及显性的决策数据。在此过程中，智能算法将根据用户的反馈进行迭代优化，不断接近用户的真实需求，提升用户的感知价值。可以将这个过程视为用户与智能算法共同创造价值的过程。因此，价值主体可理解为供给和需求连接交互的价值网。

（3）对于价值过程。格雷戈里等（2021）提出了平台经济中用户价值创造的新机理，即数据网络效应，但这并不意味着数据网络效应与已有的网络效应是完全分离的，相反，在价值创造中，数据网络效应往往与已有的网络效应组合起来共同发挥作用，由此归纳出三条新的价值创造路径，即数据网络效应、数据网络效应＋直接网络效应、数据网络效应＋间接网络效应。首先，数据网络效应作为一种新的网络效应类型，侧重于数据驱动的学习与优化，由平台 AI 能力实现。用户对平台的效用取决于数据驱动学习的规模以及 AI 实现的学习效果，这补充了源于网络规模的用户价值；其次，用户对平台、产品或服务的感知价值也取决于数据网络效应和直接网络效应的组合。源自数据网络效应的用户感知价值会反过来增强直接网络效应，因为数据网络效应能够基于智能技术提升用户的活跃性，进而激发更多的用户交互，增强直接网络效应，提升用户效用；最后，用户对平台或其产品及服务的感知价值可能取决于数据网络效应和间接网络效应的组合。间接网络效应指的是使用产品的人越多，互补产品的多样性和可用性就越大，从而增加用户感知价值，并且数据网络效应可以助力互补产品的有效研发，提高其互补产品的质量，进而增强间接网络效应，提升用户感知价值。因此，价值过程可以被理解为基于用户感知价值的价值创造和价值传递。

（4）对于价值客体。基于 AI 与大数据的数据网络效应能够以更低的成本更加真实、迅速地识别用户的价值诉求，关注其诸如用户体验、个性化服务、时效性等更高层次的需求。具体而言：（1）平台的 AI 能力主要体现在预测的准确性与速度方面，准确及时的预测能为用户创造良好的体验价值；（2）数据网络效应中用户价值还受到其他因素的调节，进而影响用户的感知价值，例如平台以用户为中心的设计能够提升用户的个性化价值；（3）平台合法性能够增强用户对平台网络的信任感，提升用户的持续使用意愿，为用户创造持续性价值；（4）平台拥有较好的数据资源，如大规模优质数据，能够降低平台算法预测的偏差，从而为用户创造更满意的体验。因此，价值客体可以被理解为基于用户个性化体验的场景价值等新型价值。

简言之，数据网络效应不仅涵盖用户价值和用户数量相互促进这一网络效应的基本要义，更强调 AI 算法基于对不断积累用户数据的持续学习和优化，为用户带来符合其偏好的产品或实时个性化体验，从而显著提升其感知价值（Gregory et al., 2021; Knudsen et al., 2021; Cennamo, 2021）。进一步地，数据网络效应作为学界提出的新概念和新理论，虽然目前较少有研究专门对其进行论述，但是也不乏文献遵循其内涵机制进行相关探讨。这些文献指出，在数字经济时代下，用户数据是企业创新的重要来源和依据，企业通过与用户的持续交互实现其研发、设计等关键环节的用户数据化参与，并借助机器学习算法等大数分析技术，挖掘不断积累的用户数据价值，使得新产品开发或产品创新的迭代周期更短，应对市场变化的调整方式更加敏捷，能够快速且精准地满足不同用户的需求，进一步扩大用户规模和数据体量，促进顾客绩效和企业绩效的全面提升（肖静华等，2018，2020；Wielgos et al.，2021；Tan and Zhan，2017）。

值得一提的是，作为系统阐述数据网络效应理论的第一人，格雷戈里等（2021）的观点也受到了来自其他学者的批判，克劳夫和吴（Clough and Wu，2022）直言不讳地指出数据网络效应的缺陷，即由于平台生态去中心化的特征，用户和互补者位于平台主企业的边界之外，而他们产生的数据却是平台主企业的内部资源，导致：(1)对价值捕获的关注不够。数字技术增强了企业的价值创造及捕获能力，并且去中心化平台强调不同参与者的价值捕获，这是比单纯探讨价值创造更重要的议题，一般而言，平台可通过个性化定价或价格歧视提升价值捕获能力，而不同参与者之间的价值捕获存在冲突和博弈，同时价值捕获可能会对价值创造产生负面影响（例如过度广告、用户上瘾等），导致价值创造和价值捕获之间的对立关系。(2)数据网络效应作为新型网络效应的合法性也存在不足。数据网络效应和直接/间接网络效应的内在机制有着本质区别，数据网络效应强调数据驱动的学习，是一种不断积累的学习效应，而直接/间接网络效应强调用户数量或规模达到一定阈值之后的自发启动，尚未有研究揭示数据网络效应是否存在这样的阈值，即使这样的阈值存在，应该也类似于数据驱动的学习曲线，同时，平台生态去中心化的特征使得数据驱动的学习与用户规模仅存在松散耦合的关系，因此，数据网络效应并非网络效应，将其称为数据学习效应更为准确。

面对质疑，格雷戈里等（2022）进行了一一回应，他认为数据并非特定企业的独占性资源（区别于传统资源基础观），而是跨越特定企业边界，被平台参与方共享（数据的可编辑性、便携性和情境重构性，使得数据更多表现为共享而非被某方控制），这也让训练AI算法的数据更加易得。数据网络效应发生作用的两个条件为：(1)基于个体用户的学习能够转化为针对所有用户的体验优化;(2)基于学习的产品优化或体验强化应该足够快(即时性)。AI 在激发数据网络效应中起着核心作用,并且不应忽视其中的一系列调节作用(数据管理、用户中心设计、平台合法性),从而使得数据网络效应可持续。数据网络效应强调对价值创造和价值捕获之间的整体性考量(类似双元,不应以对抗和分立的视角看待,数字技术使得价值创造和价值捕获能够协同共存),并且需要平衡利益相关者,这在格雷戈里等(2021)所提出的理论框架中也得以体现,然而格雷戈里等(2021)主要探讨了感知用户价值,以后还需拓展至价值创造和价值捕获之间的相互关系。

本书探讨数据驱动商业模式闭环的形成机理,突出数据对于商业模式活动体系中关键要素及维度之间形成良性循环所起的助推作用,与数据网络效应的内涵机制十分契合,同时,数据网络效应作为数字经济时代下解释新现象的新兴理论,尚处于发展和完善阶段,还需在更多研究情境下对其进行验证、深化、拓展和完善。因此,本书选择数据网络效应作为理论基础,以深入揭示数据驱动商业模式闭环的形成机理。

2.2.2 复杂系统理论

复杂系统理论(complex system theory)是系统科学的一个前沿方向,其中,复杂是指个体加总不等于总体,总体分解也不等于个体,而系统是指由相互作用和依赖的若干组成部分结合而成的具备特定功能的有机整体,故复杂系统理论不同于还原论,其强调采用整体论和还原论相结合的方法来分析系统,从而揭示系统整体的动态演化问题(盛昭瀚和于景元,2021;罗家德和曾丰又,2019)。

具体而言,在传统的管理学研究中,分析和解决问题的思路通常为将问题分解成若干部分,逐一对其进行研究,先独立把各部分都研究清楚,整体也就清楚了。若对某部分的研究还不清楚,则继续细化分解进行研究,直至每个部分都清楚为止,整体解决方案即为各细化研究的汇总。这种研究问题的方法论在系统科学中被称为还原论，其在处理结构或关联比较简单的问题时有一定优势，但面对复杂的管理问题，还原论往往行不通，原因在于：首先，复杂的管理问题一般与环境之间有着非常紧密的关联，环境的变化会对问题产生深远的影响，即使仅仅作用于问题的某个局部，但是由于问题自身存在紧密的相互关联性，局部的作用也会形成对问题的整体性影响，因此，如果把问题的局部孤立开来，那就难以完整地认识及分析整个问题了。其次，任何具体的管理活动都是一个有人、物、事、关联、因果、变化，并依时空顺序开展的相对独立又有整体性和连贯性的情景及情景流。问题越复杂，其情景及情景流越复杂，这就要求我们在情景过程性、整体性与演化性中，通过兼顾对情景自上而下与自下而上的分析和汇总，才能看清和解决问题，并且这一过程不能肢解情景及情景流，或者让问题和情景分离，这反映了还原论对分析和解决这类复杂问题的功效缺失。再次，分析和解决复杂问题一般都需要跨学科、跨领域、跨专业的技术、手段及方法，这要求管理主体构建一个工作机制良好、知识齐备的整体性平台，但是还原论缺乏设计和运行此类组织的能力。最后，复杂问题一般会表现出涌现、突变、演化等复杂动态性，是因为问题要素之间存在紧密且复杂的隐性或显性关联，各类关联会在时间维度上发生变化并传导至其他要素，问题的复杂性正是由这类复杂关联作用及传导机制造成的，如果基于还原论切断或变动这些关联，问题的整体性就会受到极大损伤，以致无法明晰复杂形态背后的机理。因此，面对复杂的管理问题，若仅仅采用还原论方法，将问题各部分之间的结构关联切断，则势必损伤问题的整体性，并且复杂的管理问题也并非其各个部分的简单汇总和叠加，故结合了还原论和整体论的复杂系统理论是管理学研究的新趋势，具有极大应用前景（杨晓光等，2022）。

本书研究数据驱动商业模式闭环的形成机理，其中商业模式是跨越核心企业及行业边界，各要素相互依赖的活动体系（Amit and Zott, 2001；Zott and Amit, 2010），同时，大数据等数字技术使得商业模式这一活动体系的边界更加模糊。因此，数据驱动商业模式闭环的形成机理已超越传统商业模式研究所关注的线性单一维度，带来"牵一发而动全身"的系统迭代和调适（Wang，2021；Foss and Saebi，2017；Sjödin et al.，2021），故本书将其视为一个复杂系统，通过结合还原论和整体论的方法，系统探索出数据驱动商业模式闭环的形成机理。事实上，部分学者已经开始基于复杂系统理论视角来研究商业模式，卡萨德苏斯-马萨内尔和里卡特（2010，2011）率先提出类似系统动力学中因果反馈回路的商业模式表达模型，认为商业模式的关键成功因素是在不同选择及其结果之间形成良性循环，即能够自我强化的反馈回路，从而可持续地创造、传递和捕获价值。福斯和赛比（2017）、兰佐拉和马基迪斯（2021）也强调，未来研究应从复杂系统理论视角探析商业模式及商业模式创新。陶舍尔（Täuscher，2018）和帕克等（Park et al.，2020）进一步呼吁采用定性比较分析（QCA）和系统动力学（SD）两大基于整体论及系统论的研究方法来研究商业模式，因为它们更好地匹配了商业模式活动体系的本质。在这些文献的影响下，基于系统视角和整体论方法的商业模式研究陆续涌现，例如，刘等（Liu et al.，2021）基于复杂适应系统理论构建出商业模式架构，其关键在于形成管理价值、识别价值、创造价值、表达价值、传递价值、捕获价值、保护价值、维系价值八大功能要素之间的反馈闭环。瓦坦卡等（Vatankhah et al.，2023）基于复杂理论及其层次视角，提出商业模式开发（BMD）的概念，突出商业模式的动态性，其囊括了现有关于商业模式创新、商业模式调适、商业模式演化等概念，同时厘清了BMD的促进及阻碍因素，包括组织形态、组织动态性和组织能力，并通过多模糊多准则决策技术计算出不同促进及阻碍因素的权重，从而推动了复杂系统理论视角下商业模式的研究。此外，阿米拉托等（Ammirato et al.，2022）、夏清华和娄汇阳（2018）、科森兹和诺托（Cosenz and Noto，2018）、江等（Jiang et al.，2021）、勒帕宁等（Leppänen et al.，2022）学者均通过采用系统动力学（SD）或定性比较分析（QCA）来探究商业模式及商业模式创新。可见，基于复杂系统理论视角，在还原论的基础上综合使用整体论的研究方法，同样是商业模式及商业模式创新研究的新趋势。

2.3 研究评述

围绕本书研究主题，学界做了相关有益探索，然而，尚存在如下研究不足，有待进一步完善。

（1）在研究内容上，数据驱动商业模式闭环的形成机理尚不清晰。数据驱动商业模式闭环的本质为数据驱动商业模式创新和商业模式闭环的系统结合，一方面，现有文献主要从解构的视角，从数据驱动价值创造、数据驱动价值传递，以及数据驱动价值捕获来探讨数据驱动商业模式创新，主要涉及"数据—业务—价值"的线性关系。然而，商业模式作为跨越核心企业，连接合作伙伴、供应商、客户等利益相关者，各要素相互依赖的活动体系，理应以系统和整体的视角对其进行考察（Zott and Amit, 2010）。并且，大数据等数字技术的应用使得商业模式这一活动体系的边界更加模糊，故数据驱动商业模式创新已超越传统商业模式创新中线性单一的维度，带来"牵一发而动全身"的系统创新（Sjödin et al., 2021; Foss and Saebi, 2017）。另一方面，部分学者开始基于要素之间的协同联动、反馈迭代等方式触及商业模式闭环的概念（Casadesus-Masanell and Ricart, 2010, 2011; Teece, 2010, 2018; Pagani, 2013），但是在数字化情境下，尤其是考虑数据作为驱动因素时，相关研究较为缺乏。因此，有必要从构建过程、组态特征、演化路径等层面，进一步明晰"数据—业务—价值"的协同关系，以全方位揭示数据驱动商业模式闭环的形成机理。

（2）在理论基础上，数据网络效应的理论逻辑及其研究情境值得进一步拓展。本书选择与研究主题高度契合的数据网络效应作为理论基础，现有相关文献主要以资源基础观和动态能力为理论基础。然而，由于数据资源的同质性、非竞争性、零边际成本、规模报酬递增等特性（魏江等，2022），传统理论的解释力度有限。作为数字经济时代下解释新现象的新理论，数据网络效应强调 AI 算法基于对不断积累的用户数据的持续学习和优化，为用户带来符合其偏好的产品或实时个性化体验，从而显著提升其感知价值，带来"数据越多→分析越准确→产品越优化→用户越满意→使用越多→数据越多"的良性循环（Gregory et al., 2021；Knudsen et al., 2021；Cennamo, 2021）。同时，数据网络效应也受到来自其他学者的批判，主要包括对价值捕获的忽略、数据资源的权属问题等（Clough and Wu, 2022）。格雷戈里等（2021，2022）对此进行了回应，并指出还需要对数据网络效应进行实证验证，以及将感知用户价值扩展至价值创造和价值捕获的相互关系等一系列未来研究方向。这表明数据网络效应尚处于发展和完善阶段，其理论内涵及其研究情境值得进一步拓展，故本书重点通过数据网络效应理论深入揭示数据驱动商业模式闭环的形成机理，以期对其进行完善、深化、拓展和验证。

（3）在研究方法上，有必要基于复杂系统理论视角，在案例研究的基础上综合考虑定性比较分析（QCA）和系统动力学建模仿真（SD）等方法。本书通过对前文综述中所选数据驱动商业模式创新的57篇文献的统计发现，案例研究论文有26篇（占比45.6%），计量实证论文有15篇（占比26.3%），理论分析及综述类论文有14篇（占比24.5%），而仅有2篇论文应用了QCA（占比3.5%）。可见，现有文献主要从还原论及静态线性的视角探析数据驱动商业模式创新，然而，伴随数字经济时代VUCA特征的不断加剧，企业面临来自生态层面的竞争与合作（单宇等，2021；Wang, 2021）。同时，数字技术赋能的商业模式创新也正在不断模糊企业及行业边界，表现为基于生态的跨界成长（韩炜等，2021；Priem et al., 2018）。事实上，部分学者也开始呼吁要基于复杂系统理论视角，采取定性比较分析（QCA）和系统动力学（SD）等整体论和系统论方法探讨数字经济时代下的商业模式及商业模式创新（Foss and Saebi, 2017；Täuscher, 2018；Park et al., 2020；Lanzolla and Markides, 2021）。因此，结合学界对商业模式是活动体系的本质界定，针对相关研究不足，本书从复杂系统理论视角出发，通过将还原论和整体论相结合的系统论方法进一步揭示数据驱动商业模式闭环的形成机理。

第 3 章
导入案例分析

3.1 引　　言

商业模式闭环（business model loop）是指实现价值创造和价值捕获动态平衡，能够自我强化以获取可持续竞争优势的商业模式创新路径。伴随移动互联网的发展机遇、"大众创业，万众创新"的政策号召，以及风投机构的资本加持，过去 10 年见证了中国新经济创业的腾飞。不同于传统企业的互联网化或数字化转型，新经济创业企业（简称新创企业）根植于数字经济[①]的发展土壤，以数字技术创新应用为牵引、以数据要素价值转化为核心，从创立之初就通过互联网提供多元化、个性化的产品及服务，体现出用户导向、边界模糊、敏捷响应等特征，具有原生数字化的基因（Cennamo，2021），其中不乏美团、小米等明星企业。然而光鲜的背后，创业失败率也一直居高不下[②]。在"烧钱补贴""赔本

[①] 根据中国信通院 2021 年 4 月发布的《中国数字经济发展白皮书》，数字经济是在生产要素方面实现数据价值化、生产力方面实现数字产业化和产业数字化、生产关系方面实现数字化治理的新型经济形态。本章所界定的新经济隶属于数字经济这一新型经济形态，并通过对新经济创业企业的多案例研究，重点展现其以数据为驱动、以用户体验为核心等典型特征，而数字经济时代则是新经济创业企业所处的时代背景。

[②] 据 IT 桔子和 36 氪研究院统计，2011~2020 年底，中国共出现新经济创业企业 13 万家，覆盖企业服务、电子商务、教育、文娱、本地生活、医疗健康等热门领域。然而创业失败是主旋律，近 10 年来仅认知度较高的新经济关停倒闭项目数就高达 1.4 万家，2020 上半年，平均每天有 5 家新经济创业企业关停倒闭。

赚吆喝"的市场抢夺赛中,由于不注重商业模式闭环的构建,大量新经济创业企业黯然离场甚至走向消亡,例如共享单车 ofo 一味打"价格战"和疯狂扩张,忽视了对产品运营和用户体验的优化,最终不得不在巨大的资金压力下破产倒闭。正如维纳等(Wiener et al., 2020)指出,数字经济时代过于强调用户价值创造,忽视了企业价值捕获,由于没有处理好两者的关系,大量新创企业最终走向了失败。可见,价值创造和价值捕获之间存在一道"鸿沟",为了"跨越鸿沟",从而提高成功概率、降低失败风险,新创企业应该如何构建商业模式闭环?

在学界,关于价值创造(value creation)和价值捕获(value capture)的探讨由来已久,不同领域的学者有着不同的解读(Lepak and Taylor, 2007),目前比较公认的是普里姆等(Priem et al., 2013, 2018)对两者的界定,即价值创造聚焦需求侧用户的消费体验及主观感知,强调对个性化和多元化用户需求的满足,价值捕获聚焦供给侧企业的绩效收益及竞争优势,强调准确的行业定位和异质性资源禀赋。伴随工业经济时代向移动互联网时代以及数字经济时代的进阶,用户地位被提升至新的高度(肖静华等,2018,2020),学界关注重点逐渐从价值捕获转变为价值创造,但是由于理论根基的差异,现有文献主要基于相互割裂的视角考察价值创造和价值捕获,缺乏对其动态平衡关系的揭示(Lepak and Taylor, 2007;Priem et al., 2013;李卅立等,2016;Wiener et al., 2020)。而商业模式(business model)搭建了连接价值创造和价值捕获的桥梁(Teece, 2010),其活动体系的本质使得商业模式成为整合众多理论的"黏结剂"(Priem et al., 2018;Ritter and Lettl, 2018;Lanzolla and Markides, 2021),相关文献指出,好的商业模式应实现价值创造和价值捕获之间的"匹配",价值创造是价值捕获的前提,价值捕获是价值创造"蛋糕的一块"(Zott and Amit, 2007;Teece, 2018;Tidhar and Eisenhardt, 2020),并且为了探索新的方式以及构建新的逻辑来创造和捕获价值,商业模式创新(business model innovation)变得越发重要(Casadesus-Masanell and Zhu, 2013;Foss and Saebi, 2017),其构成要素(Osterwalder and Pigneur, 2010)、属性特征(Amit and Zott, 2001;

Casadesus-Masanell and Ricart，2011）和高管认知及行为（Snihur and Zott，2020；Mcdonald and Eisenhardt，2020）的改变均会对商业模式创新路径产生深远影响。

  针对本章所定义的商业模式闭环，作为商业模式创新路径的重要目标形态，现有文献较少专门对其进行探讨，虽零星提及相关重要属性（如互补性、自我强化性）（Amit and Zott，2001；Casadesus-Masanell and Ricart，2011）和关键特征（如价值创造和价值捕获的因果逻辑和匹配关系）（Zott and Amit，2007；Priem et al.，2018；Tidhar and Eisenhardt，2020），但皆语焉不详，缺乏对其构建机理的深入探究。更进一步地，新创企业的成败在很大程度上取决于商业模式的设计、实施和调整（商业模式创新），而影响商业模式创新的外部推动力（如新型技术发展、用户需求变化）和内部推动力（如关键资源和能力、高管认知）均属于动态能力（dynamic capabilities）的范畴，故动态能力对商业模式创新及其闭环构建发挥着更高阶的助推作用（Teece，2018）。为了实现"跨越鸿沟"，商业模式闭环构建过程中价值创造和价值捕获应该形成动态平衡的关系，其本质表现为基于动态能力的协同演化（肖静华等，2018；Sjödin et al.，2020）。具体而言，动态能力是企业为应对快速变化的外部环境，整合、构建以及再配置内外部资源，从而获取可持续竞争优势的能力（Teece et al.，1997），包括环境感知、机会把握和组织重构三大维度，创始人首先应通过环境感知识别并把握机会，基于商业模式的设计和实施将需求侧用户的价值创造转变为组织重要的战略资源，然后通过资源编排以及组织重构，基于商业模式的适应性调整逐步完成供给侧企业的价值捕获，而可持续的价值捕获又能反哺价值创造，形成可以协同演化的良性循环（Teece，2007；Casadesus-Masanell and Ricart，2011；Teece，2018）。可见，动态能力以及价值创造和价值捕获的协同演化为本章提供了合适的理论视角。

  因此，本章立足中国新经济创业情境，基于动态能力理论，以价值创造和价值捕获协同演化作为研究视角，旨在回答"新经济创业企业如何构建商业模式闭环？"这一科学问题，具体细化为两方面内容：

（1）价值创造和价值捕获协同演化视角下商业模式闭环的构建过程；（2）动态能力嵌入商业模式闭环构建的过程机理。本章结构安排如下：首先，通过文献回顾找准研究缺口；其次，选取美团、小米和 ofo 三家新创企业作为案例研究对象，在动态能力理论以及价值创造和价值捕获协同演化视角下，归纳及对比得出商业模式闭环的构建机理；最后，总结理论模型及相关讨论。本章在一定程度上弥补了商业模式闭环构建以及价值创造和价值捕获相互关系的研究缺口，同时也对动态能力理论在商业模式创新领域进行了整合和拓展。并且，本章通过探讨商业模式闭环的构建机理，描绘出商业模式闭环的轮廓，有助于循序渐进地理解数据驱动商业模式闭环这一重要概念，为后文做铺垫。

3.2 相关文献分析

3.2.1 商业模式创新路径及其闭环构建

商业模式（business model）是一种跨越核心企业及行业边界，各要素相互依赖的活动体系，其本质是为企业创造并捕获价值的基本原理（Amit and Zott，2001；Teece，2010）。不同于单纯的产品或服务创新，商业模式创新（business model innovation）是基于活动体系的更高维创新，表现为企业探索新的方式以及构建新的逻辑来创造和捕获价值（Casadesus-Masanell and Zhu，2013；Massa et al.，2017）。数字经济时代，移动通信和数字化技术的迅猛发展催生出大量新创企业，它们通过商业模式创新变革甚至颠覆原有行业规则，重新定义竞争格局，故商业模式创新路径逐渐成为学界关注的焦点（Foss and Saebi，2017；张玉利等，2020）。

依据商业模式闭环的定义，本章认为商业模式闭环构建是商业模式创新路径的重要目标形态，然而目前较少有研究专门对其进行探讨，现有文献主要聚焦商业模式创新路径,并且围绕构成要素、属性特征和高管认知及行为三个层面对其展开论述。具体而言,首先,对于构成要素,奥斯特沃德和皮尼厄（Osterwalder and Pigneur, 2010）提出包含价值主张、顾客细分、渠道通路、顾客关系、关键活动、核心资源、重要伙伴、成本结构、收入来源九大要素的商业模式画布,并且认为价值主张的更新是商业模式创新的起点,以此带动其他要素的优化调整,从而更好实现价值创造和价值捕获的目标。类似地,阿米特和佐特（Amit and Zott, 2001）认为商业模式的关键构成要素包括交易的内容、结构和治理,它们共存于价值创造和捕获的逻辑框架之下。其次,对于属性特征,阿米特和佐特（2001）构建 NICE 框架,即新颖性（novelty, N）、锁定性（lock-in, I）、互补性（complementarities, C）、效率性（efficiency, E），来刻画商业模式创新的特征,好的商业模式应通过强化这四大属性来实现价值创造。进一步地,卡萨德苏斯-马萨内尔和里卡特（2011）提出评判商业模式创新是否成功的三大标准——与公司目标的一致性（aligned with company goals）、自我强化性（self-reinforcing）和鲁棒性（robust），认为成功的商业模式应该产生能够自我强化的良性循环或反馈闭环,从而可持续地创造和捕获价值。最后,对于高管的认知及行为,文献普遍认为,商业模式创新是一个不断试错、迭代、调整的动态过程（纪雪洪等, 2019; Ghezzi and Cavallo, 2020），创始人在其中扮演着至关重要的角色,其团队构成的异质性（杨俊等, 2020; 胡保亮等, 2020）、应对外部环境变化的机会探索模式（Schneider, 2019）、基于行为特征的结构印记和认知印记（Snihur and Zott, 2020），以及借鉴、测试、反思的互动整合模式（Mcdonald and Eisenhardt, 2020）皆对商业模式创新方向及路径影响深远。

从现有商业模式创新路径的相关文献可看出,部分学者已对商业模式创新应构建出闭环,即兼顾价值创造和价值捕获,通过对各要素的协同互补实现整体运行的自我强化等理念达成共识（Amit and Zott, 2001; Teece, 2010; Casadesus-Masanell and Ricart, 2011; Tidhar and Eisenhardt, 2020），这在一定程度上奠定了本章所定义商业模式闭环的合法性，然而作为商业模式创新路径的重要目标形态，现有相关研究较少对商业模式闭环构建的动态过程展开探讨，故商业模式闭环构建机理仍是一个"黑箱"。

3.2.2 动态能力对商业模式创新的影响

动态能力（dynamic capabilities）是企业为应对快速变化的外部环境，整合、构建以及再配置内外部资源，从而获取可持续竞争优势的能力（Teece et al., 1997）。与组织例行程序和相应运营能力不同，动态能力是一种更高阶的管理常规能力，涵盖了环境感知、机会把握和组织重构三大维度（Teece, 2007）。新创企业的成败在很大程度上取决于商业模式的设计、实施和调整（商业模式创新），这背后离不开动态能力的支撑，并且影响商业模式创新的外部推动力（如新型技术发展、用户需求变化）和内部推动力（如关键资源和能力、高管认知）均在动态能力的考察范围之内，其作用强弱取决于企业对动态能力各维度的把握，故动态能力是成功进行商业模式创新的前提，商业模式创新又是动态能力在微观层面的输出（Teece, 2018）。针对动态能力如何推动商业模式创新，相关研究主要围绕蒂斯（2007，2018）提出的动态能力从三大维度展开。

首先，对于环境感知，商业模式创新应以识别环境中的机会和威胁为起点（包括技术发展和需求变化等），高管认知在其中起着至关重要的作用（Martins et al., 2015; Foss and Saebi, 2017）。已有文献表明，创业者对外部环境中机会和威胁的感知能力有助于战略的再定位，降低其对商业模式创新的抵触，并通过提升资源利用效率稳步实现商业模式创新（Osiyevskyy and Dewald, 2015; Egfjord and Sund, 2020）。具体而言，在动荡变化且高度不确定的外部环境下，创始人基于跨行业搜寻、复杂系统思维模式以及中心化决策提升其识别甚至创造机会的能力，并通过结构印记和认知印记的交互作用使其商业模式的创新程度得以强化（Schneider, 2019; Snihur and Zott, 2020），这一行为过程始终贯穿创始人对商业模式设计的认知（如借鉴、测试和反思），进而揭示了新创企业高绩效或者创业成功的原因之一（Frankenberger and Sauer, 2019; Mcdonald and Eisenhardt, 2020）。

其次，对于机会把握，一旦识别出技术或市场的机会，企业应通过提供产品及服务、规范流程及组织等方式把握商业化机会以获取成长性收益，这一过程主要表现为商业模式的设计和实施（Chesbrough and Rosenbloom, 2002）。数字经济时代的新兴技术改变了原有消费习惯，相关文献围绕新兴技术应用（"技术推动"）和用户需求满足（"市场拉动"）两个层面对商业模式创新展开了探讨（Guo et al., 2020）。具体而言，在"技术推动"层面，以人工智能、物联网、大数据等为代表的新一代数字化技术将对商业模式产生深远影响，它们从精准供求匹配（王烽权等，2020）、强化连接互动（Langley et al., 2021）、提升交易效率（Wiener et al., 2020）等方面赋能企业进行商业模式创新，以此助推行业转型升级，并重构行业竞争格局。此外，在"市场拉动"层面，商业模式创新的起点应始终围绕用户需求，用户是价值创造的主导和判决者（Priem et al., 2018），新一代数字化技术使得用户多变的需求能够更容易被识别，并且基于场景化和多元化的商业模式创新，企业通过与用户共创的方式将价值创造最大化，进而提升自身的盈利水平（蔡春花等，2020; Sohl et al., 2020）。

最后，对于组织重构，为了摆脱不利的路径依赖，保持对外部环境变化的敏捷感知和演化适配，企业的组织架构及其资源禀赋必须被适应性重构以达成协同，这一过程主要表现为商业模式的调整（Ghezzi and Cavallo, 2020）。相关文献对此进行了探讨，具体而言，在易变、不确定、复杂且模糊（VUCA）的市场环境下，商业模式调整贯穿其设计和实施过程中（Mcdonald and Eisenhardt, 2020），通过不断优化迭代，企业在提升商业模式敏捷性的同时锤炼出组织韧性，从而提升自身在不利事件冲击下快速恢复反弹，并逆势成长的能力（单宇等，2021）。进一步地，伴随数字化技术的发展和普及，许多新创企业虽然起步于商业模式创新，但其成长过程不再局限于传统意义上的组织规模扩张，而是基于一系列资源编排策略，通过跨界拓展式成长和不断模糊组织边界建立生态型组织，在促进生态伙伴协同共演的同时，我们也增强了商业模式活动体系的抗风险能力和韧性（谭智佳等，2019；Möller et al.，2020；韩炜等，2021）。

综上，动态能力作为商业模式创新的理论支撑，现有文献虽然较为细致地从不同维度探讨其如何推动商业模式创新，但是缺乏基于对不同维度的整合，全面展现动态能力对商业模式创新的影响机理的文献，特别是在中国新经济创业情境下，通过动态能力挖掘新创企业商业模式闭环构建的过程机理就显得尤为重要。

3.2.3 价值创造和价值捕获的关系

（1）价值创造。价值创造（value creation）聚焦用户层面（需求侧）的使用价值，表现为用户的消费体验和主观感知，可通过支付意愿衡量，它决定了价值体系的上限（Lepak and Taylor，2007；Priem，2007）。移动互联网时代，用户需求呈现异质性和多元化的发展趋势，一些新创企业即使在处于资源和能力劣势的情况下，通过更好满足用户需求，依旧获得了竞争优势，这对以供给侧企业为导向的传统战略管理理论提出了挑战（Priem et al.，2013；李卅立等，2016）。为了扩展传统理论边界，弥补其解释力度的不足，学界开始呼吁构建基于用户需求视角和用户价值创造的新兴理论，其中最典型的便是需求基础观（或需求侧战略、需求侧视角）和服务主导逻辑。需求基础观（demand-based view）强调以用户需求作为战略判断和决策的出发点，企业为了满足用户需求而提供解决方案的载体，用户才是整个价值体系的主导和判决者，企业可通过营造用户获利体验提升用户价值感知，进而把价值创造的"蛋糕做大"（Priem，2007；李卅立等，2016）。类似地，服务主导逻辑（service dominant logic）强调用户参与和用户体验，认为服务是所有经济交易的基础，商品只是服务传递和使用的工具，用户在整个服务体系或价值网络中扮演着重要的角色，企业应通过价值共创维持与用户的关系，进而延长价值创造的"生命周期"（简兆权等，2016；Vargo and Lusch，2016）。

（2）价值捕获。价值捕获（value capture）聚焦企业层面（供给侧）的交易价值，表现为用户基于支付意愿，通过市场交易为企业带来的货币化收益，以及企业赚取利润的潜力，可理解为企业绩效或竞争优势（Lepak and Taylor，2007；Priem，2007）。不同于以用户为导向的新兴理论，传统战略管理理论诞生于产品形态以及用户需求相对单一的工业经济时代，主流学派包括企业定位理论和资源基础观，它们均强调供给侧企业的价值捕获，用户被排除在价值体系之外（Priem，2007；Priem et al.，2013；李卅立等，2016），企业通过向用户售卖产品获取经济租金，竞争优势主要通过企业绩效来衡量，用户仅为无差异的产品购买者和价值消耗者，无法左右价值创造（罗珉和李亮宇，2015）。企业定位理论（firm positioning）假设要素市场和产品市场均为恒定的，侧重外部的行业环境及结构，企业通过找准行业定位，利用规模经济强化基于行业垄断的竞争优势，进而获取垄断租金（Porter，1985；McGahan and Porter，1997）。与企业定位理论不同，资源基础观（resource-based view）假设要素市场是差异化的，侧重价值的内生性，企业通过搜寻具有价值性、稀缺性、难以模仿性，以及不可替代性的要素强化自身基于异质性资源禀赋的竞争优势，进而获取李嘉图租金（Barney，1991）。

（3）价值创造和价值捕获的协同演化。伴随工业经济时代向移动互联网时代以及数字经济时代的进阶，用户在市场交易和整个价值体系中的权利地位逐步增强（肖静华等，2018，2020），学界的关注重点也开始从供给侧企业的价值捕获转变为需求侧用户的价值创造（罗珉和李亮宇，2015；Sohl et al.，2020）。由于理论根基的差异，现有文献大多以相互割裂的视角对其展开探讨，缺乏对价值创造和价值捕获动态平衡关系的揭示（Lepak and Taylor，2007；Priem et al.，2013；李卅立等，2016；Wiener et al.，2020）。更进一步，商业模式作为描述企业创造并捕获价值的基本原理，搭建了连接价值创造和价值捕获的桥梁，其活动体系的本质使得商业模式成为整合众多理论的"黏结剂"（Priem et al., 2018；Ritter and Lettl，2018；Lanzolla and Markides，2021）。相关文献指出，好的商业模式应实现价值创造和价值捕获之间的"匹配"，并且价值创造是价值捕获的前提，价值捕获是价值创造"蛋糕的一块"，为了实现可持续的价值创造及捕获，货币化捕获的价值必须大于创造价值的成本，以此寻求两者的平衡，从而构造出能够自我强化的商业模式（Zott and Amit，2007；Lepak and Taylor，2007；Priem，2007；Casadesus-Masanell and Ricart，2011；Teece，2018；Tidhar and Eisenhardt，2020）。可见，商业模式创新进程中价值创造和价值捕获存在动态平衡的关系，其本质表现为基于动态能力的协同演化（肖静华等，2018；Sjödin et al.，2020）。进一步地，协同演化是指不同主体特性相互影响从而加强组织应变性和适应性的过程，对于价值创造和价值捕获而言，创始人首先应通过环境感知识别并把握机会，基于商业模式的设计和实施将需求侧用户的价值创造转变为组织重要的战略资源，然后通过资源编排以及组织重构，基于商业模式的适应性调整逐步完成供给侧企业的价值捕获，而可持续的价值捕获又能反哺价值创造，形成可以协同演化的良性循环（Teece，2007；Casadesus-Masanell and Ricart，2011；Teece，2018）。

综上，价值创造和价值捕获的因果逻辑和匹配关系作为商业模式闭环的关键特征，现有文献虽有提及和阐述，但皆语焉不详，故有必要基于动态能力理论和协同演化视角，将价值创造和价值捕获有机结合，对其动态平衡关系做深入探究，以揭示商业模式闭环的构建机理。本章的研究框架如图3.1所示。

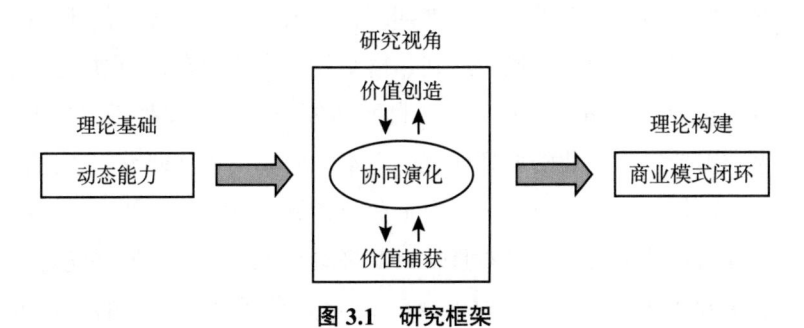

图 3.1 研究框架

3.3 研究设计

3.3.1 研究方法

本章采用多案例研究方法，理由如下：（1）本章立足中国新经济创业情境，所涉及的研究现象新颖独特，相关研究较少，这一新兴领域需要通过案例研究来提炼和补充现有理论，同时，多案例研究的"复制逻辑"能够提升案例研究的"外部效度"，使得所构建理论的普适性和稳健性更强（Eisenhardt and Graebner, 2007）；（2）本章旨在探究新经济创业企业构建商业模式闭环的过程和机理——属于"怎么样（how）"和"为什么（why）"的研究问题，研究问题的属性决定了本章适合采用案例研究，从而更生动、细致地挖掘出复杂现象背后所隐藏的理论逻辑和规律（Yin, 2014）。

3.3.2 案例选择

遵循"理论抽样"和"竞争性设计"原则（Eisenhardt and Graebner, 2007; Yin, 2014），本章选取美团、小米和 ofo 作为案例研究对象，理由如下：（1）案例整体的典型性。三家企业均成立于 2010 年之后中国移动互联网和数字经济的高速发展期，在"大众创业，万众创新"的政策支持下，它们借力线上流量红利、搭乘技术发展快车，通过商业模式创新重构行业竞争格局，并且在各自所属领域处于或曾处于领先地位，可视为中国新经济创业的典型代表，与本章研究情境和研究问题比较契合；（2）案例之间的异质性。三家企业分别属于不同的行业，这提高了案例研究跨行业的普适性，并且从目前来看，三家企业的发展既有成功的（美团和小米），也有失败的（ofo），这避免了案例研究的幸存者偏差，提高了稳健性，进而为案例间基于"复制逻辑"的对比和扩展提供了有效支撑。案例的基本信息如表 3.1 所示。

表 3.1　　　　　　　　　　案例基本信息

案例对象	美团	小米	ofo
所属公司	北京三快在线科技有限公司	小米科技有限责任公司	北京拜克洛克科技有限公司
创始人	王兴	雷军	戴威
创立时间	2010 年 3 月	2010 年 4 月	2014 年 3 月
案例简介	美团是一家生活服务电子商务平台，公司聚焦"Food+Platform"战略，以"吃"为核心，通过科技创新，和广大商户与各类合作伙伴一起，努力为消费者提供品质生活，推动生活服务业需求侧和供给侧数字化升级。	小米是一家以手机、智能硬件和 IoT 平台为核心的互联网公司，始终坚持做"感动人心、价格厚道"的好产品，让全球每个人都能享受科技带来的美好生活。通过独特的"生态链模式"，小米建成了连接超过 1.3 亿台智能设备的 IoT 平台。	ofo 小黄车是全球领先倡导绿色出行理念的无桩共享单车平台，用户可通过手机解锁自行车，享受随时随地有车骑的共享出行服务，从而让人们在全世界的每一个角落都可以通过 ofo 解锁自行车，满足短途代步的需求。
发展概况	专注团购（2010.3～2012.1）→"T 型战略"+"三驾马车"（2012.2～2018.8）→"Food+Platform"（2018.9 至今）	MIUI 系统及手机开发（2010.4～2013.11）→"生态链计划"+"铁人三项"（2013.12～2018.12）→"手机+AIoT"双引擎战略（2019.1 至今）	校园创业（2014.3～2016.10）→城市扩张（2016.11～2018.9）→资金链断裂及破产倒闭（2018.10～2020.10）

3.3.3　资料收集

作为中国新经济创业的"明星企业"，美团、小米和 ofo 的成长过程及业务模式吸引了业界和学界广泛关注，这使得各类公开可获取的采访、调研，以及书籍、报道等材料十分丰富，足以涵盖研究所需。本章案例材料具体来源如表 3.2 所示，多渠道信息来源有利于获取丰富的案例材料，提高案例研究的"建构效度"，并且为确保案例材料的真实性和可靠性，研究成员在此过程中对已收集的材料进行"三角验证"（Yin, 2014），最终基于所收集的材料建立案例文档库，为编码分析奠定了基础。

表 3.2　　　　　　　　　　案例材料来源

材料来源	来源示例	来源标记
高管认可的公开访谈、讲话记录	如创始人接受《财经》《对话》等专访，以及在周年庆典等特殊场合或大型活动上的讲话	美团—MF 小米—XF ofo—OF
研究成员亲身观察和体验所获取的信息	如记录使用美团、小米、ofo 所提供产品及服务的体验和感受	美团—MT 小米—XT ofo—OT
官方渠道获取的权威信息	如官网资讯、企业内刊、财报披露等	美团—MG 小米—XG ofo—OG
文献资料	如从中国知网（CNKI）下载的文献	美团—MW 小米—XW ofo—OW
研究报告	如从万德、国泰安等数据库下载的券商机构研究报告	美团—MY 小米—XY ofo—OY
书籍著作	如美团的《九败一胜》、小米的《一往无前》、ofo 的《共享单车》等	美团—MS 小米—XS ofo—OS

3.3.4　数据分析

价值创造和价值捕获作为本章所定义商业模式闭环的重要概念，不同学者对其有着不同解读（Lepak and Taylor，2007），本章借鉴普里姆等（Priem et al.，2013，2018）对价值创造和价值捕获的界定，以需求侧用户的消费体验及主观感知衡量价值创造，以供给侧企业的绩效收益及竞争优势衡量价值捕获。案例材料的编码在动态能力理论以及价值创造和价值捕获协同演化视角下展开，为保证案例研究的"内在效度"和信度，本章参照程序化扎根理论的编码技术，以及结构化数据分析方法的呈现形式，借助 NVivo 12 软件对案例材料进行编码提炼，最终抽象形成理论性诠释。案例编码由三名研究成员共同完成（包括一名企业管理专业的教授、一名新经济创业者兼在读 MBA，以及一名企业管理专业的博士研究生），对于编码过程中出现的类属歧义等问题，由研究成员共同核对原始材料，并查找补充相关案例及文献资料，经过多次研讨直至意见一致，数据的收集和分析需要不断迭代、循环，直到核心概念和类属达到饱和，最终形成如图 3.2 所示的案例编码数据结构。

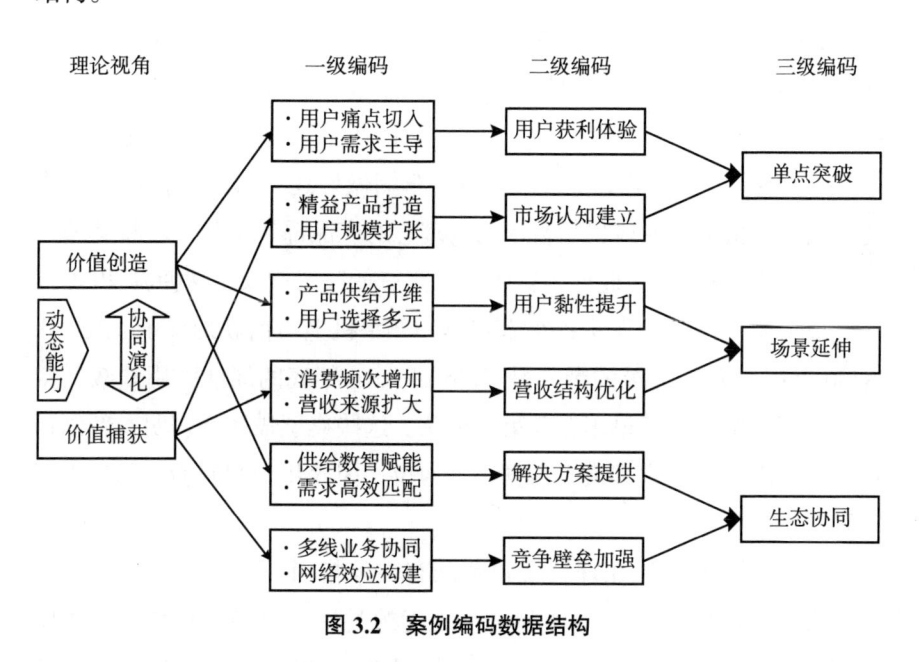

图 3.2　案例编码数据结构

具体而言，本章遵循"案例内分析→案例间分析"的思路，对案例材料的编码步骤阐述如下（以"单点突破"这一构念的形成过程为例进行说明）：

首先，四个案例由研究成员进行案例内的原始数据编码，这一过程涌现出大量编码，研究成员在删减了部分与研究主题不相关的编码之后，通过跨案例比较这些编码的异同，将编码合并至合理数量范围，并将其命名为一级编码，这一阶段共得到包含12个初始类属的一级编码（忠于对原始数据的概括）。例如，根据案例材料，美团推出一系列"团购无忧"消费者保障计划以消除消费者对团购的后顾之忧；小米让"每个人都享受到科技的乐趣"，让许多买不起高价手机的人享受到了移动互联网的便利；ofo满足用户"最后一公里"的出行需求。这些典型描述都表明，新创企业始于对用户痛点的识别和把握，故将其编码为"用户痛点切入"。类似地，美团遵循"消费者第一，商家第二，美团第三"的原则；小米的MIUI操作系统是由"发烧友"共同参与开发而来；ofo校园骑行体验符合师生对人文环境的需求。这些典型描述表明，新创企业应该重视用户需求，因此将其编码为"用户需求主导"。并且，美团基于"一日多团""长期灵活"等举措对传统团购模式进行了改进；小米"和用户做朋友，把用户全部拉进来，一起把产品做好"；ofo基于校园使用场景，方便对车辆做好运营维护。这些典型描述都表明，新创企业应以精益求精的理念对产品深耕细作，故将其编码为"精益产品打造"。此外，美团"三高三低"的增长引擎使其2011年年底成为团购网站的龙头；小米在第一部手机上市前就形成了MIUI社区50万用户和上亿级的曝光量；ofo在2016年底的周活跃用户数已接近400万，雄霸共享单车企业第一梯队。这些典型描述都表明，新创企业必须考虑扩大用户规模以占据市场地位，因此将其编码为"用户规模扩张"。

其次，研究成员在理论视角和既有文献指引下对一级编码进行归类，合并反映同一理论内涵和概念维度的类属，提炼出包含6个类属的二级编码（源于既有文献所提及的概念）。例如，"用户痛点切入"和"用户需求主导"两个一级编码强调需求侧用户的核心地位，属于价值创造的范畴，通过优化用户体验提升用户价值感知，这与普里姆（2007）提出的用户获利体验（consumer benefit experienced）十分契合，故将其编码为"用户获利体验"；"精益产品打造"和"用户规模扩张"两个一级编码强调供给侧企业的成长壮大，属于价值捕获的范畴，通过产品打磨吸引更多用户，从而建立用户口碑和市场认知，已有大量创业或营销等相关领域的文献对此进行了阐述，故将其编码为"市场认知建立"。

最后，研究成员围绕核心研究问题，将二级编码凝练为包含3个类属的三级编码（源于既有文献并且考虑时间维度的阶段性划分）。例如，"用户获利体验"和"市场认知建立"两个二级编码表明新创企业应首先围绕用户痛点和需求进行创业实践，通过持续打磨爆款产品优化用户体验、做大用户规模，从而建立市场认知，这与精益创业方法论中的相关概念十分契合，故将其编码为"单点突破"。

综上，本章通过对案例材料严谨的编码归纳，初步构建出新经济创业企业商业模式闭环构建机理的理论模型，并进一步基于"复制逻辑"进行跨案例比较分析，在案例、理论和文献中反复穿插，从而形成更加可靠的理论构念和因果关系，其搭建逻辑和典型例证将在后续章节详细阐述。

3.4 研究发现

本章通过对美团、小米和ofo的多案例研究发现，新经济创业企业商业模式闭环构建过程包括三个阶段，分别为单点突破、场景延伸和生态协同，为了"跨越鸿沟"，每个阶段都应实现价值创造和价值捕获的动态平衡，并且在动态能力的加持和推动下，各阶段之间环环相扣、层层递进，从而揭示商业模式闭环构建过程中价值创造和价值捕获协同演化的路径关系。本章参考肖静华等（2018）的研究，将商业模式闭环构建路径绘制如图3.3所示，并分阶段对其进行详细阐述。

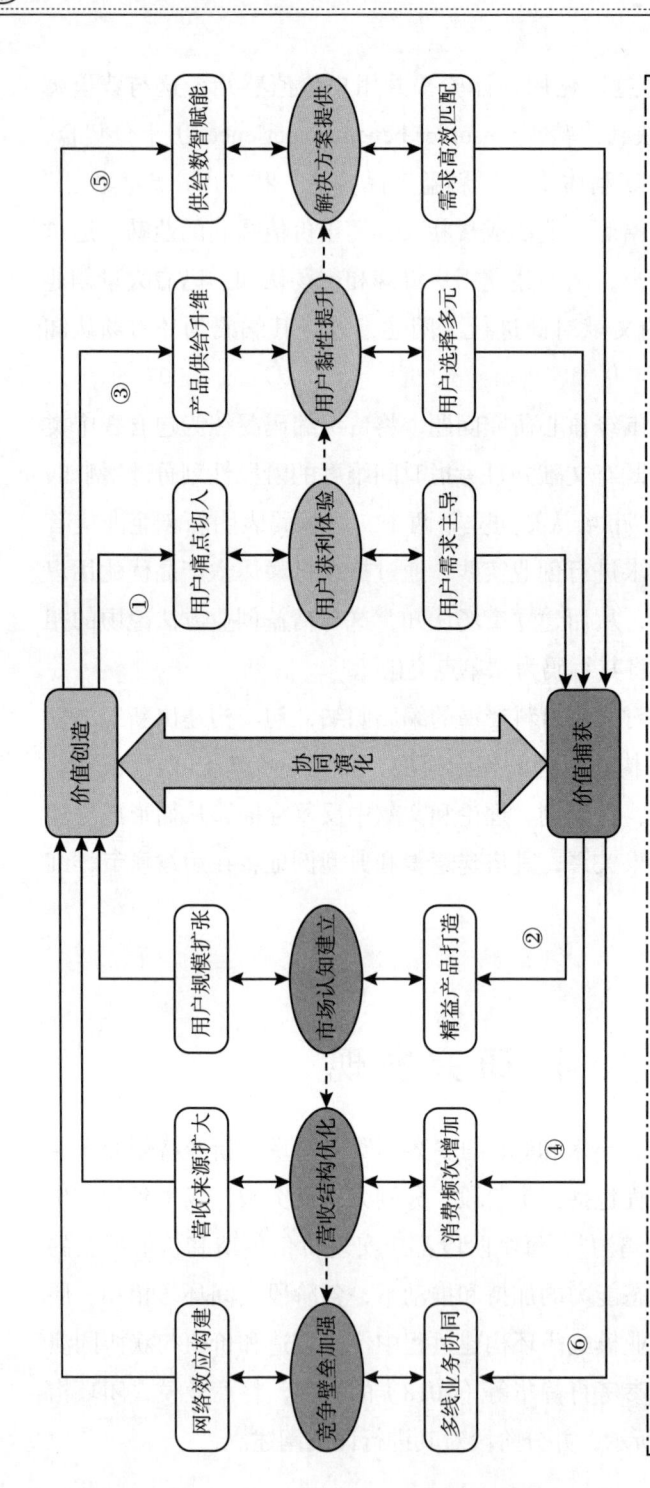

图 3.3 新经济创业企业商业模式闭环构建路径

图示说明：

1、①②③④⑤⑥代表商业模式闭环构建步骤的先后顺序。

2、①③⑤代表价值创造过程，其关键构念用浅灰色底纹标示；②④⑥代表价值捕获过程，价值创造和价值捕获协同演化的关系通过连接两者的虚实箭头表示。

3、①②所形成的闭环代表单点突破阶段，③④所形成的闭环代表场景延伸阶段，⑤⑥所形成的闭环代表生态协同阶段，其环环相扣相利层层递进的关系通过箭头线的粗细加以区分。

3.4.1 单点突破阶段：通过用户获利体验建立市场认知

单点突破是商业模式闭环构建的第一个阶段，指新创企业基于用户需求和市场机会选择合适的细分赛道（Ghezzi and Cavallo，2020）。根据案例编码数据结构，单点突破阶段的价值创造主要表现为用户获利体验，即精准匹配用户需求或高于预期的使用感知（Priem，2007）；价值捕获主要表现为市场认知建立，即得到市场认可的产品在用户心智中树立定位（Guo et al.，2020）。两者的动态平衡关系则表现为通过用户获利体验建立市场认知。

具体而言，为了跨越单点突破阶段价值创造和价值捕获之间的"鸿沟"，用户获利体验可细分为用户痛点切入和用户需求主导，市场认知建立可细分为精益产品打造和用户规模扩张，它们之间的协同演化路径在于：首先，新创企业应识别和把握用户痛点背后的创业机会；其次，基于用户需求不断打磨产品，优化用户体验；最后，以精准匹配市场的产品赢得大量用户规模，建立市场认知，从而累积一定的初始资源，使得企业可以基于用户数据构建用户画像，以进一步增强对用户痛点的机会识别和把握能力，形成良性循环，并为产品供给升维带来用户多元化选择等场景延伸策略的实施奠定基础。此过程可通过图3.3中①②所形成的闭环表示，下面针对不同案例实践作出详细阐述，典型例证及主要材料来源如表3.3所示[①]。

美团的单点突破阶段为"专注团购"（2010.3～2012.1）[②]。首先，在用户获利体验（价值创造）方面，美团在创始之初就树立"帮大家吃得

[①] 典型例证的主要材料来源标记于句末（根据"三角验证"的原则，一个论点应至少得到三处材料的佐证），下文同。

[②] 美团单点突破阶段的主要案例资料来源：美团点评IPO招股说明书，《美团王兴8年内部演讲：从创业到IPO的思考》（https：//www.sohu.com/a/514337695_121119001），美团官网介绍（https：//www.meituan.com/），李志刚：《九败一胜 美团创始人王兴创业十年》，北京联合出版公司，2014。

更好,生活更好"的企业使命,始终遵循消费者第一,商家第二,美团第三的原则。通过"7天内未消费,无条件退款""消费不满意,美团就免单"和"过期未消费,一键退款"等举措搭建"团购无忧"消费者保障体系,免除消费者团购的后顾之忧。其次,在市场认知建立(价值捕获)方面,美团采取了从"一日一团"到"一日多团"、从"短期限时"到"长期灵活"等举措对传统团购模式进行了改进。面对2011年的"千团大战",美团把主要资源投入到IT系统的开发和服务体验的改进上,相比同行提供更优质的商户和消费者服务,从而一举奠定在团购市场的领先位置。

小米的单点突破阶段为"MIUI系统及手机开发"(2010.4~2013.11)[①]。首先,在用户获利体验(价值创造)方面,"做全球最好的手机,只卖一半的价钱,让每个人都能买得起",这是雷军在创立小米时的愿景,创始之初以"专注、极致、口碑、快"的互联网七字诀,在"米粉"(主要为早期的"发烧友")共同参与下开发出基于Android(安卓)的MIUI操作系统,并于2011年8月正式发布广受欢迎的第一代小米手机。其次,在市场认知建立(价值捕获)方面,小米采用互联网模式来做手机,在成立初期就通过MIUI社区积累了50万名的"米粉"。为了最大化降低营销成本和渠道费用,打造极致性价比来撬动市场,小米通过自建线上商城发售手机,营销渠道也主要集中在社交媒体。根据相关调研数据,在各大电商平台2013年的手机总销量排名中,小米手机超过三星,位列第一。

ofo的单点突破阶段为"校园创业"(2014.3~2016.10)[②]。首先,在用户获利体验(价值创造)方面,为满足用户"最后一公里"的出行需求,ofo最早在北大校园推出"共享计划",投放200辆小黄车供学生优惠使

[①] 小米单点突破阶段的主要案例资料来源:小米集团招股说明书,《小米十周年雷军演讲全文:细数创业不易 相信自己一往无前》(https://finance.sina.com.cn/chanjing/gsnews/2020-08-11/doc-iivhuipn8125516.shtml),小米官网介绍(https://www.mi.com/about/index.html),范海涛:《一往无前 小米官方授权传记》,中信出版社,2020。

[②] ofo单点突破阶段的主要案例资料来源:《ofo的昨天,今天和明天》(https://www.huxiu.com/article/275320.html),陈爱民:《一往无前 小米官方授权传记》,广东人民出版社,2017。

用，同时向学生回收单车作为共享单车，这样学生共享了一辆单车，就能获得所有小黄车的使用权，而且校园的人文环境也很适合骑单车。其次，在市场认知建立（价值捕获）方面，校园用户的素质比较高，其身份认证比较容易，而且地理位置聚焦，方便做好运营维护。根据相关调研数据，截至2016年10月，ofo向全国20多个城市的200多所高校做了推广，在校园里积累了80万用户，周活跃用户数接近400万，并且部分校园市场已经进入盈利状态，用户的品牌满意度稳居共享单车行业首位。

接下来，我们对单点突破阶段的有效性表现[①]进行跨案例比较分析。结合定量和定性评价，以一级编码作为评价指标，三名研究成员在充分熟悉并理解案例材料和相应理论文献之后，通过"背靠背"的方式对其客观公正地评分[②]，评分采取5分制（1代表程度很低，2代表程度较低，3代表程度一般，4代表程度较高，5代表程度很高），各个指标的最终得分由3名研究成员打分的平均值计算而来，而各个阶段的有效性分值则为相应指标得分的平均值（平均值保留一位小数），若最终分值所属区间为［4，5］，则有效性评价为好；若最终分值所属区间为［3，4），则有效性评价为较好；若最终分值所属区间为［2，3），则有效性评价为较差；若最终分值所属区间为［1，2），则有效性评价为差（下文同）。基于上述分析，本章发现三个案例在单点突破阶段的有效性表现均为好（得分属于［4，5］区间），典型例证及相应分值如表3.3所示。可见，兼顾用户获利体验（价值创造）和市场认知建立（价值捕获）是新创企业撬动市场的必要条件，并基于这种单点突破的方式获取后续更多发展可能（Ghezzi and Cavallo，2020）。

[①] 本章以一级编码作为评价指标，将各案例在各阶段表现的好坏定义为有效性，跨案例比较分析主要通过有效性评价来实现。

[②] 本章主要从两方面保证案例评分的效度：首先，遵循案例研究的"内在效度"，评分者包括一名企业管理专业的教授、一名新经济创业者兼在读MBA，以及一名企业管理专业的博士研究生，兼具深厚的理论认知和实践洞察，能够较为客观准确地评分；其次，遵循案例研究的"外部效度"和"建构效度"，评分所依据的案例材料来源丰富，并且经过了"三角验证"，具备坚实的证据链。

表 3.3 各案例单点突破阶段的典型例证及有效性评价

案例	用户获利体验（价值创造）		市场认知建立（价值捕获）		有效性
	用户痛点切入	用户需求主导	精益产品打造	用户规模扩张	
美团	推出"7天内未消费，无条件退款"、"消费不满意，美团就退款"和"团购无忧"等一系列消费者保障计划。（MT/MG/MS）	"客户分消费者和商户两端，两端都重要，都要服务好。若有冲突，选择将消费者排第一位，若没有消费者，商户不会用我们。"（MF/MS/MH）	对传统团购模式进行了改进："一日一团"到"一日多团"、"短期限时"到"长期灵活"、"狂摔访征上单"到"头腰尾"。（MT/MW/MY）	美团的增长引擎——"三高三低"，即高科技、低毛利；高效率、低成本；高品质、低价格。2011年底成为团购网站的龙头。（MW/MY/MS）	好
	4.6	4.3	4.6	5.0	4.6
小米	小米的出现，让"每个人都享受到科技的乐趣"。这句话成为了现实，让许多买不起高价手机的人享受到了移动互联网的便利。（XG/XS/XH）	MIUI是基于安卓深度定制的系统，也是"米粉"们最骄傲的产品，它集中了高度本土化的定制功能，多方位满足用户需求。（XT/XG/XW）	"小米很愿意倾听用户的意见，和用户做朋友，把用户全部拉进来，一起把产品做好。"（XF/XT/XS）	在第一部手机上市前，小米就形成了MIUI社区50万用户，上亿级网营销量的空前互联网营销成果。（XY/XS/XH）	好
	4.6	5.0	4.6	4.6	4.7

续表

案例	用户获利体验（价值创造）			市场认知建立（价值捕获）		有效性
	用户痛点切入	用户需求主导		精益产品打造	用户规模扩张	
ofo	出租自行车行业解决用户的痛点很明显，就是满足用户"最后一公里"的出行需求。（OF/OG/OS）	ofo将使用范围限制在校园内，对于学生而言，能从生活费里省出一部分购买单车的钱，是一件令人愉悦的事，校园里的人文环境也很适合骑单车。（OT/OG/OH）		校园是一个地理位置特别明确，LBS高度聚焦的一个场所，且用户素质整体较高，身份认证也比较容易，即使车辆出现问题，也方便去做好运营维护。（OW/OY/OH）	2016年ofo逐渐向全国20多个城市的200多所高校推广，在校园里积累了80万用户。截至2016年底，ofo的周活跃用户数已接近400万。（OF/OG/OY）	好
	4.3	4.0		4.0	4.6	4.2

3.4.2 场景延伸阶段：通过提升用户黏性优化营收结构

场景延伸是商业模式闭环构建的第二个阶段，指在单点突破的基础上，新创企业扩展产品及服务品类以满足用户多元化的场景需求（蔡春花等，2020）。根据案例编码数据结构，场景延伸阶段的价值创造主要表现为用户黏性提升，即用户因对品牌认可或对产品及服务满意而提升其留存、复购等表征活跃度的行为（Rong et al.，2019）；价值捕获主要表现为营收结构的优化，即产品及服务品类的拓展能够有效提升用户付费意愿，从而丰富收入来源（Sohl et al.，2020）。两者之间的动态平衡关系表现为通过提升用户黏性来优化营收结构。

具体而言，为了跨越场景延伸阶段价值创造和价值捕获之间的"鸿沟"，用户黏性提升可细分为产品供给升维和用户选择多元，营收结构优化可细分为消费频次增加和营收来源扩大，它们之间的协同演化路径在于：首先，在持续做好切入市场单点产品的同时，基于用户数据积累和迭代，我们不断完善用户画像，从而挖掘并开发与用户场景需求相契合的更高阶产品功能或其他衍生产品及服务；其次，我们发挥单点产品的引流作用，在个性化推荐或其他渠道的引导下，为用户提供一站式的多样化选择，提升其留存及复购率；最后，通过消费频次的增加和营收来源的扩大优化营收结构，进一步助力产品升维，形成良性循环，并在巩固单点突破的同时，为数智技术赋能产业链上下游合作伙伴等生态协同策略的实施奠定基础。这个过程可以通过图3.3中③④所形成的闭环来表示，下面针对不同案例实践进行了详细阐述，典型例证及主要材料来源如表3.4所示。

美团的场景延伸阶段为"T型战略+三驾马车"（2012.2～2018.8）[1][2]。

---

[1] "T型战略"是指以团购为入口，不断发展电影、酒店、旅游、外卖、出行等垂直领域；"三驾马车"是指继"T型战略"之后，美团调整业务扩张的边界，后续扩张的业务都在餐饮、酒旅、综合三大业态范围之内。

[2] 美团场景延伸阶段的主要案例资料来源：美团点评IPO招股说明书，美团点评2018年财报，《美团简史》（https：//www.huxiu.com/article/263748.html），美团官网介绍（https：//www.meituan.com/），李志刚：《九败一胜：美团创始人王兴创业十年》，北京联合出版公司，2014。

首先,在用户黏性提升(价值创造)方面,美团以团购为入口,不断扩展产品及服务边界,一站式满足用户"吃喝玩乐"的需求。在"帮大家吃得更好,生活更好"这一长期主义使命的驱动下,美团基本形成到店、到家、旅行、出行四大生活服务类场景的自然延伸,用户黏性很强。其次,在营收结构优化(价值捕获)方面,美团先用"吃喝"俘获了一批用户,再用"玩乐"巩固老用户,吸引新用户。根据相关调研数据,2015年,单个用户在美团平台上年均交易10.4次,2016年增至12.9次,2017年进一步增至18.8次。2018年9月上市之时,美团牢牢占据了外卖和到店两大高频流量入口,并通过用户导流在酒店预订和旅游等领域成功实现扩张。根据招股说明书披露数据,2018年上半年,美团的平台交易金额为2319亿元,同比增长55.6%。其中,外卖为1227亿元,到店、酒店及旅游为828亿元,两项合计占总金额的89%。

小米的场景延伸阶段为"生态链计划+铁人三项"(2013.12~2018.12)[①]。首先,在用户黏性提升(价值创造)方面,为弥补硬件品类拓展上的短板,小米开启"生态链计划",通过投资有潜力的生态链企业,迅速扩充物联网(IoT)产品矩阵,包括小米电视及小米盒子、小米笔记本、小爱音箱、路由器、米家空调五大自研产品,以及手机周边、智能设备和生活耗材等生态链企业合作产品。为进一步提升用户体验,小米大举推进新零售,将线上的小米有品、小米商城,以及线下的小米之家相结合,并承诺线上线下同价,三者形成了一个倒金字塔结构,有品上销量好的过滤到小米商城,小米商城上销量好的过滤到小米之家,等商品到达小米之家时,实际已经过双重的爆款验证,用户黏性

---

① 小米场景延伸阶段的主要案例资料来源:小米集团IPO招股说明书,小米集团2018年财报,《小米最全面分析——铁人三项,物联帝国!》(https://mp.ofweek.com/ee/a845673628236),《小米十周年雷军演讲全文:细数创业不易,相信自己一往无前》(https://finance.sina.com.cn/chanjing/gsnews/2020-08-11/doc-iivhuipn8125516.shtml),小米官网介绍(https://www.mi.com/about/index.html),范海涛:《一往无前:小米官方授权传记》,中信出版社,2020。

和转化率得以提升。其次，在营收结构优化（价值捕获）方面，小米的营收来源于"铁人三项"，即硬件＋新零售＋互联网，现阶段以硬件和新零售为主。基于爆款和大数据选品的三级过滤，小米之家的负责人指出，虽然手机、充电宝、手环等商品是低频消费品，但是将所有低频商品加在一起，就变成了高频商品。根据年报披露数据，2018年，小米IoT与生活消费产品收入438亿元，同比增长86.9%，比智能手机的增长率高出1倍有余，毛利45亿元，占后者毛利的6成以上，而毛利率是后者的1.7倍。

ofo的场景延伸阶段为"城市扩张"（2016.11~2018.9）[1]。首先，在用户黏性提升（价值创造）方面，通过"城市大共享"计划，"ofo希望用科学增量＋盘活存量的方式，调动城市闲置单车资源，推动绿色环保低碳出行，改善城市拥堵状况，让城市更美好。"实际却只顾一味扩张，缺乏对产品打造和用户体验的重视，如小黄车的开锁和骑行环节都有比较严重的质量问题，不少用户表示会选择摩拜或其他共享单车。其次，在营收结构优化（价值捕获）方面，为了迅速占领市场，击垮竞争对手，在资本的助推下，ofo与摩拜打起了疯狂造车和烧钱补贴的攻城战，虽然在一定程度上赢得了市场份额，但是却忽视了自身"造血能力"的培育。待资本市场冷却后，ofo面临巨大资金压力，被迫收缩业务，并激进探索商业化，包括由车身广告、端内广告、企业年卡组成的B2B，以及金融、本地生活、区块链技术应用等，然而与巨额债务比起来，其商业化能力杯水车薪。

接下来，我们将对场景延伸阶段的有效性表现进行跨案例比较分析。评价结果显示，美团和小米为好，ofo为差，典型例证及相应分值如表3.4所示。具体而言，通过对比各案例在用户黏性提升（价值创造）和营收结构优化（价值捕获）的得分情况，本章发现美团和小米在这两

---

[1] ofo场景延伸阶段的主要案例资料来源：《ofo的昨天，今天和明天》(https://www.huxiu.com/article/275320.html)，《ofo激进商业化：视频广告175万一天，公众号48万一条》(https://www.huxiu.com/article/273917.html)，《戴威和ofo宁愿跪着也要活下去》(https://www.huxiu.com/article/273996.html)。

方面的分值均较高（属于［4，5］区间），且价值捕获得分整体上略高于价值创造，这表明，要想提高场景延伸阶段的有效性，新创企业在持续做好价值创造的同时，必须通过更多商业化举措增强对价值的捕获，以培育自身的"造血能力"（张新民和陈德球，2020）。反观 ofo，无论是在价值创造还是价值捕获上的表现均为差（整体得分属于［1，2）区间），故其场景延伸有效性为差。

表 3.4　　各案例场景延伸阶段的典型例证及有效性评价

案例	用户黏性提升（价值创造）		营收结构优化（价值捕获）		有效性
	产品供给升维	用户选择多元	消费频次增加	营收来源扩大	
美团	"为更好践行使命，适应公司'社会企业'的新阶段，我们将再一次升级组织，聚焦到店、到家、旅行、出行这四大场景。"（MF/MG/MH）	"多样化消费场景促进用户除正餐外，也养成下午茶习惯。平台铺开的销售网络越大，能覆盖到的用户需求越多，从而提供给用户的服务也会越好。"（MF/MT/MH）	2015年，每位交易用户在美团平台上每年平均交易10.4次，2016年增至12.9次，2017年进一步增至18.8次。（MG/MY/MH）	2018年上半年，美团的平台交易金额为2319亿元，同比增长55.6%。其中，外卖为1227亿元，到店、酒店及旅游为828亿元，两项合计占总金额的89%。（MG/MY/MH）	好
	4.6	4.6	5.0	5.0	4.8
小米	2013年底，小米开启"生态链计划"，全品类布局IoT生态链，以弥补硬件品类拓展上的短板。（XG/XW/XS）	在新零售战略指导下，小米通过小米之家和线下体验店等拓展线下渠道，为消费者提供线下购物和售后服务。（XT/XG/XS）	"虽然手机、充电宝、手环等商品是低频消费品，但是将所有低频加在一起，就变成了高频。"（XF/XY/XH）	小米 IoT 与生活消费产品2018年度收入438亿元，同比增长86.9%，比智能手机的增长率高出1倍有余，毛利45亿元，占后者毛利的6成以上，毛利率是后者的1.7倍。（XG/XY/XH）	好
	4.6	4.3	4.6	5.0	4.6

续表

案例	用户黏性提升（价值创造）		营收结构优化（价值捕获）		有效性
	产品供给升维	用户选择多元	消费频次增加	营收来源扩大	
ofo	使用小黄车，开锁和骑车环节都有比较严重的质量问题，并且一直没有得到重视。初代小黄车的定位、数字锁等问题的解决周期过长，也都为以后埋下了隐患。（OT/OY/OH）	"城市大共享"计划欢迎全球用户以及自行车品牌与生产商将自行车整车硬件和服务接入ofo，共同为用户提供个性化的自行车出行服务。但此项计划并未较好实施。（OG/OY/OH）	ofo轻模式走得快但走得不稳，一直存在的质量问题严重影响骑行体验，不少用户表示会调头选用摩拜或其他共享单车。（OT/OY/OH）	资金困境中的ofo激进商业化布局包括由车身广告、端内广告、企业年卡组成的B2B，以及金融、本地生活、区块链技术应用等，但其商业化能力仍要划上问号。（OG/OY/OH）	差
	2.0	1.3	1.3	1.0	1.4

3.4.3 生态协同阶段：通过提供解决方案加强竞争壁垒

生态协同是商业模式闭环构建的第三个阶段，指在场景延伸的基础上，新创企业整合产业链上下游利益相关者形成协同共生的关系（韩炜等，2021）。根据案例编码数据结构，生态协同阶段的价值创造主要表现为解决方案提供，即通过产品+产品以及产品+服务等组合方式为用户提供以结果为导向的一揽子解决方案（Sjödin et al.，2020）；价值捕获主要表现为竞争壁垒的加强。这种竞争壁垒是基于生态成员间连接互动及其协同共演所构建的更高阶且更稳健的竞争优势（Teece，2018；Möller et al.，2020）。两者之间的动态平衡关系表现为通过提供解决方案来加强竞争壁垒。

具体而言，为了跨越生态协同阶段价值创造和价值捕获之间的"鸿沟",解决方案提供可细分为供给数智赋能和需求高效匹配,竞争壁垒加强可细分为多线业务协同和网络效应构建,它们之间的协同演化路径在于:首先,利用大数据和人工智能技术深度挖掘前期单点突破和场景延伸过程中累积的数据价值,以此赋能自身以及合作伙伴的生产经营,从而完成供给侧企业的数字化、智能化升级改造,在提升产品供给质量的同时高效匹配用户需求;其次,构建实现消费互联网和产业互联网交互的价值网络,通过协同自身和产业链上下游合作伙伴的相关业务,以提供解决方案为核心,更大程度推动价值共创;最后,基于产业链上下游利益相关者之间的联动构建网络效应的竞争优势,从而使得竞争壁垒加强,进一步优化解决方案提供,形成良性循环,并对场景延伸产生巩固效应。这个过程可以通过图 3.3 中⑤⑥所形成的闭环来表示,下面针对不同案例实践进行了详细阐述,典型例证及主要材料来源如表 3.5 所示。

表 3.5　　各案例生态协同阶段的典型例证及有效性评价

案例	解决方案提供（价值创造）		竞争壁垒加强（价值捕获）		有效性
	供给数智赋能	需求高效匹配	多线业务协同	网络效应构建	
美团	互联网下半场,美团通过科技赋能,率先推动服务业完成供给侧结构性改革,为商家建立起数字化、智能化基础设施。（MG/MW/MY）	王兴口中的"无限游戏"——让用户在一个完整的生态体系中完成所有消费行为,用一个 App 满足用户城市吃喝玩乐的所有需求。（MF/MT/MH）	美团围绕用户的"吃"拓展至住、游、购、娱、行等多个领域,同时为商家端提供营销、配送、IT 系统、金融、供应链、运营等一站式解决方案,通过产业链上中下游的协同构筑生态护城河。（MG/MW/MH）	美团属于典型的双边网络,在双边网络效应下,C 端的聚集依赖 B 端的丰富度,而 B 端的丰富又依赖 C 端的数量,双方相互促进,使得平台规模不断正向扩大。（MW/MY/MH）	好
	5.0	5.0	5.0	5.0	5.0

续表

案例	解决方案提供（价值创造）		竞争壁垒加强（价值捕获）		有效性
	供给数智赋能	需求高效匹配	多线业务协同	网络效应构建	
小米	持续攀升的硬件使用数据意味着触达场景的扩张，它直接决定了可供进行大数据分析和AI深度学习的数据基数，极大优化了企业商业变现的效率和决策正确的概率。（XW/XY/XS）	基于IoT硬件的互联网服务，通过收集信息刻画用户画像，预判消费行为，指导行业生产与营销，在不损害甚至有益于用户体验的情况下，对基于智能家居硬件或操作系统的应用或服务进行广告和分销。（XT/XY/XH）	小米开店很有底气，开一家小米之家能带动生态链上几十个公司一起在产品设计、渠道供应、供应链优化等各个环节享受资源共享的红利，开一家店能让一百家公司赚钱。（XG/XY/XH）	智能家居IoT具备网络效应，家里家居产品使用小米越多，这种生活的便捷会越明显，然后更多家居产品会使用小米，越用越多，体验越用越好。当突然使用别的品牌时，用户反而不适应，壁垒就形成了。（XW/XY/XH）	较好
	4.3	4.0	4.0	3.3	3.9
ofo	——	——	——	——	——

注："——"代表相应案例暂未涉及或表现不明显。

美团的生态协同阶段为"Food+Platform"（2018.9至今）[①]。首先，在解决方案提供（价值创造）方面，上市后的美团将战略进一步聚焦为"Food+Platform"，即以"吃"为核心，把业务覆盖至用户生活的各个方面，打造商业生态。具体而言，在"互联网下半场"的市场环境下，美团通过数字化、智能化技术整合并深耕产业链，包括上游的供应链（餐饮原材料）、中游的商户（营销、信息化管理），以及下游的

[①] 美团生态协同阶段的主要案例资料来源：美团点评IPO招股说明书，美团点评2019年和2020年财报，《美团和它的无限游戏》（https://www.woshipm.com/it/3557371.html），《5000字深度解析美团八大增长战略》（https://www.woshipm.com/operate/4101926.html），美团官网介绍（https://www.meituan.com/）。

消费者（订餐、配送），例如人工智能技术在配送调度系统中预测配送时间，而大数据技术则帮助商家了解用户对餐饮的各项需求，建立精准的用户画像，从而实现更高效和个性化的供求匹配。其次，在竞争壁垒加强（价值捕获）方面，美团上市后继续拓展新业务，C 端主要包括美团闪购、美团买菜和美团优选，B 端主要包括 RMS 餐厅管理系统、快驴进货和美团金融。基于数字化、智能化技术，这些业务能够被打通，实现战略协同，用户和商家之间也可以发生更多互动，在满足用户多元化需求的同时提升商家坪效，并进一步增强用户和商家的黏性、平台的网络效应及其生态的丰富度。根据年报披露数据，2019年，美团总收入由 2018 年的人民币 652 亿元增至 975 亿元，同比增长 49.5%。全年经调整净利润为 46.57 亿元，而上年同期则亏损 85.17 亿元，全年总交易金额同比增长 32.3%，达到 6821 亿元，平台年度交易用户达到 4.5 亿人，每位交易用户年均交易笔数 27.4 笔，活跃商家数 620 万家。这意味着美团首次实现业绩扭亏转盈，生态优势初现，市值也创新高（760 亿美元），成为仅次于阿里、腾讯的中国第三大互联网公司。

小米的生态协同阶段为"手机 + AIoT"双引擎战略（2019.1 至今）[①]。首先，在解决方案提供（价值创造）方面，"5G+AI+IoT 超级互联网"的战略加持将助推"贯穿小米集团全产品、全平台、全场景的服务能力"。小米目前的两大开放平台——小爱开放平台和 IoT 开发者平台，与云平台底层互通，前者汇聚第三方力量，让"小爱同学"加速触达更多的 AI 应用场景和产品，从而提速智能语音系统的进化；后者可以帮助小米在自身精力、财力有限的情况下覆盖更多的 IoT 产品和场景，从而获得更广泛的第三方合作，接入更多设备和数据。持续攀升的硬件使用数据决定了可供大数据分析和深度学习的原料，这极大优化了商业

---

① 小米生态协同阶段的主要案例资料来源：小米集团 IPO 招股说明书，小米集团 2019 年和 2020 年财报，《小米深度解读：硬件引流，互联网变现，静待 AIOT 开放生态大格局》（https://wallstreetcn.com/articles/3493903），《十周年，小米去小米化》（https://36kr.com/p/834349338764424），小米官网介绍（https://www.mi.com/about/index.html）。

变现的效率和决策正确的概率，并且基于 IoT 硬件的互联网服务还能通过收集信息刻画用户画像，在不损害甚至有益于用户体验的情况下，预判消费行为，指导行业生产与营销。其次，在竞争壁垒加强（价值捕获）方面，全新战略加持下的小米，将智能手机和 IoT 硬件作为流量入口，大力拓展互联网业务，携手生态链企业和小米用户构建商业生态，稳步提升互联网服务的变现及盈利能力，以重塑市场对小米的认知。具体而言，小米以"投资+孵化"协同的方式与生态链企业合作生产出多品类 IoT 硬件，并且通过承担生态链公司前期的渠道、供应链等成本，迅速将生态链公司推进至行业第一梯队，后期通过股权投资分享生态链公司的发展红利。智能家居等 IoT 硬件具有明显的网络效应，根据相关调研数据，截至 2020 年 9 月，全球消费级 IoT 市场份额第一是小米，占比 1.9%，MIUI 月活跃用户数 3.68 亿人，同比增长 26.3%。以硬件为入口，小米推出游戏、金融、广告等互联网服务业务，2020 年 Q3 财报披露数据显示，互联网服务仅用不到 1 成的营收，就撬动了超 3 成的毛利，成为小米新的增长引擎。

反观 ofo，由于在场景延伸阶段表现欠佳，在未形成相应闭环的前提下盲目扩张，最终导致生态构建失败，严重挫伤了自身经营的可持续性。待资本的热潮退去，2018 年 10 月起，ofo 用户退押金出现困难，面对巨额押金和供应商欠款，深陷资金困境的 ofo 没能挽回局面，最终沦为资本的"弃子"[①]。2020 年 1 月，ofo 创始人戴威宣布辞去法定代表人、执行董事和经理职务。据 IT 桔子调查，ofo 于 2020 年 10 月正式破产倒闭[②]。

---

① ofo 从无到有再到破产，涉及的资金近 170 亿元，其中戴威拉来的 8 轮融资累计金额超过 150 亿元，投资人既有阿里巴巴、滴滴打车等巨头，也有其他社会资本方。ofo 拖欠供应商的资金和所欠的押金超过 20 亿元，从始至终 ofo 均未盈利。

② ofo 生态协同阶段的主要案例资料来源：《Q3 死亡公司盘点：从人间蒸发的 ofo，到资产万亿的老牌集团》(https://www.huxiu.com/article/387415.html)，《没有结局，就是 ofo 的结局》(https://news.qq.com/rain/a/20200827A0Q2RB00)，《ofo 的终章》(https://www.woshipm.com/it/1563918.html)。

接下来，我们将对生态协同阶段的有效性表现进行跨案例比较分析。评价结果显示，美团为好，小米为较好，ofo 则因表现不明显而暂未涉及，典型例证及相应分值如表 3.5 所示。具体而言，美团凭借其一直以来的平台优势，借助数字化智能化技术在改善消费侧用户体验的同时，进一步赋能供给侧商户的生产经营，在"互联网下半场"的市场环境下稳步布局产业互联网，丰富生态属性，使得其在解决方案提供（价值创造）和竞争壁垒加强（价值捕获）两方面都表现出色（得分均为最高分 5.0），故美团的生态协同有效性为好。与主打生活服务的美团不同，小米的生态铺设主要依赖于手机、IoT 等一系列智能硬件的使用，以"硬件综合净利润率永远不超过 5%"的低价策略保持市场份额，在解决方案提供（价值创造）上表现为好（整体得分属于 [4, 5] 区间），但是由于低价硬件的路径依赖和市场认知，小米正在面临越来越激烈的市场竞争，在竞争壁垒加强（价值捕获）方面表现不佳（整体得分属于 [3, 4) 区间），因此其生态协同有效性仅为较好。此外，ofo 由于在场景延伸阶段的有效性表现不佳，无法跃升至生态协同阶段。盲目激进的经营策略导致其失败风险陡然增大，最终在巨额资金压力下宣告倒闭。

最后，将各案例在商业模式闭环构建各阶段及整体有效性评价汇总如表 3.6 所示。对于整体有效性，研究成员通过综合考虑各案例阶段有效性表现及其运营现状进行评价。可以看出，单点突破、场景延伸和生态协同作为商业模式闭环构建的三个阶段，它们之间存在环环相扣、层层递进的关系，任一阶段没做好都会降低商业模式闭环构建的整体有效性，加剧创业失败风险（如 ofo）。只有将各阶段逐一攻破，商业模式闭环构建的整体有效性才能得以提高，从而提升创业绩效（如美团和小米）。可见，作为最高阶段，生态协同对商业模式闭环构建至关重要，它直接决定了商业模式闭环构建整体有效性的好坏，这在一定程度上也解释了商业模式创新会向商业生态系统靠拢的原因（Priem et al., 2013；韩炜等，2021）。

表 3.6　各案例在商业模式闭环构建各阶段及整体有效性评价的汇总

案例对象	单点突破	场景延伸	生态协同	整体有效性
美团	好	好	好	好
小米	好	好	较好	较好
ofo	好	差	——	差

注："——"代表相应案例暂未涉及或表现不明显。

3.4.4　理论模型

本章基于中国新经济创业企业的多案例研究，提炼出商业模式闭环构建机理的理论模型，如图 3.4 所示。该理论模型包括两层含义：

（1）价值创造和价值捕获协同演化视角下商业模式闭环的构建过程。正如本章对商业模式闭环的定义，价值创造和价值捕获的动态平衡关系及其协同演化路径是理解商业模式闭环构建的关键，该构建过程包括三个阶段——单点突破、场景延伸和生态协同，每一阶段都应形成一个能够自我强化的闭环，新创企业需"跑通"相应闭环以提升相应阶段的有效性，并且前一阶段的有效性决定了能否进入下一阶段，下一阶段的行动又需要前一阶段的支撑，这种环环相扣、层层递进的关系组成了动态循环演进的正反馈回路（以图 3.4 中的"+"标示），故只有当所有阶段的有效性均为好，商业模式闭环构建的整体有效性才好（商业模式闭环构建成功），否则需要往返于当前阶段和前一阶段再次部署。下面对此做出论述：

在单点突破阶段，新创企业基于对用户需求和市场机会的识别，选择合适的细分赛道撬动市场，通过用户获利体验（价值创造）建立市场认知（价值捕获）（Priem，2007；Guo et al.，2020；Ghezzi and Cavallo，2020）。案例实践表明，用户获利体验主要表现在用户痛点切入和用户需求主导两方面，市场认知建立主要表现在精益产品打造和用户规模扩张两方面，其协同演化路径是"用户痛点切入→用户需求主导→精益产

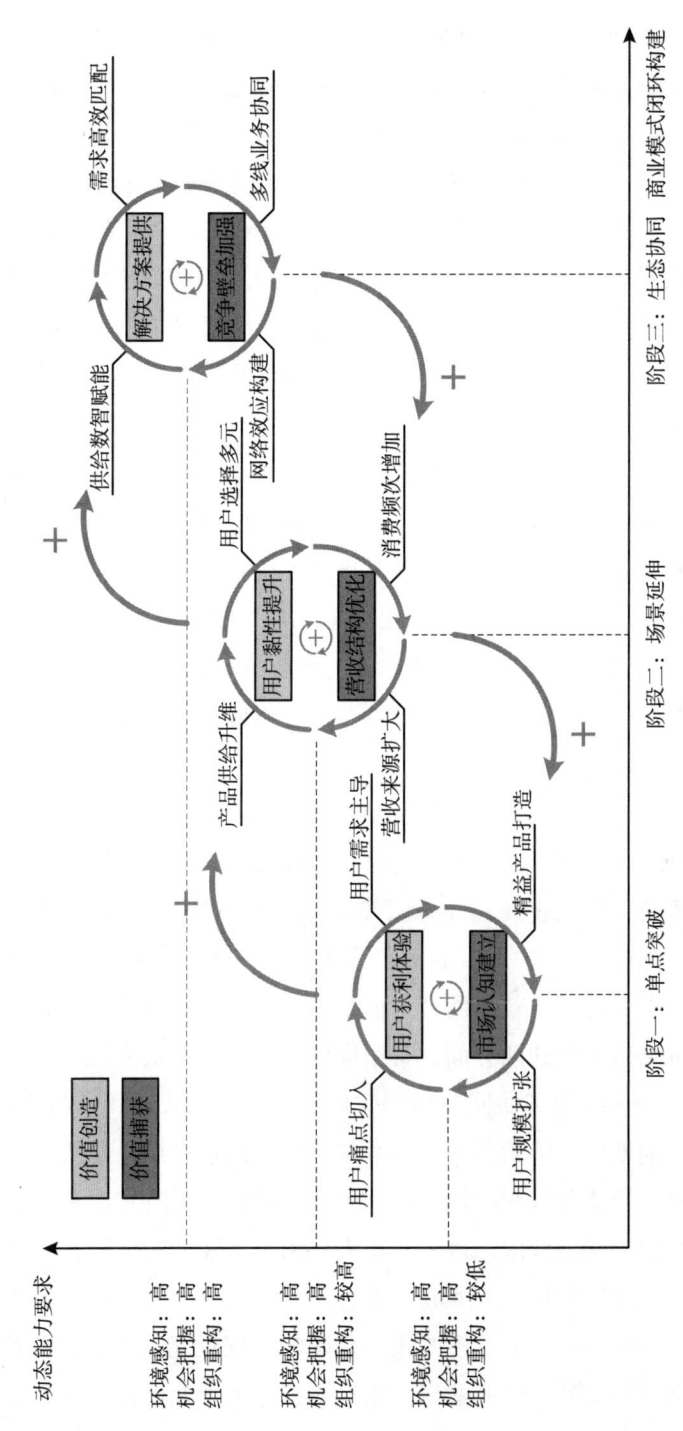

图 3.4 新经济创业企业商业模式闭环构建机理的理论模型

品打造→用户规模扩张",其中,用户痛点切入旨在识别创业机会,基于用户需求主导的精益产品打造旨在把握创业机会,进而带来用户规模扩张,为新创企业积累初始用户资源和用户数据,形成用户画像,强化对用户痛点的识别,以此形成良性循环,并为场景延伸阶段奠定基础。

在场景延伸阶段,新创企业基于对单点突破的实现,扩展产品及服务品类以满足用户多元化的场景需求,通过提升用户黏性(价值创造)优化营收结构(价值捕获)(Rong et al., 2019;蔡春花等, 2020;Sohl et al., 2020)。案例实践表明,用户黏性提升主要表现在产品供给升维和用户选择多元两方面,营收结构优化主要表现在消费频次增加和营收来源扩大两方面,其协同演化路径是"产品供给升维→用户选择多元→消费频次增加→营收来源扩大",其中,用户画像伴随用户数据的积累迭代而不断完善,使得用户场景能够被更准确地洞察,产品供给升维旨在响应用户多元化的场景需求,由此带来用户选择多元和消费频次增加,从而促进营收来源扩大,培育新创企业的"造血能力",进一步反哺产品供给水平,以此形成良性循环,并在巩固单点突破的同时,为生态协同阶段奠定基础。

在生态协同阶段,新创企业基于对场景延伸的实现,整合产业链上下游利益相关者形成协同共生的关系,通过提供解决方案(价值创造)加强竞争壁垒(价值捕获)(Teece, 2018;Sjödin et al., 2020;Möller et al., 2020;韩炜等, 2021)。案例实践表明,解决方案提供主要表现在供给数智赋能和需求高效匹配两方面,竞争壁垒加强主要表现在多线业务协同和网络效应构建两方面,其协同演化路径是"供给数智赋能→需求高效匹配→多线业务协同→网络效应构建",其中,供给数智赋能旨在充分利用前期生产经营所累积的数据价值,通过联结生态伙伴进行供给侧数字化、智能化升级改造,在高效匹配供求的同时实现多线业务协同,从而构建出网络效应,进一步扩大供给数智赋能的体量,以此形成良性循环,并对场景延伸产生巩固效应。

(2)动态能力嵌入商业模式闭环构建的过程机理。商业模式创新离不开动态能力的支撑,而商业模式闭环构建作为商业模式创新的重要目标形态，自然也与动态能力有着紧密关联。本章将商业模式闭环构建的外部推动力（如新型技术发展、用户需求变化）和内部推动力（如关键资源和能力、高管认知）纳入动态能力的范畴，借鉴蒂斯（2007，2018）对动态能力的定义，以环境感知、机会把握和组织重构作为动态能力的三大维度，将其嵌入商业模式闭环构建的各阶段，并进一步探讨不同阶段对动态能力的要求。由于美团的商业模式闭环构建整体有效性最好，研究成员重点针对美团案例展开评价（规则与前文相同），评价结果、典型例证及主要材料来源如表3.7所示。可见，为获取可持续竞争优势，商业模式闭环构建的每一阶段都需要同时对动态能力各维度进行部署，并且不同维度的表现各异，总体而言，环境感知和机会把握能力在所有阶段的重要性都很高，而组织重构能力的重要性则伴随阶段演进逐步提高。正是由于新创企业对动态能力各维度的持续部署和全面提升，商业模式闭环构建才得以阶段性演化和推进。下面对此作出论述：

表3.7 动态能力嵌入商业模式闭环构建各阶段的典型例证及评价（以美团为例）

阶段划分	环境感知	机会把握	组织重构
单点突破	王兴在准备做美团的时候，就在内部阐述了"四纵三横"理论："四纵"是信息、通信、娱乐、商务；"三横"是搜索、社交、移动互联网。"四纵"和"三横"都可以独立发展，但每过5年，它们的融合就会产生新的互联网增长点。美团便是商务与移动互联网融合的产物。（MF/MY/MS）	美团的起步是从做团购业务开始的。2011年爆发了"千团大战"，和其他竞争对手不一样，美团没有在第一时间进入北上广深四个超一线城市，去抢占优先的流量，而是选择从各省会城市入手，倾斜资源占据这些市场，再回到一线城市。（MY/MS/MH）	美团对传统模式进行了改进：从"一日一团"到"一日多团"（提供给消费者更多选择）、从"短期限时"到"长期灵活"（延长了团购产品的使用期限）、从"狂拜访狂上单"到"头腰尾"（解决餐饮团购产品供应量和覆盖度），以提升消费体验。（MT/MG/MS）
	5.0（高）	5.0（高）	2.3（较低）

续表

阶段划分	环境感知	机会把握	组织重构
场景延伸	王兴认为，一个公司的价值在于两点：一是广度，二是深度。从到店餐饮、外卖、出行这样的高频服务出发，让用户"进来"，"高频引流"，这是广度的拓宽；"进来"的用户通过更加细度化的服务"留下来"，并"低频拓深"，这是深度的提升。（MF/MT/MY）	美团虽然频频"越界"，但是仍然坚守聚焦原则，很少有多线并进的时候，主要体现为从离主业务更近的地方拓宽边界、开展新业务，当一个业务做到第一或形成一定壁垒之后，再进入其他业务领域，并且把握后发优势，从已验证的赛道切入。（MW/MY/MH）	2017年12月，美团迎来第四次组织调整。王兴在内部信中说："为更好地践行'帮大家吃得更好，生活更好'的使命，适应公司'社会企业'的新阶段，我们将再一次升级组织，聚焦到店、到家、旅行、出行这四大LBS场景。"（MF/MG/MH）
	5.0（高）	5.0（高）	3.7（较高）
生态协同	面对"互联网下半场"的市场环境，王兴说到，"'吃'会是我们的核心业务，最重点的品类。我们在'吃'上将持续投入，不断往深了做，往产业链上游做，把价值链打通。美团要做服务业的'亚马逊'。"（MF/MY/MH）	在生活服务领域，美团进一步推动数字化、智能化的进程。围绕消费者的"吃"拓展至住、游、购、娱、行等多个领域，同时依托美团交易平台为商家端提供营销、配送、IT系统、金融、供应链、运营等一站式解决方案。（MT/MG/MY）	上市之后的美团调整组织架构，成立了到店、到家两大事业群，其产品和服务涵盖"吃喝玩乐"各个场景，并在新业务侧开辟了为商家提供供应链服务的快驴事业部，以及主打生鲜零售市场的小象事业部，同时新设用户平台、LBS平台。通过产业链上中下游的协同构筑生态护城河。（MG/MW/MY）
	5.0（高）	5.0（高）	5.0（高）

在单点突破阶段，搜寻创业机会是新创企业的当务之急，此时拥有较高环境感知能力的创始人可以有效捕捉到技术和市场的变化，找准

创业的切入点，并通过初代产品及服务的设计和推广、搭建相应组织和流程等一系列举措把握住机会窗口，以此撬动市场（Osiyevskyy and Dewald，2015；Egfjord and Sund，2020），故该阶段对环境感知和机会把握能力要求很高，而对组织重构能力要求较低。例如，王兴正是基于"四纵三横"理论创立了美团，以团购业务起家，通过"省会城市包围一线城市"、加强IT系统建设等策略在"千团大战"中脱颖而出，并对传统团购模式进行了流程及业务上的改进，从而及时占领了机会窗口，赢得市场份额。

在场景延伸阶段，有效识别并满足用户多元化的需求对新创企业而言不可或缺，此时拥有较高环境感知能力的创始人可以预测甚至创造技术和市场的发展趋势，并基于场景化商业模式创新，通过拓展产品及服务品类把握住用户需求动态变化的发展机遇，同时，组织架构的调整也应以更快响应用户需求为导向（Ghezzi and Cavallo，2020；蔡春花等，2020；肖静华等，2020），故该阶段对环境感知和机会把握能力要求很高，对组织重构能力要求较高。例如，王兴立足于对公司价值"广度"和"深度"的判断，从离主业务更近的地方拓宽边界、开展新业务，以到店餐饮、外卖"高频引流"，再通过更加细分化的服务"低频拓深"，并进一步升级组织，聚焦到店、到家、旅行、出行这四大基于位置服务（LBS）的场景。

在生态协同阶段，联结产业链上下游利益相关者建立合作共赢的关系对新创企业而言至关重要，此时拥有较高环境感知能力的创始人可以察觉到关于技术和市场的更多机会或可能性，并突破自身资源和能力的束缚，通过与合作伙伴及用户共创价值的方式，把握消费互联网和产业互联网协同联动的发展机遇（Teece，2018；Sjödin et al.，2020），相应组织架构也必须转变为去中心化、更加开放，以及敏捷性更强的生态型组织（谭智佳等，2019；Möller et al.，2020；韩炜等，2021），故该阶段对环境感知、机会把握和组织重构能力要求都很高。例如，王兴在提出著名的"互联网下半场"言论之后，开始着力布局产业互联网，围绕消费者的"吃"拓展至住、游、购、娱、行等多个领域，同时依托美团交易平台为商家端提供营销、配送、IT系统、金融、供应链、运营等一站式解决方案，并进一步调整组织架构，成立到店、到家两大事业群，在新业务侧开辟快驴事业部、小象事业部，同时新设用户平台、LBS平台，通过产业链上中下游的协同构筑生态护城河。

3.5 结论与讨论

3.5.1 主要结论

价值创造和价值捕获之间存在一道"鸿沟"，构建出商业模式闭环以"跨越鸿沟"，成为新经济创业企业成功的关键所在。本章立足中国新经济创业情境，基于动态能力理论，以价值创造和价值捕获协同演化作为研究视角，通过对美团、小米、ofo的多案例研究，系统探索了新经济创业企业商业模式闭环的构建机理。研究表明：商业模式闭环构建过程包括单点突破、场景延伸和生态协同三个阶段，每一阶段在实现价值创造和价值捕获动态平衡的同时都应形成一个能够自我强化的闭环，它们环环相扣、层层递进，并且为获取可持续竞争优势，每一阶段都需要同时对动态能力各维度进行部署，总体而言，环境感知和机会把握能力在所有阶段的重要性都很高，而组织重构能力的重要性则伴随阶段演进逐步提高。本章最终所形成的理论模型，能够弥补现有文献对商业模式闭环构建以及价值创造和价值捕获相互关系考量不足的研究缺口，也是对动态能力理论在商业模式创新领域的进一步拓展。

具体而言，本章通过对美团、小米和ofo的多案例研究打开了新经济创业企业商业模式闭环构建机理的"黑箱"，从而进一步细化和完善了相关研究。主要结论如下：

首先，商业模式闭环构建起始于单点突破，现有研究主要遵从精益创业方法论，认为新创企业应该基于用户需求和市场机会选择合适的细分赛道，并持续打磨产品，优化用户体验，以扩大用户规模、建立市场认知（Mcdonald and Eisenhardt，2020；Ghezzi and Cavallo，2020）。具体而言，此阶段下价值创造和价值捕获的动态平衡关系表现为通过用户获利体验建立市场认知，其协同演化路径是"用户痛点切入→用户需求主导→精益产品打造→用户规模扩张"，进而在形成能够自我强化闭环的同时为场景延伸阶段奠定基础，并且单点突破阶段对环境感知和机会把握能力要求很高，而对组织重构能力要求较低。

其次，商业模式闭环构建扩展于场景延伸，现有研究主要探讨了基于用户需求的多元化和场景化商业模式创新，通过提供更加丰富的产品及服务满足用户需求，进而为新创企业带来绩效收益和价值增值（蔡春花等，2020；Sohl et al.，2020）。具体而言，此阶段下价值创造和价值捕获的动态平衡关系表现为通过提升用户黏性优化营收结构，其协同演化路径是"产品供给升维→用户选择多元→消费频次增加→营收来源扩大"，进而在形成能够自我强化闭环的同时巩固单点突破阶段以及为生态协同阶段奠定基础，并且场景延伸阶段对环境感知和机会把握能力要求很高，对组织重构能力要求较高。

最后，商业模式闭环构建壮大于生态协同，现有研究普遍认为数字经济时代下的商业模式创新最终会向商业生态系统靠拢，以跨界拓展式成长和不断模糊组织边界的方式建立生态型组织，并且通过整合产业链上下游利益相关者形成协同共生的关系（Möller et al.，2020；韩炜等，2021）。具体而言，此阶段下价值创造和价值捕获的动态平衡关系表现为通过提供解决方案加强竞争壁垒，其协同演化路径是"供给数智赋能→需求高效匹配→多线业务协同→网络效应构建"，进而在形成能够自我强化闭环的同时巩固场景延伸阶段，并且生态协同阶段对环境感知、机会把握和组织重构能力要求都很高。

3.5.2 理论贡献

首先，本章立足中国新经济创业情境，探讨商业模式闭环的构建过程，是对现有商业模式创新路径相关文献的进一步补充。商业模式闭环构建作为商业模式创新路径的重要目标形态，目前较少有研究专门对其进行探讨，现有文献主要围绕构成要素（Osterwalder and Pigneur，2010）、属性特征（Amit and Zott，2001）和高管认知及行为（Mcdonald and Eisenhardt，2020）对商业模式创新路径展开论述，虽在一定程度上体现了闭环的概念，但却较少探究商业模式闭环构建的动态过程（Casadesus-Masanell and Ricart，2011）。本章基于中国新经济创业企业的多案例研究得出商业模式闭环构建的三大阶段——单点突破、场景延伸和生态协同，它们环环相扣、层层递进，共同展现出商业模式闭环的构建过程，这也响应了学界对商业模式创新情境化以及新创企业商业模式创新过程的研究倡议（Foss and Saebi，2017；张玉利等，2020）。

其次，本章基于价值创造和价值捕获协同演化的视角，将其动态平衡关系融入商业模式闭环构建的不同阶段，是对现有文献中价值创造和价值捕获二元分化的进一步融合。由于价值创造和价值捕获产生背景及理论根基的差异，现有文献主要通过相互割裂的视角考察它们，缺乏对其动态平衡关系的探究（Lepak and Taylor，2007；Priem et al.，2013）。本章以需求侧用户的消费体验及主观感知刻画价值创造、以供给侧企业的绩效收益及竞争优势刻画价值捕获，通过对中国新经济创业企业的多案例研究，发现价值创造和价值捕获共存于商业模式闭环构建的每一阶段，其动态平衡关系的本质体现为基于动态能力的协同演化，即伴随闭环构建各阶段的发展推进而相互影响，形成良性循环，这也响应了学界对商业模式价值创造和价值捕获之间作用关系的研究倡议（李卅立等，2016；Priem et al.，2018；Tidhar and Eisenhardt，2020）。

最后，本章整合蒂斯（2007）提出的动态能力三大维度，分阶段对商业模式闭环构建机理进行了解读，这是对动态能力理论在商业模式创新领域的进一步拓展。蒂斯（2007）指出，动态能力包括环境感知、机会把握和组织重构三大维度，现有文献虽然较为细致地从不同维度探讨其与商业模式创新的关系（Snihur and Zott，2020；Guo et al.，2020；韩炜等，2021），但是缺乏对动态能力不同维度的整合。本章将商业模式创新及其闭环构建的外部推动力（如新型技术发展、用户需求变化）和内部推动力（如关键资源和能力、高管认知）纳入动态能力的范畴，并将环境感知、机会把握和组织重构三大维度同时嵌入商业模式闭环构建的各阶段，全面揭示了动态能力对商业模式闭环构建过程的影响机理，这也响应了学界对动态能力和商业模式创新交互关系的研究倡议（Teece，2018）。

3.5.3 实践启示

首先，找准创业细分赛道以撬动市场。对新经济创业企业而言，通过用户获利体验建立市场认知的单点突破是必备的"基本功"，也是商业模式闭环构建的"引擎"，这一阶段，创始人通过环境感知捕捉到技术和市场的变化，找准创业切入点，以初代产品及服务的设计和推广、搭建相应组织和流程等举措把握住机会窗口，从而获取新经济创业企业的"第一桶金"。

其次，满足用户多元需求以改善营收。对新经济创业企业而言，通过提升用户黏性优化营收结构的场景延伸是进一步成长的"利器"，也是商业模式闭环构建的"动力"，这一阶段，创始人通过环境感知预测甚至创造技术和市场的发展趋势，并通过拓展产品及服务品类把握住用户需求随场景变化的发展机遇，相应组织架构也应以更快响应用户需求为导向进行调整，从而培育出新经济创业企业的"造血能力"。

最后，联结生态合作伙伴以加速成长。对新经济创业企业而言，通过提供解决方案加强竞争壁垒的生态协同是发展壮大的"秘诀"，也是商业模式闭环构建的"加速器"，这一阶段，创始人通过环境感知察觉到关于技术和市场的更多机会或可能性，通过向产业链上下游延伸突破自身资源和能力的束缚，把握消费互联网和产业互联网协同联动的发展机遇，相应组织架构也必须转变为去中心化、更加开放，以及敏捷性更强的生态型组织，从而实现新经济创业企业的"做大做强"。

3.5.4 研究局限

首先，本章案例研究对象主要为以消费互联网起家的新经济创业企业（to C），然而在"互联网下半场"的市场环境以及智能制造的发展趋势下，有必要进一步聚焦针对产业互联网的新经济创业企业（to B），探讨其商业模式闭环的构建机理。同时，本章案例研究对象主要是"供给和履约在线下"的新经济创业企业，研究结论可能并不适用于"供给和履约在线上"的新经济创业企业（如视频网站、直播、在线游戏等），今后可进一步完善相关研究。

其次，对于供给侧企业的价值捕获，本章仅考虑了核心企业，然而有必要基于合作伙伴联盟和博弈的视角，进一步细化供给侧企业间的价值分配机制。同时，本章仅考虑了企业获取经济价值的商业模式闭环，今后可将社会价值和环境价值也纳入其中，进一步探讨可持续商业模式（sustainable business model）的闭环构建机理。

最后，对于商业模式闭环构建中价值创造和价值捕获协同演化的复杂关系及过程机理，本章通过中国新经济创业的多案例研究在一定程度上对其进行了揭示，为了进一步展现这种协同演化的关系及机理，今后可采用复杂适应系统或系统动力学模型来探究此议题。

总之，本章以新经济创业企业为研究案例，通过探讨商业模式闭环的构建机理，描绘出商业模式闭环的轮廓，有助于循序渐进地理解数据驱动商业模式闭环这一重要概念。下面，本书将聚焦数据驱动情境，对具体研究内容展开探讨。

第 4 章
数据驱动商业模式闭环的构建过程

4.1 研究目的与研究框架

作为数据驱动商业模式闭环形成机理的"起始点",有必要首先打开数据驱动商业模式闭环构建过程的"黑箱"。本章旨在探讨数据驱动商业模式闭环的构建过程,并补充数据网络效应的理论逻辑,研究框架如图 4.1 所示。具体而言,该研究框架遵循"数据—业务—价值"协同关系的逻辑主线,其中"数据"指数据驱动的关键做法,"业务"指数据驱动下商业模式关键维度的改变(价值创造、价值传递和价值捕获的连接协同),"价值"可以理解为数据和业务协同所带来的数据网络效应的具体表现形式(Gregory et al., 2021)。由于本章涉及对"怎么样(how)"和"为什么(why)"的过程机理的揭示,加之研究问题的复杂性、研究情境的动态性和研究对象的稀缺性,使得单案例研究更为合适,通过结构化的编码归纳灵活处理不同层次的数据,以挖掘出复杂现象背后的理论规律,实现从"好故事"到"好理论"的升华(毛基业,2020)。故本章通过单案例研究,分阶段解构数据驱动商业模式闭环的构建过程,在此基础上提炼和补充数据网络效应的理论逻辑,从而回答"数据驱动商业模式闭环包括哪些关键要素?应该如何构建?"这一科学问题。

图 4.1 数据驱动商业模式闭环构建过程的研究框架

本章提出该研究框架的依据在于：首先，商业模式是指跨越核心企业及行业边界，各要素相互依赖的活动体系，其本质为企业创造、传递并捕获价值的基本原理（Amit and Zott，2001；Zott and Amit，2010；Teece，2010），并且不同于单纯的产品或服务创新，商业模式创新是基于活动体系的更高维创新，体现为企业探索新的方式以及构建新的逻辑来创造、传递和捕获价值（Casadesus-Masanell and Zhu，2013；Massa et al.，2017）。因此，价值创造、价值传递、价值捕获作为商业模式以及商业模式创新的关键维度，为学界探讨数据驱动商业模式创新及其闭环构建提供了突破口（Trischler and Li-Ying，2022；Wiener et al.，2020；Sorescu，2017）。其次，现有文献较多关注数据驱动商业模式创新，主要从价值创造（Priem et al.，2018；Holmlund et al.，2020）、价值传递（Magistretti，2021；Taylor et al.，2020）和价值捕获（刘洋等，2020；徐鹏和徐向艺，2020）的某一方面探讨了人工智能、大数据等数字技术对商业模式创新的影响，然而，价值创造、价值传递和价值捕获作为商业模式活动体系中不可分割的关键维度，理应以系统和整体的视角加以看待，并且数字技术赋能使得商业模式创新的闭环特征日趋明显（Teece，2018；Casadesus-Masanell and Ricart，2011），部分研究虽有提及，但皆语焉不详，有待深入研究。最后，本章探讨数据驱动商业模式闭环的构建过程，突出数据对于商业模式价值创造、传递和捕获之间形成良性循环所起的助推作用，与数据网络效应的内涵机制十分契合。作为学界提出的新概念和新理论，数据网络效应是指产品/服务的价值伴随数据的增多而提升，同时产品/服务使用的增多会产生更多数据，从而进一步提升产品／服务的价值，形成良性循环（Gregory et al.，2021；Knudsen et al.，2021）。数据网络效应强调人工智能算法基于对不断积累用户数据的持续学习和优化，能够为用户带来符合其偏好的产品或实时个性化体验，从而显著提升其感知价值（Knudsen et al.，2021；Cennamo，2021）。由于数据网络效应尚处于发展和完善阶段，相关文献主要探讨其在需求侧用户端的数据积累和体验优化（Gregory et al.，2021），其理论边界和研究情境值得进一步拓展。

因此，本章基于数据网络效应理论，借助单案例研究，旨在回答"数据驱动商业模式闭环包括哪些关键要素？应该如何构建？"这一科学问题，具体细化为两方面内容：（1）数据驱动商业模式闭环的构建过程；（2）数据网络效应的理论逻辑。本章结构安排如下：首先，进行研究设计，选取新零售领域的盒马作为案例研究对象；其次，通过对案例材料的层层编码分析，归纳得出数据驱动商业模式闭环的构建过程；最后，总结理论模型及相关讨论。

4.2 研究设计

4.2.1 研究方法

本章采用单案例研究方法，理由如下：首先，本章旨在探索数据驱动商业模式闭环的构建过程以及数据网络效应的理论逻辑，涉及对"怎么样（how）"和"为什么（why）"的过程机理的揭示，需要深入且系统地分析大量案例数据，单案例研究能够对此进行细致刻画（Yin，2014）。其次，本章研究问题的复杂性、研究情境的动态性和研究对象的稀缺性也使得单案例研究较为合适，通过对案例细节的详细分析，单案例研究能灵活处理不同层次的数据，以挖掘出复杂现象背后的理论规律，实现从"好故事"到"好理论"的升华（黄江明等，2011）。最后，相较多案例研究基于"复制逻辑"构建普适性更强的理论，但缺乏案例细节的生动性，单案例研究更强调情境嵌入型，其案例选取应满足极端性、启示性或纵向案例标准（Siggelkow，2007），因而能够展示更为丰富的案例细节，研究发现也更突出理论洞见。本章侧重于打开数据驱动商业模式闭环构建的"黑箱"，并揭示其过程机理，这使得单案例研究更为合适。

4.2.2 案例选择

针对研究问题，本章从数字化程度更高的消费互联网领域选取目标案例，而其中最突出的便是新零售，即基于数据驱动、以消费者体验为中心，并且线上线下一体化的泛零售形态。因此，新零售特别适合作为本章的研究主题，在国内，相关商业实践也非常活跃，自2016年新零售概念被提出以来，便引发了一波新零售创业潮，这一赛道涌现出了盒马、超级物种、小象生鲜等"明星选手"。进一步，本章在"理论抽样"总体原则的指导下，遵循单案例研究的极端性（extreme）和启示性（revelatory）原则（Siggelkow，2007），最终选取盒马作为案例研究对象，具体依据如下：

1. 案例的极端性

盒马由侯毅（现任盒马事业群总裁及CEO）创始于2015年3月，是阿里巴巴集团旗下以数据和技术驱动的新零售平台。该平台旨在为消费者打造社区化的一站式新零售体验中心，用科技和人情味带给人们"鲜美生活"。盒马是国内首家基于对餐饮零售业消费模式的重构，通过数据驱动、线上、线下与现代物流技术完全融合的创新型业态，是用数字技术武装的为消费者提供30分钟极速送达、可在店内吃饭的生鲜超市。盒马在2019年和2020年连续两年入选《福布斯中国最具创新力企业榜》，成为一个全新的零售生态系统。同时，2019年6月，盒马升级为独立事业群，2022年1月，盒马以100亿美元的估值进行融资，这意味着盒马将逐步从阿里体系中独立运营、自负盈亏，以适应市场发展。

并且，阿里披露的 2023 财年二季度财报显示，主要受惠于盒马收入的强劲增长，阿里直营及其他收入同比增长 6%，其中，盒马鲜生门店同比增长达 25%，盒马 X 会员店增长超 247%，盒马邻里及奥莱渠道更是增长 555%。这些成绩证实了盒马模式的可行性和盈利能力，使其成为国内第一个实现规模化盈利的新零售标杆。因此，"敢为人先"的盒马具有极端性。[①]

2. 案例的启示性

盒马创立之初，侯毅就明确了新零售的五个标准——统一会员、统一库存、统一价格、统一营销、统一结算，使得一切运营标准化，并且用"买得到、买得好、买得方便、买得放心"概括盒马的核心价值。2016 年 1 月，盒马首家门店在上海浦东金桥国际商业广场开业，半年之后就实现单店盈利，其坪效约 5.6 万元，是传统商超的 3～5 倍。单店模式迭代基本成熟后，2018 年以来盒马扩张速度明显提升，除了盒马鲜生标准门店外，还衍生出盒马邻里、盒马奥莱、X 会员店等多种业态。截至 2021 年 11 月，盒马已在全国 27 个城市开设 300 家门店，建立 1000 个直采基地和 100 多个供应链中心仓，并与超过 100 家食品生产企业进行联名合作，自有品牌占比超过 20%。伴随对经营效益要求的持续提高，2022 年侯毅发布内部信称，要将单店盈利的目标提升为全面盈利，并且通过"向上走、向下走、向外走"的战略规划，设立未来十年"以一万亿销售服务于十亿消费者"的战略目标，发展势头强劲，与超级物种、小象生鲜等竞争对手的落寞形成鲜明对比[②]。因此，"脱颖而出"的盒马具有启示性。

[①] 本章所有盒马案例资料均来源于前期案例调研，包括访谈、观察、亲身体验、内部资料、阿里巴巴历年财报、官网介绍等。

[②] 超级物种隶属于永辉，于 2017 年成立，虽然线下供应链优势突出，但是缺乏线上数字化运营能力，导致成本高企、亏损加剧，最终沦为永辉的边缘化业务。2021 年 5 月，永辉关闭大部分超级物种门店，宣布回归到民生超市的原点。小象生鲜隶属于美团，于 2018 年成立，过于看重线下线上相互导流，却忽视线下供应链等渠道建设，导致盈利艰难，最终沦为美团的"弃子"。2020 年 9 月，美团关闭所有小象生鲜门店，将战略重心调整至社区团购业务。

4.2.3 资料收集

遵循"三角验证"原则，本章的案例资料来源于对盒马及阿里相关负责人的开放式和半结构化深度访谈（访谈提纲见附录A），以及体验观察、内部文档、相关研究报告、媒体报道、报刊文献等多种渠道，并以访谈和观察得到的一手资料为主，案例资料来源如表4.1所示。具体而言，研究团队自2018年以来，已开展多次针对盒马案例的调研访谈，每次均有4~6名研究成员参与，且每次调研访谈时长为1~3小时，结束之后立即针对调研访谈内容开展复盘讨论，制定下次调研访谈提纲，并及时将相关录音或笔记转化为文字材料，如此迭代，以不断深化对盒马模式的认知。同时，为保证调研访谈材料的完整性以及研究成员对其理解的准确性，研究成员针对模糊点，通过钉钉、微信、邮件、电话等方式实时向受访对象进行确认并补充相关资料。最终，研究成员将所有收集整理的一手、二手资料建立案例文档库，为后续编码分析奠定了基础。

表4.1　　　　　　　　　案例资料来源

资料类型		资料来源	编码	累计数量	资料获取目的
一手资料	深度访谈	盒马产业发展中心主任	F1	2.5小时	盒马数字技术的应用、产供销模式的结合、发展业态、品牌打造、机遇挑战等
		盒马公共事务部高级经理	F2	6小时	盒马成立背景、发展概况、运营模式等
		盒马区域物流经理	F3	2小时	盒马商品流通体系、供应链管理等
		阿里研究院区域研究中心主任	F4	6小时	盒马在阿里体系中的战略定位和布局，阿里的技术、流量等资源支撑等
		阿里巴巴集团战略发展部总监	F5	6小时	
	体验观察	盒马门店	G	16小时	体验和观察盒马不同门店及业态"边逛边吃"等服务，以获取对盒马的直观感受，并与访谈资料相互佐证

续表

资料类型		资料来源	编码	累计数量	资料获取目的
二手资料	内部资料	2021年盒马新零售价值体系研究报告	N1	29页	盒马发展历程、行业现状、企业架构、模式介绍、趋势预判、典型商业实践等，并与一手资料相互佐证
		城市品质消费实现路径白皮书	N2	30页	
		盒马数字乡村、品牌发展等典型案例及实践	N3	22页	
	外部资料	CEO侯毅、CTO王曦若等高管接受媒体公开采访或在大型会议等特殊场合的讲话	W1	78页	
		虎嗅网、36氪、新浪等商业及新闻媒体报道	W2	666页	
		第三方机构发布的研究报告	W3	264页	
		相关研究文献及教学案例	W4	133页	

4.2.4 数据分析

围绕研究主题，基于数据网络效应理论，本章从数据驱动，以及商业模式价值创造、价值传递和价值捕获的理论维度出发，参照焦亚等（Gioia et al., 2013）提出的结构化数据分析方法，借助NVivo 12软件对案例资料进行编码提炼，最终抽象形成理论性诠释。案例编码由三名研究成员共同完成（包括一名企业管理专业的教授、一名企业管理专业的助理教授，以及一名企业管理专业的博士研究生），对于编码过程中出现的类属歧义等问题，由研究成员共同核对原始资料，并查找补充相关案例及文献资料，经过多次研讨直至意见一致，资料的收集和分析迭代、循环进行，直至核心概念和类属达到饱和，最终形成如图4.2所示的案例编码数据结构。

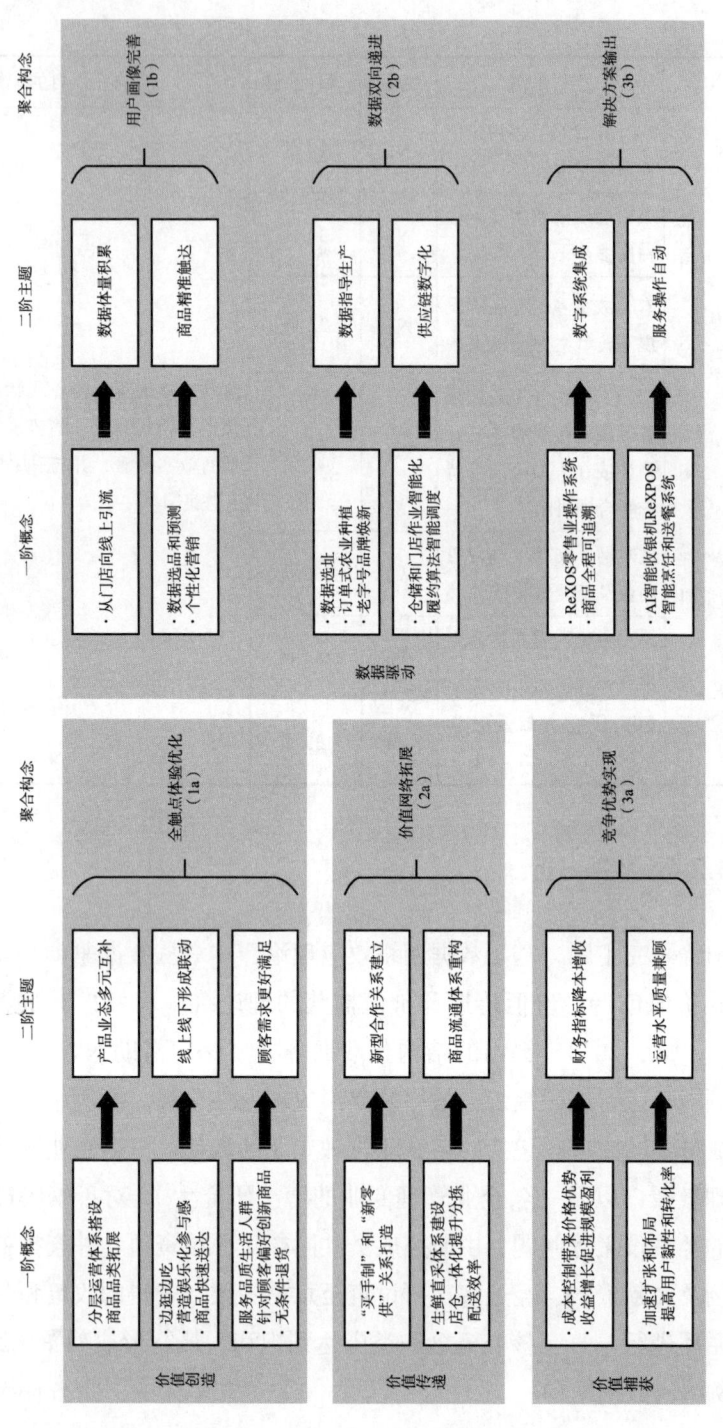

图 4.2 案例编码数据结构

数据驱动

聚合构念	二阶主题	一阶概念
用户画像完善 (1b)	数据体量积累	·从门店向线上引流
	商品精准触达	·数据选品和预测 ·个性化营销
数据双向速进 (2b)	数据指导生产	·数据选址 ·订单式农业种植 ·老字号品牌焕新
	供应链数字化	·仓储和门店作业智能化 ·履约算法智能调度
解决方案输出 (3b)	数字系统集成	·ReXOS零售专业操作系统 ·商品全程可追溯
	服务操作自动	·AI智能收银机ReXPOS ·智能桌任选点餐系统

价值创造 / 价值传递 / 价值捕获

聚合构念	二阶主题	一阶概念
全触点体验优化 (1a)	产品业态多元互补	·分层运营体系搭建 ·商品品类拓展
	线上线下形成联动	·边缘动吃 ·营造娱乐化参与感 ·商品快速送达
	顾客需求更好满足	·服务品质生活更满足 ·针对顾客偏好创新商品 ·无条件退货
价值网络拓展 (2a)	新型合作关系建立	·"买手制"和"新零供"关系打造 ·生鲜直采体系建设
	商品流通体系重构	·店仓一体化提升分拣配送效率
竞争优势实现 (3a)	财务指标降本增收	·成本控制带来价格优势 ·收益增长促进规模盈利
	运营水平质量衡顾	·加速扩张新布局 ·提高用户黏性和转化率

图 4.2 案例编码数据结构

具体而言，为了实现从"当事人的声音"到"研究者的声音"的跨越（毛基业，2020），案例资料的编码步骤如下：首先，研究成员进行案例的原始资料编码，这一过程涌现出大量编码，研究成员在删减了部分与研究主题不相关的编码之后，通过比较这些编码的异同，将编码合并至合理数量范围，这一阶段共得到包含27个初始类属的一阶概念。其次，研究成员在既有理论和文献的指引下对一阶概念进行归类，合并反映同一理论内涵和概念维度的类属，提炼出包含13个类属的二阶主题。最后，研究成员围绕核心研究问题，将二阶主题归纳为包含6个类属的聚合构念。下面通过价值创造理论维度下的"全触点体验优化"，以及数据驱动理论维度下的"用户画像完善"两大聚合构念，基于研究成员对盒马案例的编码实践，对编码过程进行举例说明。

针对"全触点体验优化"这一聚合概念，根据案例材料，首先，将盒马在提升需求侧用户价值创造方面的具体做法标签为"分层运营体系搭设""商品品类拓展""边逛边吃""营造娱乐化参与感""商品快速送达""服务品质生活人群""针对顾客偏好创新商品""无条件退货"八大一阶概念。其次，"分层运营体系搭设"和"商品品类拓展"强调企业的多元化战略不应仅考虑自身所拥有的资源禀赋及核心能力，更需要围绕用户的不同场景化需求进行相关部署，以实现数字经济时代下的新型范围经济（魏江等，2022；江积海等，2022），故将其提炼为"产品业态多元互补"这一二阶主题；"边逛边吃""营造娱乐化参与感"和"商品快速送达"强调数字技术打破了线下实体和线上网络的时空界限，其中线下提供实物体验，线上提供连接便利，两者互为补充（Jocevski，2020），故将其提炼为"线上线下形成联动"这一二阶主题；"服务品质生活人群""针对顾客偏好创新商品""无条件退货"强调企业应围绕顾客待办事项，通过多元化的产品业态以及线上线下的协同联动，解决顾客痛点，提升顾客收益（Osterwalder et al.，2014），故将其提炼为"顾客需求更好满足"这一二阶主题。最后，"产品业态多元互补""线上线下形成联动""顾客需求更好满足"表明企业应通过多元化产品组合和渠道布局等举措，全方位满足顾客需求，从而创造更好的顾客体验（江积海等，2022；Kunz et al.，2017），故将其进一步归纳为"全触点体验优化"这一聚合构念。

针对"用户画像完善"这一聚合构念，根据案例材料，首先，将盒马在提升需求侧用户价值创造背后数据驱动方面的具体做法标签为"从门店向线上引流""数据选品和预测""个性化营销"三大一阶概念。其次，"从门店向线上引流"强调企业洞察用户需要有足够体量的用户数据作为支撑，通过各类触点与用户进行交互，从而持续更新和沉淀用户数据（Knudsen et al.，2021），故将其提炼为"数据体量积累"这一二阶主题；"数据选品和预测"和"个性化营销"强调用户数据分析使得商品的目标受众更加清晰和聚焦，借助一系列数字技术，商品能够实现基于用户个性化需求的精准触达（王烽权等，2020），将其提炼为"商品精准触达"这一二阶主题。最后，"数据体量积累"和"商品精准触达"表明企业应立足用户数字化信息的多重标签，持续分析形成贴近用户真实形象的虚拟代表，从而更加精准地预测和满足用户需求（Gregory et al.，2021），故将其进一步归纳为"用户画像完善"这一聚合构念。

综上，本章通过对案例资料严谨地编码归纳，初步涌现出理论模型中所涉及的关键构念，其搭建逻辑和典型例证将在后续章节详细阐述。

4.3　案例分析与发现

基于对案例材料的编码与分析，为方便理解，本章将数据驱动商业模式闭环的构建过程划分为三个阶段，即"闭环启动""闭环扩容""闭环加固"，各阶段分别从商业模式的关键维度（1a-2a-3a）及其背后数据驱动的关键做法（1b-2b-3b）两方面进行阐述，并且将数据驱动商业模式闭环构建的理论逻辑归纳为数据网络效应。具体阐述如下：

4.3.1 闭环启动

"闭环启动"是指数据驱动商业模式闭环构建的撬动点和初始阶段。根据案例实践，闭环启动阶段主要表现为对数据驱动下商业模式价值创造的部署，全触点体验优化（1a）在这一阶段起着至关重要的作用，即通过多元化产品组合和渠道布局等举措，全方位满足顾客需求，从而创造更好的顾客体验（江积海等，2022；Kunz et al., 2017）。为了触达不同区域、服务不同消费者，盒马基于生鲜门店衍生出仓储式会员店、社区 mini 店等多种业态，其标语也从最开始的"有盒马，购新鲜"转变为现在的"鲜美生活"，正如侯毅所言，盒马将成为一家以"吃"为核心，为用户提供完美购物体验的线上线下融合企业。具体而言，在闭环启动阶段，盒马的全触点体验优化主要体现在三个方面：（1）产品业态多元互补；（2）线上线下形成联动；（3）顾客需求得到更好满足。下面对此做进一步阐述（典型例证及材料来源见表 4.2）。

（1）产品业态多元互补。产品业态多元互补是指不同产品及业务之间形成能够相互促进的协同关系（Cennamo, 2021；Park et al., 2020）。盒马主要通过分层运营体系搭设和商品品类拓展来实现产品业态多元互补。

首先，对于分层运营体系建设。盒马基于零售业的定位理论，针对不同商圈、不同顾客，围绕盒马鲜生创造不同定位的业态，包括盒马邻里、盒马奥莱、盒马 F2、盒马 mini、X 会员店、跨境 GO 等，通过精细化运营及多业态融合，进一步提升盒区消费者的生活品质。如今的盒马，已经不单是一个盒马鲜生，而是一个全系列的，基于不同消费水平、规模和商圈特性来构建的新商业业态，正如受访对象所提到的："盒马鲜生、盒马邻里及奥莱，和 X 会员店是目前盒马业态的'三驾马车'，分别定位于城市白领、远郊社区和中产家庭，三大业态能够协同互补，拓展盒马的覆盖面。"

其次，对于商品品类拓展。盒马以生鲜为主，但却不止于生鲜，侯毅坦言，"生鲜是高频商品，做通了高频，低频就更简单了……而且当你占据了中国最大品类的市场、流量和强黏性，在 App 上可以有充分想象的空间。"如今，打开盒马 App，一句"鲜美生活"首先映入眼帘，商品品类涵盖时令水果、新鲜蔬菜、海鲜水产、肉禽蛋品、食品百货，还推出了 C2B 预购频道、SOS 频道以及更多自有品牌。盒马计划以一个 App 跨界融合的方式经营，实现整体业务多元化，受访对象也提到："我们要为顾客提供一个全方位的服务体系，成为生活的一部分。"

（2）线上线下形成联动。线上线下形成联动是指线上网络打破时间、空间的交易限制，线下实体提供真实存在的品质体验，两者互为补充（胡祥培等，2020；Jocevski，2020）。盒马主要通过边逛边吃、营造娱乐化参与感和商品快速送达，使得线上线下形成联动。

首先，对于边逛边吃。进入盒马线下门店，不仅会看到商品陈列区，还会看到一个约占 1/3 营业面积的就餐区，以及若干食品加工的档口。用户在盒马门店买了海鲜，可以送到档口，支付少许加工费就能做成菜品，现场享用。正如受访对象所言："由于顾客对在网上买生鲜缺乏信任感，盒马通过让顾客亲自在现场吃，感受盒马的品质，增强顾客体验，从而打消他们的顾虑，建立信任。"

其次，对于营造娱乐化参与感。盒马赋予"吃"更多的价值和内涵，把"吃"做成一种享受、一种娱乐，其门店装修会融入一些"可爱萌萌"的元素，成为年轻顾客可以"打卡"的地方，并且门店设计特地保留了一片区域作为活动场地，周末或节假日就会组织一些能让顾客参与的活动，例如 DIY 饼干等亲子活动、大闸蟹试吃大会、厨王争霸赛等，这些活动为广大顾客提供了一个可以分享、交流和体验的平台，成为盒马门店的一大亮点。同时，盒马 App 上也聘请了五星级大厨通过教学视频来传授做菜方法，让不太懂做菜的年轻顾客喜欢上做菜，并在 App 上"晒一晒"和"秀一秀"自己的作品，促成线上互动。受访对象也提到："现在盒马在原先'四买'的基础上，加了一个'买得开心'，其实就是想通过提升会员权益和售前、售中及售后服务来促进消费升级，提供超预期的商品，从而增强顾客的获得感、满足感。"

最后，对于商品快速送达。对于非门店消费，盒马提供 3 公里内 30

分钟送达服务,顾客无论想要鲜活的海鲜,还是热腾腾的熟食,只要通过盒马 App 下单,在门店高效的分拣和配送体系支撑下,3 公里内最快 30 分钟送到。侯毅也坦言:"突然想要,而且还要立刻拿到,快到这个程度,用户才不会觉得在 App 上买东西不方便。"

(3)顾客需求得到更好满足。顾客需求更好满足是指围绕顾客待办事项,通过多元化的产品业态以及线上线下的协同联动,解决顾客痛点,提升顾客收益(Osterwalder et al., 2014)。盒马主要通过服务品质生活人群、针对顾客的偏好创新商品和无条件退货使得顾客需求得到更好满足。

首先,对于服务品质生活人群。盒马是针对生鲜行业缺少高品质、安全、新鲜食品的痛点而创建的模式,其目标消费群体定位于大城市中高端白领阶层,他们对生活品质要求高,消费能力强,对时间敏感度较高,而对价格敏感度不高,是盒马的高黏度用户群。盒马强调为顾客提供最新鲜的食材,大力推广"鲜美生活"的消费理念,其自营品牌"日日鲜"只卖当日生鲜,并且都是预包装、小包装的食材,满足顾客每一餐的需求。正如受访对象所提到的:"消费者买到的商品都是新鲜的,每天吃的商品都是新鲜的。"

其次,对于针对顾客偏好创新商品。盒马对标准化的大众商品进行了符合当地口味偏好的本地化改造,比如上海偏甜的食品比例更高,湖南偏辣的食品销量更好。盒马基于对消费者喜好、规格、口味等特征进行分析,进一步推动 C2M 的柔性定制化生产,部分优化和创新的商品,也成为盒马的自有品牌,对此,受访对象说道:"创建自有品牌是零售业竞争的核心力,目前盒马鲜生的自有品牌商品占比超过 20%,X 会员店则超过了 40%······我们打造了 X 加速器来孵化新品,未来希望能够孵化出 100 个年销过亿的快消品牌。"

最后,对于无条件退货。盒马自创立之初就对外承诺,将实行"100% 无条件退货",消费者如果对产品不满意,无须专程前往门店,且不用举证,只需在盒马 App 点击退货,此前已付款项即可通过支付宝返还。这一服务新举措,真正保障了消费者的切身权益,受到消费者广泛认可。

（4）数据驱动。在闭环启动阶段，全触点体验优化（1a）背后的数据驱动主要聚焦于用户画像完善（1b），即立足用户数字化信息的多重标签，持续分析形成贴近用户真实形象的虚拟代表，从而更加精准地预测和满足用户需求（Gregory et al.，2021）。盒马创立之初主要依据阿里的淘系数据进行门店选址、货架选品和消费圈层分析，通过绑定会员账户实现用户的全生命周期管理，以及商品的更新迭代，从而迈出数据驱动的第一步。具体表现在数据体量积累和商品精准触达两方面（典型例证及材料来源见表4.2）。

表 4.2　　　　闭环启动阶段数据驱动价值创造的典型例证

理论维度	聚合构念	二阶主题	一阶概念	典型例证援引
价值创造	全触点体验优化（1a）	产品业态多元互补	分层运营体系搭设	"最初想通过'全国copy不走样'复制盒马模式，但后来证实行不通，因为各个地区的消费特征是差异化的，于是我们因地制宜发展出不同盒马业态。"（F1）
			商品品类拓展	"传统大卖场的商品品类是基本不变的，但是我们不是。我们会有主打品，且经常变、迭代很快，形成包含近2万个SKU的商品体系。"（F1）
		线上线下形成联动	边逛边吃	"在盒马线下门店，顾客购买的海鲜可以现场加工和烹饪，零距离享受新鲜美味。"（F2）
			营造娱乐化参与感	"在App的'盒区生活'模块，用户可以'晒'和'秀'自己的美食尝鲜或烹饪作品，大大增加其内心的获得感和满足感。"（F1）
			商品快速送达	"作为新零售四大核心指标之一，时效就是指3公里30分钟送达的履约率。"（F3）
		顾客需求更好满足	服务品质生活人群	"盒马主要服务三类人群：晚上大部分时间在家的家庭用户；写字楼的办公白领；周末会去超市带着孩子出去走走的用户。"（W1）

续表

理论维度	聚合构念	二阶主题	一阶概念	典型例证援引
价值创造	全触点体验优化（1a）	顾客需求更好满足	针对顾客偏好创新商品	"除了数据中台，我们也会关注 B 站、小红书等社交平台的流行元素，捕捉最新的需求信息，将其融入商品创新中，比如推出西瓜味的牛奶、气泡味的坚果、小罐装大米、螺蛳粉青团等。"（F1）
			无条件退货	"之前有位顾客线上买了一盒水果，但是觉得不够甜，就通过平台顺利退款了，无须举证和退货。"（F2）
数据驱动	用户画像完善（1b）	数据体量积累	从门店向线上引流	"我们不是要开一个传统的以销售为导向的线下超市，而是要做到线上线下一体化运营，相互导流。"（W1）
		商品精准触达	数据选品和预测	"盒马基于淘系数据，如商品云数据图谱，并根据对周边三公里消费者消费圈层和消费习惯等信息的分析来选择上架商品。"（F1）
			个性化营销	"会员数字化也使得商品迭代周期加快，盒马引入阿里的个性化推荐技术，实现面向不同用户的千人千面式营销。"（F1）

  首先，对于数据体量积累。洞察用户需要有足够体量的用户数据作为支撑，通过各类触点与用户进行交互，从而持续更新和沉淀用户数据（Knudsen et al.，2021）。根据案例实践，盒马主要通过从门店向线上引流来实现数据体量积累。盒马门店的任务是向顾客提供体验场景，增强顾客信任，最终目的是通过支付宝付款和 App 将顾客引流至线上，将消费数据沉淀。侯毅坦言："门店的本质是流量收集器，它是交易的起点，而不是终点，交易的终点应该在电商。只要在线下完成交易，就会受到坪效极限的制约，只有把交易放到互联网上完成，才能突破极限。所以，线下门店的任务，就是收集流量，把方圆 3 公里内的人群，通过非常好的体验，吸引到门店来，然后将他们转化为线上会员。消费者周末有时间，就来线下体验；工作日没有时间，就在线上购物。"

  其次，对于商品精准触达。用户数据分析使得商品的目标受众更加清晰和聚焦，借助一系列数字技术，商品能够实现基于用户个性化需求的精准触达（王烽权等，2020）。根据案例实践，盒马主要通过数据选品和预测，以及个性化营销来实现商品精准触达。盒马基于不断完善的阿里淘系数据和自身沉淀的用户数据优化算法模型，做到商品选品、预测和个性化营销的精准化，受访对象对此说道："我们根据阿里的商品云数据图谱，以及对3公里圈层内消费水平的分析，初步完成门店的数据选品。后续经营过程中伴随会员数字化程度的提高，会加快商品迭代周期，实现千人千面……基于不断完善的用户数据，现在生鲜订单预测的准确率已高达90%~95%，其他商品大概为80%，例如，上海有一家生鲜店原本没有卖豆芽，但是我们从数据中台发现，有很多顾客都搜索了豆芽，为了满足这部分顾客的需求，我们以最快的速度上架了豆芽，将其推送至曾经搜索过豆芽的顾客，不少顾客反馈到，盒马懂我！"

综上，数据驱动价值创造是闭环启动阶段的重点，表现为用户画像完善（1b）和全触点体验优化（1a）相互促进，其中用户画像完善可理解为"数据业务化"，全触点体验优化可理解为"业务数据化"，两者形成"相得益彰"的关系：一方面，对用户数据的积累和分析能够逐渐完善用户画像，从而识别出场景化、多元化的用户需求，据此优化全触点体验；另一方面，用户体验的全触点优化能够引发更多用户使用，带来更多用户数据，进而使得用户需求能够被精准匹配和更好满足（江积海等，2022；Holmlund et al.，2020）。整个过程如图4.3所示。

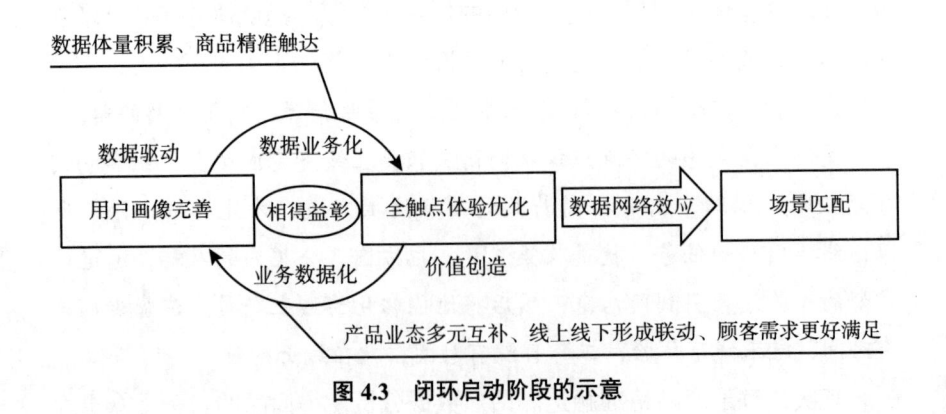

图4.3 闭环启动阶段的示意

遵循数据网络效应的理论逻辑，本章进一步将此过程提炼为"场景匹配"。"场景匹配"强调对需求侧的精细运营，当培育出足够强大的用户洞察力之后，供给侧也将随之变革（Priem et al., 2018；张明超等，2021），由此触发闭环构建的下一阶段（即闭环扩容）。对此，受访对象也提到："盒马是一个兼顾消费互联网和产业互联网的企业，我们通过会员数字化绑定账户，以不断提升消费体验为原则，对用户进行全生命周期管理，并将消费大数据传导至供给侧，从而推进供应链建设，深耕产业链上游。"

4.3.2 闭环扩容

"闭环扩容"是指数据驱动商业模式闭环构建的发散点和延伸点。根据案例实践，闭环扩容阶段主要表现为对数据驱动下商业模式价值传递的部署，价值网络拓展（2a）在这一阶段起着至关重要的作用，即以满足用户需求为目的，核心企业通过向产业链上下游延伸建立高度协作和快速反应的联盟伙伴关系（韩炜和邓渝，2020；Möller et al., 2020）。盒马基于"买手制"重新定义了零售商和供应商之间的关系，通过基地建设和商品联合开发等手段，整合供应链资源，缩短商品流通环节，并且前店后仓也极大提升了商品分拣配送效率，从而提升核心竞争力。具体而言，在闭环扩容阶段，盒马的价值网络拓展主要体现在两个方面：（1）新型合作关系建立；（2）商品流通体系重构。下面对此做进一步阐述（典型例证及材料来源见表4.3）。

（1）新型合作关系建立。新型合作关系的建立是指核心企业与合作伙伴之间构建新的交易内容、结构和治理（Dyer et al., 2018；Amit and Zott, 2001）。盒马主要通过"买手制"和"新零供"关系打造来建立新型合作关系。

对于"买手制"和"新零供"关系打造。盒马围绕"买手制"打造长期共荣的生态型"新零供"关系。"新零供"关系的核心是使零售商和供应商各司其职，零售商专注于渠道建设，提供最佳的顾客体验和服务，供应商专注于商品的研发、生产和质量管理，提供最具性价比的商品。盒马通过"买手制"打造商品力、建设新零供关系的理念，将逐步完成全球和全国的农产品基地建设，建立以厂家直供为核心的供应模式，加大与品牌商、生产商联合开发盒马专供的定制商品的力度，为消费者提供最具性价比的品质服务。正如受访对象所提到的："'买手制'是盒马打造'新零供'关系的抓手，是对传统交易制度的创新，也是对零售本质的回归，对于引领国内流通市场交易制度的变革，提高流通效率具有重要意义……盒马面向消费端，捕捉需求信息，与上游生态伙伴达成合作，对于生鲜农产品，我们已在全国建立1000个直采基地，并在此基础上建立140个盒马村，以打破供应链中间环节；对于标品，我们与全国100多家食品生产企业达成联名合作，以满足顾客个性化的消费需求……顾客的消费反馈将直接决定合作关系的长久与否。"

（2）商品流通体系重构。商品流通体系重构是指对涉及商品生产、运输、存储、销售等关键流通环节的优化重组（胡祥培等，2020）。盒马主要通过生鲜直采体系建设和店仓一体化提升分拣配送效率来重构商品流通体系。

首先，对于生鲜直采体系建设。盒马以优化供给、提质增效、农民增收为目标，与全国各地的政府，以及当地企业联合起来制定农业种植计划，逐步建立规模化的种植和加工基地。通过全国直采基地，帮助农民种出健康美味的好产品，同时借力盒马全国销售渠道，助推特色农产品卖出更好的价格，从而推动农业供给侧结构性改革。盒马的基地直采模式缩短了供应链中间环节，同时为了避免生鲜在运输、门店运营和客户挑选等环节的损坏，盒马将大部分生鲜在第一个环节就包装成标品，给上游农民和终端消费者都带来了革新。正如受访对象所提到的："盒马的核心竞争力在于生鲜供应链体系，我们通过基地直采的方式打破中间环节、降低流通成本，目前已在全国建立1000个农业直采基地，并从直采基地中建成140个盒马村，未来还将持续扩建。"

其次，对于店仓一体化提高分拣配送效率。为了实现"3公里内30

分钟送达"的目标，盒马门店采取前店后仓的布局，并通过悬挂链系统将前店和后仓连接。这种布局使得商品的到店、上架、拣货、打包、配送都能够通过智能设备进行识别和作业，简单高效。顾客在 App 下单后，拣货员通过 RF 枪接收订单信息，挑选顾客购买的商品，装进拣货袋，利用拣货袋上的条形码与顾客订单进行对接，然后通过悬挂链系统将其传送到后仓打包区进行打包，确认订单无误后由配送员进行配送，整个流程下来，拣货环节控制在 3 分钟以内，总共 10 分钟便可完成拣货打包。受访对象也提到："最开始采用这套悬挂链系统的时候，拣货是由一人拣完订单中所有商品，后来我们对此进行了优化改进，采取分布式拣货，不同的拣货员就近拣货，从而提高拣货效率……拣货袋有 5 种颜色，用于分拣不同的商品，这种高标准、高要求，保证了商品能够准时送达，同时商品质量也能得到保证。"

（3）数据驱动。在闭环扩容阶段，价值网络拓展（2a）背后的数据驱动主要聚焦于数据双向递进（2b），即需求侧沉淀的用户数据反向作用于供给侧企业的生产经营，双向流动的数据成为搭接供求的重要介质（Magistretti et al., 2021；Bradlow et al., 2017）。盒马基于对用户画像的洞察和需求信息的捕捉，一方面，可作为门店选址决策的重要依据，另一方面，还能指导生鲜以及其他商品的生产和流通，从而提升数据驱动的产业运行效率。具体表现在数据指导生产和供应链数字化两方面（典型例证及材料来源见表 4.3）。

表 4.3　　　闭环扩容阶段数据驱动价值传递的典型例证

理论维度	聚合构念	二阶主题	一阶概念	典型例证援引
价值传递	价值网络拓展（2a）	新型合作关系建立	"买手制"和"新零供"关系打造	"盒马通过'买手制'明确零售商和供应商双方的责任，加强上游建设，使得满足消费者需求成为双方的共同目标。主要通过直采基地建设和商品联合开发等手段，与供应商共同研发、共同成长，从而整合供应链资源，提升核心竞争力。"（F2）

续表

理论维度	聚合构念	二阶主题	一阶概念	典型例证援引
价值传递	价值网络拓展（2a）	商品流通体系重构	生鲜直采体系建设	"盒马在生鲜采购方面花了大量的精力，我们基本用原产地直采。从零售本质看，我们的主要竞争力就是在商品，把这个做好了，才是持久的生意。"（W1）
			店仓一体化提升分拣配送效率	"盒马鲜生门店都是采用前店后仓的布置，各占一半的面积。我们将传统仓库中拣货的链条传送带搬到了门店屋顶，金属链条的网格麻绳上是一条条传送带，将前店与后仓连接。这样一套悬挂链系统使得商品的分拣配送简单高效。"（F3）
数据驱动	数据双向递进（2b）	数据指导生产	数据选址	"盒马基于淘系数据进行门店选址，其好处是可以筛选出稳定的用户群体、稳定的住宅区，这是一个天然稳定的流量。"（F4）
			订单式农业种植	"为了解决了农民'丰产不丰收，菜贱伤农'的问题，盒马基于消费大数据，帮助农户解决种什么、种多少、怎么卖的问题。"（F1）
			老字号品牌焕新	"盒马曾与光明联手打造出网友争相求代购的网红流心奶黄八宝饭。这样的例子还有很多，目的在于满足年轻消费者猎奇心理的同时，也使得老字号品牌得到新的传承。"（F1）
		供应链数字化	仓储和门店作业智能化	"盒马的供应链、销售、物流履约链路是完全数字化的。从商品的到店、上架、拣货、打包、配送任务等，作业人员都是通过智能设备去识别和作业，简易高效，而且出错率极低。"（F3）
			履约算法智能调度	"盒马已实现端到端打通的实时库存，也就是说，哪怕消费者线上下单买的'日日鲜'蔬菜还在运输车上，依靠精准的预测，盒马也能在30分钟内将商品配送到家。"（W1）

首先，对于数据指导生产。需求侧的用户数据不仅对于洞察用户需求、提升用户体验，而且对指导供给侧企业的生产经营也至关重要

(Tan and Zhan，2017）。根据案例实践，盒马主要通过数据选址、订单式农业种植和老字号品牌焕新来实现数据指导生产。盒马进行门店选址决策时主要参考阿里的淘系数据，并且结合周围地产商的配合能力以及物业的服务能力，从而保证门店的良好运营和顾客的消费体验。更进一步地，盒马基于大数据分析精确洞察消费者，并向基地种植户反馈消费需求，从而推动农产品精细化和标准化的种植，把传统农业变成订单式农业，促使农产品生产规范有序，目前已成功推出藕带、沙葱等众多畅销农产品。同时，盒马根据从数据中台以及B站、小红书等其他社交平台中获取的信息，挖掘新消费需求，通过共同研发和品牌联名，赋予传统商品新消费元素，例如与光明联手推出流心奶黄八宝饭，与新雅粤菜馆共同打造网红爆款青团等。正如受访对象所提到的："这些跨界融合的商品在满足年轻顾客猎奇、尝鲜等个性化消费心理的同时，也使得老字号品牌价值和品牌文化得到新的传承，开辟出新的市场。"

其次，对于供应链数字化。商品生产流通等供应链关键环节的数字化能够实现对商品的实时跟踪、监测、控制和预测，有助于提高流通效率（胡祥培等，2020）。根据案例实践，盒马主要通过仓储和门店作业智能化，以及履约算法智能调度来实现供应链数字化。盒马的仓库分为中心仓和店仓，"日日鲜"是从原产地直接运到店仓，除此之外的商品都是先从原产地或供应商运到中心仓再到店仓。分散在中心仓、店仓和货架上的商品，依靠电子价签和商品专属条码实现线上线下实时统一价格、统一库存。盒马的仓储管理算法基于来自门店运营数据和淘系数据，一旦店仓或货架上的商品发生缺货或滞销，仓储管理系统就会触发自动补货或者促销。由于每个商品都有专属条码，其到店、上架、拣货、打包、配送等作业，都在员工手持智能设备下完成和记录，从顾客App下订单到门店完成商品打包，整个过程不超过10分钟。同时，订单商品完成打包之后能在20分钟内抵达3公里内的顾客，也是盒马履约算法优化的结果，对此，受访对象说道："履约算法首先会根据订单时序、地址分布等信息，将不同订单做最优配送批次的串联，然后再根据订单批次、品类，以及配送员熟悉的配送区域、当前所在位置等信息，制定最佳配送路线，并分配给最适合接单的配送员，实现以最低的履约成本创造最好的顾客体验。"

综上，数据驱动价值传递是闭环扩容阶段的重点，表现为数据双向递进（2b）和价值网络拓展（2a）相互促进，其中数据双向递进可理解为"数据业务化"，价值网络拓展可理解为"业务数据化"，两者形成"相得益彰"的关系：一方面，数据双向递进可以使需求侧和供给侧建立连接互动，从而实现对价值网络的拓展；另一方面，拓展的价值网络能够促进数据的双向传导和反馈迭代，并进一步激发此过程的协同效应（Knudsen et al., 2021）。整个过程如图4.4所示。

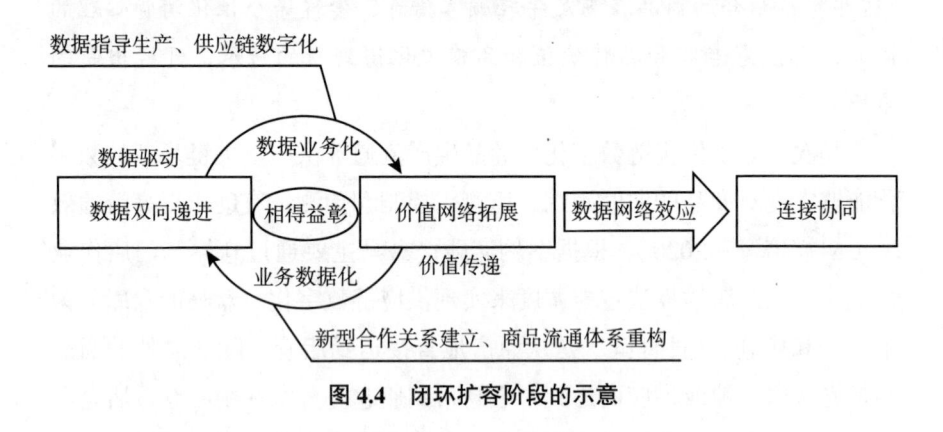

图 4.4　闭环扩容阶段的示意

遵循数据网络效应的理论逻辑，本章进一步将此过程提炼为"连接协同"。"连接协同"强调基于全链路数字化的供求交互，此过程使得场景匹配的精准度更高，并且能够最大程度地激发数据价值，为能力输出奠定基础（曹鑫等，2022；刘洋等，2020），由此触发闭环构建的下一阶段（即闭环加固）。对此，受访对象也提到："盒马通过对产供销全链路的数字化建设，提高了供需匹配的效率和精度，做到按需生产，避免产能过剩，由此形成的盒马模式可供其他企业借鉴，这也是我们推进对外开放能力的初衷。"

4.3.3 闭环加固

"闭环加固"是指数据驱动商业模式闭环构建的着陆点和收益阶段。根据案例实践，闭环加固阶段主要表现为对数据驱动下商业模式价值捕获的部署，竞争优势实现（3a）在这一阶段起着至关重要的作用，即通过构建成本优势以及差异化定位等举措，持续革新并开拓市场，从而强化竞争壁垒，获取超额收益，实现企业经营的可持续性（Cennamo，2021；Porter，1985）。盒马基于全触点的优化体验增强了顾客信任和黏性，其生鲜直采体系极大降低了中间流通成本，带来价格优势，同时业态布局的扩张进一步激发规模经济效应，使得盒马成为第一个实现规模化盈利的新零售标杆。具体而言，在闭环加固阶段，盒马的竞争优势实现主要体现在两个方面：（1）财务指标降本增收；（2）运营水平质量兼顾。下面对此做进一步阐述（典型例证及材料来源见表4.4）。

（1）财务指标降本增收。财务指标降本增收是指优化企业财务报表中的经营指标，主要包括成本降低和收入增加（Cappa et al.，2021；Wielgos et al.，2021）。盒马主要通过成本控制带来价格优势，以及收益增长促进规模盈利来实现财务指标降本增收。

首先，对于成本控制带来价格优势。盒马通过生鲜基地直采缩短中间环节，降低流通成本，从而保证商品新鲜、安全、快速、低损耗、低价格。正如受访对象所提到的："盒马深耕农产品产业链上游，基于订单农业，可以把有机蔬菜卖到4块一盒，价格甚至低于传统菜市场，这是因为缩短了中间环节，减少了田间地头、生产、流通环节的耗损……我们不收取供应商任何进场费、促销费、新品费等传统零售行业名目繁多的渠道费用，将全链条节省下来的费用补贴到消费者身上，确保了盒马的价格优势及其商业模式的可持续运作。"

其次，对于收益增长促进规模盈利。2018年，盒马对外公布首份成绩单，营业时间超过半年的门店已经基本实现盈利，开店1.5年以上的门店单店坪效超过5万元，单店日均销售额超过80万元，毛利率达到25%，均远超传统超市。并且相较2019年8月，2021年8月盒马"日日鲜"销售额增长了160%，无害/无抗生素食品销售额增长了138%，均远高于相应市场规模增长率。截至2022年9月30日，不包括开业不到12个月的门店，绝大多数盒马门店的现金流为正。并且，根据阿里披露的2023财年二季度财报，主要受惠于盒马收入的强劲增长，阿里直营及其他收入同比增长6%，其中，盒马鲜生门店同比增长达25%，盒马X会员店增长超247%，盒马邻里及奥莱渠道更是增长555%。这些成绩证明了盒马模式的可行性和盈利能力。受访对象也提到："规模化盈利是现在盒马的核心任务，我们通过智能设备和数字化管理对门店进行调整和改造，以提升人效、坪效、流效和时效……从2023年起，盒马将以一万亿销售服务于十亿消费者为目标，进行十年投入。"

（2）运营水平质量兼顾。运营水平质量兼顾是指规模化扩张和精细化管理齐头并进，是企业培育可持续竞争优势的必要条件（Knudsen et al., 2021；胡祥培等，2020）。盒马主要通过加速扩张和布局，以及提高用户黏性和转化率来实现运营水平和质量兼顾。

首先，对于加速扩张和布局。盒马自单店模式跑通之后便开始规模化扩张，不到5年的时间，已衍生出盒马邻里、盒马奥莱、X会员店等多种业态，在全国27个城市开出300家门店，建设超过100个供应链中心仓，以及1000个生鲜直采基地、140个盒马村，并与100多家食品生产企业达成品牌联名合作。对此，受访对象说道："盒马的规模化扩张是为了能够获得成本优势，多业态布局是为了能够覆盖更多市场，未来将会持续推进。"

其次，对于提高用户黏性和转化率。盒马的用户黏性和线上转化率已经相当惊人，截至2022年2月，盒马App的MAU（月活跃用户数）在2300万左右，对比6000多万注册用户规模，其黏性丝毫不亚于小红书、B站。此外，平均每笔交易实现单价纯线上75元，纯线下113元，会员月平均消费额线上279元，线下228元，线上订单占比超过50%，营业半年以上的成熟店铺更是可以达到70%，并且线上用户转化率达到35%，远高于传统电商。正如受访对象所提到的："盒马通过线上和线下的一体化运营，以及高品质的商品和服务，极大提升了顾客体验，虽

第 4 章 数据驱动商业模式闭环的构建过程

然采取的是前店后仓、餐饮 + 超市的门店布局，但是坪效反而没有降低，并且远高于传统商超，因为盒马在整体上吸引了更多顾客，复购率较高。"

（3）数据驱动。在闭环加固阶段，竞争优势实现（3a）背后的数据驱动主要聚焦于解决方案输出（3b），即企业基于对自身数据资产和流程架构等软硬件资源及核心能力的打磨和积淀，为上下游产业端客户提供一站式的数字化赋能，以扩充业务体系（Möller et al., 2020）。盒马于 2018 年 9 月在云栖大会上发布了 ReXOS 零售业操作系统及 AI 智能收银机 ReXPOS，该系统被视为盒马模式的集大成者，为零售业数字化转型提供了软硬一体的解决方案，从而构筑数据驱动的护城河。具体表现在数字系统集成和服务操作自动化两方面（典型例证及材料来源见表 4.4）。

表 4.4　　闭环加固阶段数据驱动价值捕获的典型例证

理论维度	聚合构念	二阶主题	一阶概念	典型例证援引
价值捕获	竞争优势实现（3a）	财务指标降本增收	成本控制带来价格优势	"我们不收取供应商一分钱的进场费，将全链条上节省下来的费用，直接补贴到消费者的身上……我们把价格降下来，让商品周转周期加快。"（W1）
			收益增长促进规模盈利	"盒马首家店上海金桥店目前每天平均营业额可达 100 万元左右，已经实现单店盈利，用户月购买次数达到 4.5 次，门店坪效约 5.6 万元，是传统超市的 3～5 倍。"（W1）
		运营水平质量兼顾	加速扩张和布局	"盒马未来还要扩建盒马村、供应链中心仓，同时加强自有品牌假设，并且基于盒马鲜生、盒马邻里及奥莱，和 X 会员店三大业态实现市场的广覆盖。"（F1）
			提高用户黏性和转化率	"拿无条件退货来说，执行这个政策之后，退货率非常非常低。而且这个政策打消了用户的疑虑，反而提高了用户黏性。"（F2）

续表

理论维度	聚合构念	二阶主题	一阶概念	典型例证援引
数据驱动	解决方案输出（3b）	数字系统集成	ReXOS零售业操作系统	"ReXOS是一套完整的'新零售操作系统'，将传统零售分散的部分整合，涵盖门店、仓储、物流、线上App等盒马新零售的各个有机组成。"（W1）
			商品全程可追溯	"盒马追溯平台是以二维码等追溯新技术、云平台等新模式应用为突破口，将产品从原料到成品直至到每个消费者手中，全程都置于有效的监管中。"（F5）
		服务操作自动	AI智能收银机ReXPOS	"在盒马探索新零售模式的过程中，提升人效与提升坪效同样重要，这也是盒马基于AI技术研发无人化终端的初衷。盒马应用ReXPOS，使得收银人效达到行业平均水平的4倍，降低排队时长36%。"（F2）
			智能烹饪和送餐系统	"机器人餐厅可以提高效率，降低运营成本，实现盈利，这个餐厅我们今年迭代完以后每个城市都会去开。"（W1）

第一，对于数字系统集成。企业数字化水平高低的关键在于能否通过系统整合的方式，打破各业务之间的隔阂、消除数据孤岛效应，并建立统一的数据中台为前端业务开展提供支撑（Taylor et al.，2020）。根据案例实践，盒马主要通过ReXOS零售业操作系统和商品全程可追溯来实现数字系统集成。ReXOS是由门店运营系统、会员系统、物流系统、供应链资源等组合在一起软硬一体的解决方案，共有三个层面：首先是门店层面，它集合了传统零售企业的POS系统、门店管理系统、会员系统等多个系统，同时与上游的供应商和下游消费者进行数据打通；其次是物流层面，ReXOS可以向零售商输出门店拣货系统、"最后一公里"的配送系统，以及整个盒马的物流模式；最后是数据层面，商品数据、消费信息、用户画像等将最终连接到阿里的几个重要版块，紧密融入阿

里生态圈内。正如侯毅所言:"ReX品牌的推出,意味着盒马正式从零售公司走向科技公司。"此外,为确保商品从基地到消费者餐桌的全链路安全把控,盒马运用区块链技术,建立了盒马追溯平台,实现农产品从生产过程到消费过程的全链路跟踪。溯源内容包括产品基本信息、流通节点动态信息、产地信息、批次信息、运输信息、流通信息、营业执照、经营许可证、检测信息等。盒马追溯平台推出后,已有超800万的消费者主动扫码并查看商品追溯信息,溯源商品累计销售量超过1亿份,溯源商品涵盖九大生鲜品类,超过2000个商品。受访对象也提到:"未来盒马还会持续推动更多的商品加入溯源平台,不断完善这套事前预防、事中管控、事后追踪的食品安全追溯平台。"

第二,对于服务操作自动化。在人工智能、物联网等技术的赋能下,众多传统业务系统被升级改造为智能化的自动服务系统,从而极大提升了人效(徐鹏和徐向艺,2020)。根据案例实践,盒马主要通过AI智能收银机ReXPOS,以及智能烹饪和送餐系统来实现服务操作自动化。作为国内首个大规模使用自助收银机的门店,盒马率先应用基于ReXOS系统的AI智能收银机ReXPOS,它拥有28项产品设计专利,集成了多种传感器和人工智能算法,搭载人脸摄像系统、防损摄像系统、智能购物袋机和门店员工可用的智能手表,可以实现智能防损和快速结账的便利功能。对此,受访对象也提到:"这款智能收银机除了能显著提升收银人效,减少排队等待时间之外,最关键的是带来了收银方式划时代的变革,它将原本必须由人工才能完成的工作,智能化地渗透到了收银的全过程中,将人工客服从机械式的扫码装袋的单调动作中解放出来。"此外,为了解决顾客用餐等待时间长的问题,盒马在包含堂食的零售门店中,开始引入智能烹饪系统,从而完成模块化、标准化的菜品烹饪,并且智能送餐系统可以在40秒左右把菜品送到顾客桌位,比传统服务员人工传菜更准更快,例如2018年2月,盒马开设了一个引入机器人操作的盒马南翔店,在这家店,机器人不仅承担了送餐任务,还参与菜品烹饪。对此,侯毅坦言:"盒马的机器人餐厅实际是新餐饮的一种表现形式,它和新零售在本质上是一样的,将解决传统餐饮存在的效率和体验问题。更重要的是,盒马机器人餐厅想要为行业提供标准化的解决方案。"

综上,数据驱动价值捕获是闭环加固阶段的重点,表现为解决方案输出(3b)和竞争优势实现(3a)相互促进,其中解决方案输出可理解为"数据业务化",竞争优势实现可理解为"业务数据化",两者形成"相得益彰"的关系:一方面,解决方案输出作为企业数据驱动业务能力的开放形态,能够带动产业链上下游以及整个行业运行效率的提升;另一方面,企业通过输出解决方案能够获得生态建构者及规则制定者的市场地位,进而构建更高阶竞争优势,多方位实现数据价值(Burstrm et al.,2021;Sjödin et al.,2022)。整个过程如图4.5所示。

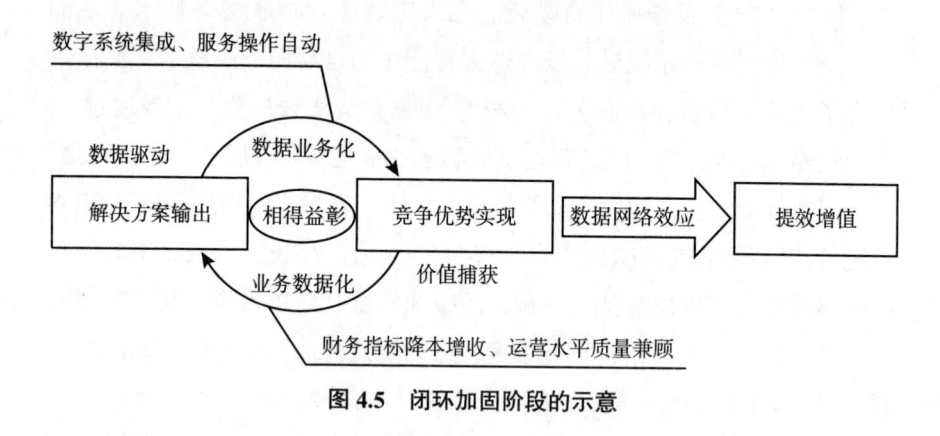

图 4.5 闭环加固阶段的示意

遵循数据网络效应的理论逻辑,本章进一步将此过程提炼为"提效增值"。"提效增值"强调企业的数据价值不仅体现为提升内部运营效率,还应作为数字化解决方案的建构者积极融入行业生态,寻求内外部的高效整合(Wang,2021;Cennamo,2021),从而在持续扩大数据体量、增强数据能力的同时反哺场景匹配和连接协同,改善闭环启动和闭环扩容,形成良性循环。对此,受访对象也提到:"ReX作为盒马数字化建设的成果以及对外输出的解决方案,能够帮助零售企业进行全链路业务的数字化转型,同时也能沉淀外围生态圈中合作伙伴的业务需求和相关数据,从而更好推动自身业务发展,这种交互关系永远是双向的。"

4.4 理论模型

本章围绕"数据驱动商业模式闭环如何构建?"这一科学问题,通过对盒马案例实践的分析,最终提炼出如图4.6所示的理论模型[①]。可以看出,数据驱动商业模式闭环的构建过程表现为数据驱动下商业模式关键维度的改变(价值创造、价值传递和价值捕获的连接协同),其背后体现出数据网络效应的理论逻辑。下面将对此进行详细阐述。

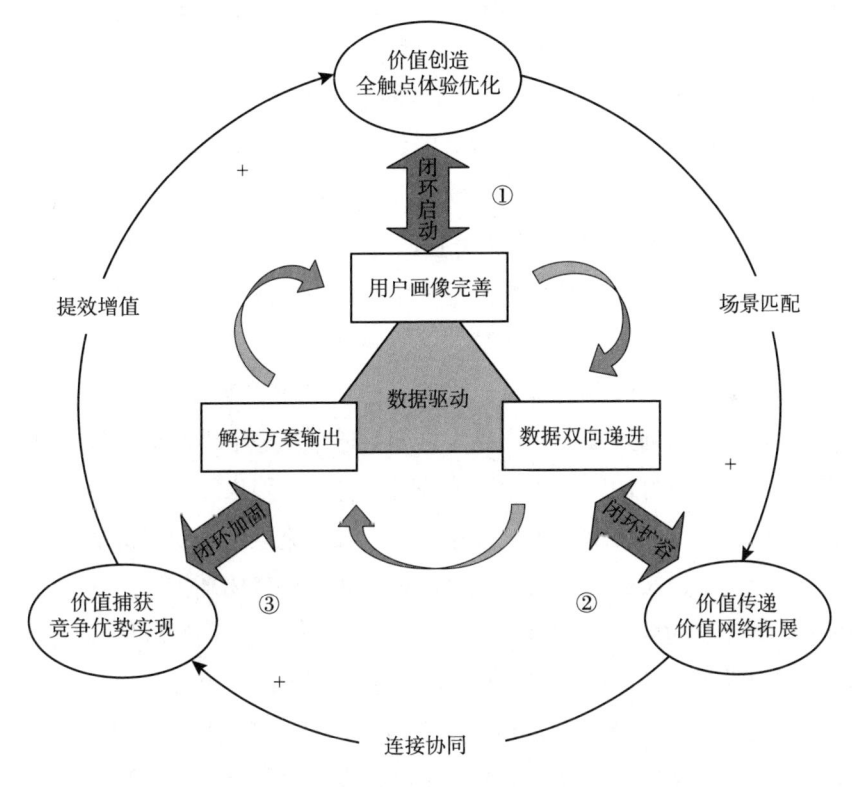

图 4.6 数据驱动商业模式闭环构建过程的理论模型

---

① 为保证直观和简约性,本章所构建的理论模型只保留案例分析得到的高维关键概念。

（1）数据驱动商业模式闭环的构建过程。数字经济时代，数据驱动是商业模式创新的核心驱动力（Sorescu，2017；Wiener et al.，2020；Breidbach and Maglio，2020），同时商业模式闭环作为商业模式创新的重要目标形态（Teece，2010，2018；Casadesus-Masanell and Ricart，2011），使得数据驱动商业模式闭环构建成为重要议题。本章通过对盒马的案例分析，将数据驱动商业模式闭环的构建过程划分为三个阶段，分别为"闭环启动""闭环扩容""闭环加固"，它们表现为数据驱动和商业模式关键维度之间的相互促进和动态循环。具体而言：

闭环启动阶段的重点是数据驱动价值创造，表现为用户画像完善和全触点体验优化相互促进（如图4.6中①所示），即各类数字化触点是获取用户数据的重要渠道，通过对用户数据的不断更新和持续分析完善用户画像，形成对用户需求的精准洞察和更好满足，从而优化用户体验，并且用户体验的优化能够吸引更多用户，获取更多用户数据，使得用户画像更加清晰，形成良性循环（Gregory et al.，2021；Holmlund et al.，2020）。进一步地，用户画像完善强调基于对大量用户数据的收集和分析，商品能够被精准匹配至特定用户，并且用户数据不应仅停留于消费端，还要反向延伸至商品生产端，以实现供给和需求的协同联动，促使数据双向递进（Knudsen et al.，2021；张明超等，2021）。同时，全触点体验优化强调通过多元化产品组合和渠道布局等举措，全方位满足顾客需求、创造更好的顾客体验，这一过程将基于用户数字化信息的多重标签不断完善用户画像，用户数据向生产端的流通也推动了价值网络拓展（李树文等，2022；Xie et al.，2016），进而触发闭环扩容。在盒马案例中，统一支付宝付款以及线上会员体系等举措有助于积累用户数据、洞察用户需求，进而通过多业态布局、适时创新商品等方式优化用户体验，这使得用户画像也更加清晰。并且，盒马基于对用户需求的洞察，反向介入企业生产，通过打造"买手制"以及生鲜直采体系等实现数据在需求侧和供给侧之间的双向流通，构建合作共赢的价值网。

闭环扩容阶段的重点是数据驱动价值传递，表现为数据双向递进和价值网络拓展相互促进（如图4.6中②所示），即对需求侧用户数据的分析不应仅停留于洞察用户需求,还要反向传导至供给侧以指导企业的生产经营,同时,数据的特性(如连接和扩散)促使不同企业之间建立一种合作共赢的价值网关系,从而为数据的双向流通提供了重要介质,形成良性循环(张明超等,2021;Burstrm et al.,2021)。进一步地,数据双向递进强调对用户数据的收集和分析能够反向作用于供给侧企业,提升其生产和经营水平,这种供求协同联动的状态可通过建立数据中台及相关数字系统加以强化,由此形成的数字能力可作为解决方案输出(Magistretti et al.,2021;Bradlow et al.,2017)。同时,价值网络拓展强调以满足用户需求为目的,核心企业通过向产业链上下游延伸建立高度协作和快速反应的联盟伙伴关系,这一过程会将需求侧沉淀的用户数据反向作用于供给侧企业的生产经营,使得数据双向流动以更精准地匹配供求,从而促进竞争优势实现(韩炜和邓渝,2020;Möller et al.,2020),由此触发闭环加固。在盒马案例中,门店选址、农产品种植、商品创新、履约调度等重要工作的核心在于对需求侧用户数据的持续积累和分析,与此同时,盒马通过"买手制"打造"新零供关系"、建立生鲜直采体系,以及实行店仓一体化,这些举措又进一步强化数据在供求之间的流通。并且,盒马基于数据双向流通,打造出 ReXOS 等数字系统以沉淀数字能力,向行业输出解决方案,进而增强竞争优势。

闭环加固阶段的重点是数据驱动价值捕获,表现为解决方案输出和竞争优势实现相互促进(如图 4.6 中③所示),即向行业以提供解决方案的形式开放数字能力可显著拓展企业的业务边界,并通过数字化、智能化的运营实现企业内外部协同,带来降本增收、提效增值等一系列好处,从而在构建更高阶竞争优势的同时优化数字解决方案,形成良性循环(Sjödin et al.,2021;Magistretti et al.,2021)。进一步地,解决方案输出强调企业通过向行业提供标准化数字系统带来内外部协同,使得企业能够在更大体量的数据中挖掘更多价值,包括用户画像的进一步完善,以及数据在供求两侧的进一步流通(Taylor et al.,2020)。同时,竞争优势实现强调通过构建成本优势以及差异化定位等举措,持续革新并开拓市场,以强化竞争壁垒、获取超额收益,最终实现企业经营的可持续性,这一过程通常要求企业基于对自身数据资产和流程架构等软硬件资源及核心能力的打磨和积淀,为产业端客户提供一站式的数字化赋能来扩充业务体系,这一过程还会强化对消费端用户的服务和洞察能力,以此促进全触点体验的进一步优化,以及价值网络的进一步拓展(Cennamo,2021;Möller et al.,2020;Porter,1985),进而开启和增强新一轮闭环。在盒马案例中,ReXOS零售业操作系统的输出使得盒马正式从零售公司走向科技公司,在扩充营收来源的同时,智能收银机、智能烹饪和送餐系统等设施的应用也显著提升其人效、时效等运营指标,进一步印证盒马数字解决方案带来内外部协同的有效性。

综上,在数据驱动和商业模式关键维度的相互促进下,数据驱动商业模式闭环的构建过程表现为价值创造、价值传递和价值捕获的连接协同,即形成"全触点体验优化→价值网络拓展→竞争优势实现"的动态循环,其内核是数据驱动的动态循环("用户画像完善→数据双向递进→解决方案输出")。该闭环构建类似于系统动力学的增强回路,是一个不断强化的过程(如图4.6中"+"所示)。

(2)数据网络效应的理论逻辑。如前所述,数据驱动使得商业模式闭环构建成为可能,而这背后体现出数据网络效应的理论逻辑。在数据网络效应下,产品价值和数据体量能够相互促进,形成良性循环(Gregory et al.,2021),这要求数据必须与商业模式相结合,一方面,数据体量积累及相应智能算法能够促进商业模式的更新迭代;另一方面,商业模式的更新迭代又能够在继续扩大数据体量积累的同时优化智能算法,两者相辅相成(Knudsen et al.,2021;Sjödin et al.,2021)。因此,只有实现了数据和商业模式的有机结合,数据网络效应才能被最大限度地激发。

遵循数据网络效应的理论逻辑,本章将"闭环启动""闭环扩容""闭环加固"分别提炼为"场景匹配""连接协同""提效增值",数据网络效应对闭环构建的助推作用在于"场景匹配→连接协同→提效增值"的动态循环。具体而言,在数据驱动商业模式闭环的构建过程中,数据网络效应的理论逻辑体现为:闭环启动阶段的"场景匹配",即基于对用户数据的积累和分析逐渐完善用户画像,从而识别出场景化、多元化的用户需求,优化全触点体验,使得用户需求能够被精准匹配和更好满足(江积海等,2022;Holmlund et al.,2020);闭环扩容阶段的"连接协同",即数据双向递进使得需求侧和供给侧建立连接互动,从而实现对价值网络的拓展,并基于数据的双向传导和反馈迭代进一步激发此过程的协同效应(Burstrm et al.,2021);闭环加固阶段的"提效增值",即解决方案输出作为企业数据驱动业务能力的开放形态,能够带动产业链上下游以及整个行业运行效率的提升,进而构建更高阶竞争优势,多方位实现数据价值(Burstrm et al.,2021;Sjödin et al.,2022)。进一步,"场景匹配"强调对需求侧的精细运营,当培育出足够强大的用户洞察能力之后,供给侧也将随之变革;"连接协同"强调基于全链路数字化的供求交互,此过程使得场景匹配的精准度更高,并且能够最大限度地激发数据价值,为能力输出奠定基础;"提效增值"强调企业的数据价值不仅体现为提升内部运营效率,还应作为数字化解决方案的建构者积极融入行业生态,寻求内外部的高效整合,从而在持续扩大数据体量、增强数据能力的同时反哺场景匹配和连接协同,形成良性循环。

为了更好地理解数据网络效应理论逻辑的内涵,本章将传统网络效应和数据网络效应进行对比如表4.5所示。可以看出,两类网络效应均产生于网络经济的大时代背景下,均强调类似"飞轮效应"的新型增长模式(Gregory et al.,2021),不同的是:(1)对于驱动因素,传统网络效应注重网络规模,例如用户数量、企业数量,以及其他网络接入方数量等,认为网络规模是触发网络效应的关键因素(Afuah,2013);数据网络效应则侧重网络中的数据规模,包括数据体量、多样性、真实性、分析能力、处理速度等,认为数据规模是触发网络效应的关键因素(Gregory et al.,2021;Cappa et al.,2021)。(2)对于技术要求,传统网络效应主要借助基于平台连接的信息化技术,例如早期的电商及社交平台,仅通过搭建用户与用户、用户与企业、企业与企业之间信息交互的平台,也能获取网络效应;数据网络效应的底层技术为基于认知决策的数智化技术，主要指包括数据、算法、算力等在内的人工智能技术，例如拼多多的"货找人"、今日头条的"信息找人"、蚂蚁金服的"钱找人"，这些典型实践都说明数智化技术能够赋予客体要素决策主体性和认知智能性，助推数据网络效应（陈晓红等，2022；Brock and Von Wangenheim，2019）。（3）对于表现形式，传统网络效应包括直接网络效应和间接网络效应，其中直接网络效应指使用同一产品的用户可以直接增加其他用户的效用，使得平台同边用户数量的增加会增加该边用户的效用，间接网络效应指用户使用一种产品的价值取决于其互补品的数量和质量，使得平台一边用户数量的增加会增加跨边用户的效用（Afuah，2013）；数据网络效应突出自动学习、智能决策、迭代优化等差异化特征，即在大规模数据的训练下，机器学习算法能够作出更加精准的预测，实现基于数据智能的快速决策，并利用反馈结果持续学习、迭代和优化，以满足海量用户的个性化需求（Gregory et al.，2021；肖静华等，2020）。（4）对于价值结果，传统网络效应强调"赢者通吃"的垄断利润，通过攫取用户、市场等资源提升行业地位和主导权，从而实现供给侧企业视角下的价值捕获；数据网络效应则强调"供求联动"的精准收益，即利用数智技术精准满足用户的场景化需求，以此提升用户的个性化体验，从而在用户价值最大化的基础上再寻求企业的价值变现（江积海等，2022；Priem et al.，2018）。

表 4.5　　传统网络效应和数据网络效应的共性与差异

维度		传统网络效应	数据网络效应
共性		产生背景：两者均为网络经济时代下企业寻求新型增长的产物 关键特征：两者均突出一种持续增强型的动态循环，即"飞轮效应"	
差异	驱动因素	规模驱动（包括单边、双边、多边规模）	数据驱动（包括用户数据、企业数据等）
	技术要求	基于平台连接的信息化技术	基于认知决策的数智化技术
	表现形式	直接网络效应、间接网络效应	自动学习、智能决策、迭代优化
	价值结果	"赢者通吃"的垄断利润	"供求联动"的精准收益

4.5 实践启示

基于数据驱动商业模式闭环构建过程的案例研究结果，本章给出如下实践启示：

首先，完善并优化各类用户触点，积累用户数据以跨越冷启动。在创立之初，企业应以提升用户体验为核心，充分挖掘和利用各类用户触点，实现线上线下一体化运营和相互导流，抑或寻求数据平台公司的服务，从而积累一定体量的用户数据，并逐步细化用户画像，实现后续对产品及服务的迭代优化。具体而言，用户数据一般通过用户交互界面的 App 埋点、网页埋点等方式进行收集，企业应确保数据的统一、实时和在线，然后经过各类统计和算法处理，形成丰富的用户画像，涵盖从自然属性（如性别、年龄等）到社会属性（如职业、爱好等），从购物行为到娱乐行为等维度的全域标签体系，从而支撑企业为用户提供更好的个性化服务。可借鉴盒马案例实践，通过统一支付宝付款和线上会员体系实现用户数据化，并利用阿里的淘系数据和商品云数据图谱，以及自身不断积累的数据，进行商品选品、商品创新、业态创新和个性化营销，做优用户体验。

其次，强化产业链上下游企业合作，打通供需两侧数据的双向流动。不断积累的用户数据是企业的重要资源，基于数据分析可更好洞察用户需求、捕捉市场需求信息，并将其传导至产业链上游企业的研发生产等环节，实现需求主导下高质量、高效率的供给侧结构性改革，进而促成企业的全链路数字化转型。具体而言，数据价值在共享中得到提升，并且数据价值的提升幅度取决于数据被共享和开放的范围。随着数据共享范围的增加，企业与产业链上下游企业会有更多的协同合作，此时企业需要做到既能很好地实现数据在内外部的共享，又能很好地将产业链上下游优质企业集成并融入整个平台。可借鉴盒马案例实践，通过数据中台、各类社交媒体等渠道挖掘用户需求来指导企业的研发生产及流通供应，同时，基于数据双向流通扩展与上下游企业的合作关系，以减少冗余环节、提高运作效率，从而敏捷响应市场变化。

最后，形成解决方案以提升竞争优势，开放能力系统以赋能行业生态。基于对数据中台和业务中台的持续打磨，企业在不断强化业务数据化和数据业务化之间闭环衔接的同时，力争将沉淀下来的数字能力通过 SaaS（Software-as-a-Service：软件即服务），甚至打造特定领域的产业互联网平台，以提供解决方案的形式对外输出、服务生态，以寻求企业内外部的网络协同，从而构筑更高阶的竞争优势。具体而言，企业要实现数字化转型或数字化创新，不仅应促成内部各业务环节的高效协同，还需考虑与产业链上下游企业建立高效协同，最优的途径为企业利用自身的业务沉淀和优势，通过构建 SaaS 平台对上下游企业进行数字赋能，使其业务联动更加紧密和稳定，为将来实现更远大的产业链协同打下基础。可借鉴盒马案例实践，将内部打造的 ReXOS 零售业操作系统向生态伙伴开放输出，以改善整个行业的生产经营效率，在扩充营收来源的同时，也赋能企业提升组织内外部的协同化程度，形成更大范围、更大规模的数据闭环，从而进一步促进自身业务发展。

4.6 本章小结

本章基于数据网络效应理论，通过盒马案例研究打开了数据驱动商业模式闭环构建过程的"黑箱"。研究表明：

（1）数据驱动商业模式闭环的构建过程包括"闭环启动""闭环扩容""闭环加固"三个阶段，表现为"全触点体验优化→价值网络拓展→竞争优势实现"的动态循环，这背后体现出数据网络效应的理论逻辑。其中，"闭环启动"是指数据驱动价值创造，即用户画像完善和全触点体验优化相互促进；"闭环扩容"是指数据驱动价值传递，即数据双向递进和价值网络拓展相互促进；"闭环加固"是指数据驱动价值捕获，即解决方案输出和竞争优势实现相互促进。

（2）遵循数据网络效应的理论逻辑，"闭环启动""闭环扩容""闭环加固"三大阶段可进一步被提炼为"场景匹配""连接协同""提效增值"，其中"场景匹配"是指基于对用户数据的积累和分析逐渐完善用户画像，从而识别出场景化、多元化的用户需求，优化全触点体验，使得用户需求能够被精准匹配和更好满足；"连接协同"是指数据双向递进使得需求侧和供给侧建立连接互动，从而实现对价值网络的拓展，并基于数据的双向传导和反馈迭代进一步激发此过程的协同效应；"提效增值"是指解决方案输出作为企业数据驱动业务能力的开放形态，能够带动产业链上下游以及整个行业运行效率的提升，进而构建更高阶竞争优势，多方位实现数据价值。

（3）数据网络效应作为助推数据驱动商业模式闭环构建的理论逻辑，其功效在于"场景匹配→连接协同→提效增值"的动态循环，即"场景匹配"通过对需求侧的精细运营培育出足够强大的用户洞察能力，使得供给侧也将随之变革；"连接协同"基于全链路数字化的供求交互使得场景匹配的精准度更高，并且能够最大限度地激发数据价值，为能力输出奠定基础；"提效增值"使得企业的数据价值不仅体现为提升内部运营效率，还作为数字化解决方案的建构者积极融入行业生态，寻求内外部的高效整合，从而在持续扩大数据体量、增强数据能力的同时反哺场景匹配和连接协同，形成良性循环。

综上，作为数据驱动商业模式闭环形成机理的"起始点"，本章探讨了数据驱动商业模式闭环的构建过程，然而从整体理论层面来看，数据驱动商业模式闭环具有什么组态特征呢？由此引出下一章节的内容。

第 5 章
数据驱动商业模式闭环的组态特征

5.1 研究目的与研究框架

作为数据驱动商业模式闭环形成机理的"里程碑",有必要在构建过程的基础上揭开数据驱动商业模式闭环组态特征的"面纱"。本章旨在识别数据驱动商业模式闭环的组态特征,并实证检验数据网络效应理论,研究框架如图 5.1 所示。具体而言,该研究框架遵循"数据—业务—价值"协同关系的逻辑主线,在数据驱动商业模式闭环构建过程的基础上归纳出关键要素及做法的特征属性,其中大数据包括体量、种类和速度三大特征,商业模式创新包括新颖和效率两大属性,数据价值包括用户绩效和企业绩效两大维度,以此探讨在实现数据价值目标下大数据和商业模式创新的不同匹配组态,并将其标签为数据驱动商业模式闭环的组态特征。由于大数据匹配商业模式创新影响数据价值的因果关系是复杂的,涵盖"多重并发"(同一结果通常是多个条件的组态所导致的)、"殊途同归"(不同组态可能导致同一结果),以及"非对称性"(导致某一结果存在和不存在的组态之间并无必然联系),这使得探讨细分要素之间独立净效应和因果对称性等单一关系的传统实证方法不再适合(杜运周等,2021;Ragin,2008)。故本章通过模糊集定性比较分析(fsQCA)探讨大数据(体量、种类、速度)和商业模式创新(新颖、效率)的不同匹配组态及其对数据价值(用户绩效、企业绩效)的影响,从而回答"数据驱动商业模式闭环具有哪些组态特征?它们对数据价值有什么影响？"这一科学问题。

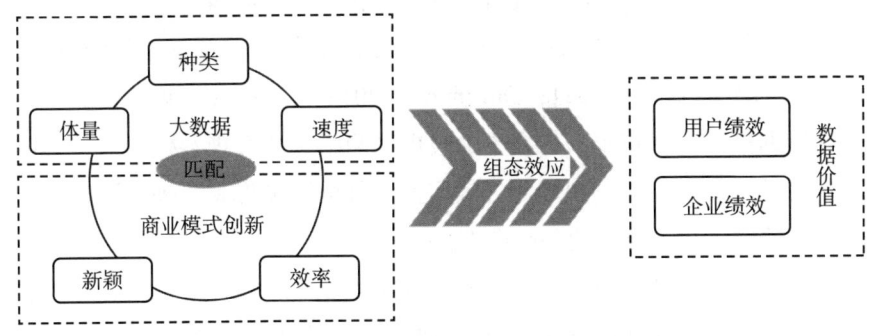

图 5.1 数据驱动商业模式闭环组态特征的研究框架

本章提出该研究框架的依据在于：首先，数据驱动商业模式闭环的构建过程主要是基于还原论视角对其关键要素和具体做法的解构，有必要基于整体论视角进一步抽象出数据驱动商业模式闭环的组态特征，可理解为在实现数据价值（用户绩效、企业绩效）目标下，大数据（体量、种类、速度）与商业模式创新（新颖、效率）的不同匹配组态。其次，大数据是指获取、存储、管理、分析等方面的规模大大超出传统数据库能力范畴的数据集合，具有海量的数据规模（体量）、多样的数据类型（种类）、快速的数据流转（速度）三大特征（陈晓红等，2022；Sorescu，2017；Grover et al.，2018）。在数据驱动商业模式闭环的构建过程中，数据驱动的具体做法（包括用户画像完善、数据双向递进和解决方案输出）可进一步凝练为体量、种类和速度三大特征，故本章以此刻画大数据。再次，商业模式创新最显著的特征是培育及增强新颖和效率两大属性，其中新颖性是指提供新的交易内容、连接新的交易参与方、引入新的交易结构、实施新的交易治理等；效率性是指交易成本的降低（如降低搜寻成本、沟通成本、营销成本、库存成本等），以及交易效率的提高（如降低交易复杂性和信息不对称性、提升供求匹配效率等）（Zott and Amit，2007，2008）。在数据驱动商业模式闭环的构建过程中，数据驱动下商业模式关键维度的改变（包括全触点体验优化、价值网络拓展和竞争优势实现）可进一步凝练为新颖和效率两大属性，故本章以此刻画商业模式创新。最后，数据价值是指大数据经过一系列处理、分析及应用，为用户和企业带来的好处，包括产品/服务创新、体验改善等用户绩效，以及决策优化、降本增收等企业绩效（陈国青等，2020；Wielgos et al.，2021；Davenport，2014）。数据驱动商业模式闭环构建的助推力量和重要目标在于通过数据网络效应实现数据价值，具体表现为场景匹配、连接协同和提效增值，可进一步将其凝练为用户绩效和企业绩效，故本章以此刻画数据价值。

因此，本章基于数据网络效应理论，借助模糊集定性比较分析（fsQCA），从特征属性考察大数据和商业模式创新，探讨大数据（体量、种类、速度）和商业模式创新（新颖、效率）的不同匹配组态及其对数据价值（用户绩效、企业绩效）的影响，旨在回答"数据驱动商业模式闭环具有哪些组态特征？它们对数据价值有什么影响？"这一科学问题。本章结构安排如下：首先，进行研究设计，选择样本案例，并基于样本数据对关键概念进行赋值与校准；其次，对校准后的数据进行分析，包括必要性分析、充分性分析，以及稳健性检验；最后，总结研究发现并归纳相应命题。

5.2 研究设计

5.2.1 研究方法

本章采用模糊集定性比较分析（fuzzy-set qualitative comparative analysis，fsQCA）来探讨大数据和商业模式创新的组态效应。具体而言，定性比较分析（QCA）强调因果复杂性，结合了归纳式（inductive）案例研究和演绎型（deductive）计量实证的特点，并且不同于基于还原论（reductionism）来探讨细分要素之间独立净效应和因果对称性等单一关系的传统实证，QCA 是一种基于整体论（holism）和溯因推理（abductive）的新型研究方法（杜运周等，2021；张明和杜运周，2019；Ragin，2008），具有如下典型特征：首先，QCA解释了"多重并发"的因果关系，即同一结果通常是多个条件的组态所导致的；其次，QCA解释了"殊途同归"的因果关系，即不同组态可能导致同一结果；再次，QCA解释了"非对称性"的因果关系，即导致某一结果存在和不存在的组态之间并无必然联系；最后，QCA结合了定性分析与定量分析各自的优点，既适合于小案例数的研究（15以下案例数），中等规模样本（15~50案例数），也适合于超过100案例数的大样本（杜运周等，2021；张明和杜运周，2019；Misangyi et al.，2017）。

同时，定性比较分析（QCA）分为清晰集QCA（crisp-set QCA，csQCA）、多值集QCA（multi-value QCA，mvQCA）和模糊集QCA（fuzzy-set QCA，fsQCA），不同于csQCA和mvQCA处理类别问题，fsQCA可以处理程度变化问题，通过赋予每个案例0~1的隶属度分数，使得fsQCA具有定性分析和定量分析的双重属性（Ragin，2008；Fiss，2011；Kumar et al.，2022）。由于本章旨在探讨大数据（体量、种类、速度）和商业模式创新（新颖、效率）的不同匹配组态及其对数据价值（用户绩效、企业绩效）的影响，所涉及的概念均为表示程度高低的连续变量，因此更适合采用fsQCA进行分析。

5.2.2 样本选择与数据收集

考虑到中国在消费端的数字化程度全球领先[①]，本章选择国内的消费互联网新创企业作为研究样本（以线上线下融合发展的平台型企业为主），这些样本来源于IT桔子[②]的统计信息。具体而言，根据拉金（Ragin，2008）、菲斯（Fiss，2011）和米桑伊等（Misangyi et al.，

[①] 详见中国网络空间研究院发布的《中国互联网发展报告2021》。
[②] IT桔子于2013年5月21日上线，是关注IT互联网行业的结构化的公司数据库和商业信息服务提供商。

2017)的建议,样本选择应遵循"理论抽样"的总体原则,一方面,考虑样本整体的充分同质性。选取样本时紧密围绕消费互联网新创企业进行取样,保证样本具有消费互联网新创企业特征;另一方面,考虑样本之间的最大异质性。样本企业在绩效结果上应存在高低差异,还需确保前因条件在不同绩效结果的企业中的差异性。总之,在样本整体同质性的原则下,尽可能保证样本案例之间存在较大的异质性。

进一步地,本章通过如下三个细则筛选样本案例:首先,创立时间为2010年以后,并且存续时间超过3年。这是因为中国的移动互联网快速发展于2010年,由此引发了互联网创业潮,涌现出小米、美团、拼多多等"明星企业",同时,超过3年的存续时间是为了确保样本案例在商业模式上具备较少的投机性和更多的可持续性(Velu, 2015)。这一步筛选出128个案例。其次,线上运营主要基于自建App。这使得企业能够获取更充分的数据来作出更及时的决策,同时,样本案例还需分布于不同行业(如生活服务、购物电商、旅游出行等)。这一步筛选出75个案例。最后,关键概念的信息完备。样本案例材料主要通过企业官网、数据服务商、媒体报道、书籍文献、财报披露、切身观察体验、第三方调研报告、高管认可的公开访谈及讲话记录等多种渠道获取(案例材料收集时间截至2021年10月),去掉关键信息缺乏的案例,最终得到41个样本案例。样本案例及其部分基本信息如附录B所示。

5.2.3 构念赋值与校准

为了避免同源误差,本章所涉及的概念通过多源异构数据进行赋值,总体而言,大数据的体量、种类、速度,以及数据价值被赋以客观指标的数值,商业模式的新颖和效率被赋以主观评价的数值。在概念赋值之后,fsQCA要求对数据进行校准,这一过程实现了构念由传统变量向具有集合隶属分数的条件和结果的转化。本章参考菲斯(2011)和格雷克哈默(Greckhamer, 2016),通过四分位法进行校准,在构念数据由小到大的排列下,将完全隶属校准锚点设定为90%分位点的数值,完全不隶属校准锚点设定为 10% 分位点的数值，交叉点设定为中位数。表 5.1 展示了构念的赋值与校准情况，针对构念赋值，具体阐述如下：

表 5.1　　　　　　　　构念的赋值与校准

概念	赋值	校准锚点
数据价值		
用户绩效	App 用户评分（1~5 分不等）	4.8，4.3，3.7
企业绩效	App 年均活跃用户增长率（%）	41.65，0.99，-0.13
大数据		
体量	App 下载量（亿）	102.11，6.05，0.13
种类	App 请求获取用户信息的种类数	23，19，14
速度	App 自上线以来的年均更新次数	48，29，15.33
商业模式创新		
新颖	研究成员测评打分（5 分制）	4.67，3.6，2.67
效率	研究成员测评打分（5 分制）	4.6，3.53，2.53

（1）数据价值。数据价值是指数据作为新型生产要素，经收集、处理、存储、分析、应用等流程之后为用户及企业带来的绩效收益，包括决策优化、运营改善、体验提升、降本增效等（Grover et al., 2018；Davenport, 2014）。为了使数据价值这一概念更加聚焦和可操作性，本章参考卡帕等（Cappa et al., 2021）、维尔戈斯等（Wielgos et al., 2021），以及普里姆等（2013，2018）的研究，将数据价值划分为用户绩效和企业绩效，其中用户绩效赋值为相应案例的 App 用户评分（1~5 分不等，代表用户满意程度）；企业绩效赋值为相应案例的 App 年均活跃用户增长率（%，对于企业而言，活跃用户数越多，变现潜力就越大）。相关数据来源于安卓市场（截至 2021 年 10 月）。

（2）大数据。大数据是指规模大到在获取、存储、管理、分析等方面远超传统数据库能力范围的数据集合，主要包括海量的数据规模（volume，即体量）、多样的数据类型（variety，即种类）、快速的数据流转（velocity，即速度）等特征（Manyika，2011；Johnson et al.，2017；Simsek et al.，2019）。本章聚焦大数据的"3V"特征，即体量、种类、速度，并且参考卡帕等（2021）的研究，将体量赋值为相应案例的 App 下载量（亿），种类赋值为相应案例 App 请求获取用户信息的种类数，速度赋值为相应案例 App 自上线以来的年均更新次数。相关数据来源于安卓市场（截至 2021 年 10 月）。

（3）商业模式创新。商业模式创新是指企业采用新的逻辑来创造、传递和捕获价值（Casadesus-Masanell and Zhu，2013；Massa et al.，2017；Teece，2018），这一过程会带来商业模式新的属性，包括新颖（novelty）、效率（efficiency）、互补（complementarities）、锁定（lock-in）（Amit and Zott，2001，2015）。本章参考 Zott 和 Amit（2007，2008）的研究，聚焦新颖和效率两大属性，并借鉴他们已开发的成熟量表对其进行评价和赋值（5 分制，1 代表程度非常低，5 代表程度非常高）。具体而言，三名研究成员（包括一名企业管理专业的教授、一名企业管理专业的助理教授，以及一名企业管理专业的博士研究生）通过"背靠背"的方式阅读和理解样本案例材料[①]，并对相应题项进行编码及测评打分，其中每个题项的终分采取三名研究成员打分的平均值，而构念最终的赋值采取相应各个题项终分的平均值。

在效度方面，针对"建构效度"，测评题项均来自已有成熟量表；针对"外部效度"，评分所依据的案例材料来源丰富，并且经过了"三角验证"，具备坚实的证据链；针对"内在效度"，三名研究成员兼具深厚的理论认知和实践洞察，能够较为客观准确地评分。同时，在信度方面，本章采用 SPSS 21.0 软件来检测新颖和效率的 Cronbach's alpha，结果显示均超过 0.7，因此信效度均满足要求。量表题项及信度系数如表 5.2 所示。

[①] 样本案例材料来源于企业官网、数据服务商、媒体报道、书籍文献、财报披露、观察体验、第三方调研报告、高管认可的公开访谈及讲话记录等渠道，收集时间起于 2021 年 6 月，止于 2021 年 10 月，历时 5 个月。

第5章 数据驱动商业模式闭环的组态特征

表 5.2　　　　　　　商业模式创新的量表题项及信度系数

概念	题项	评分	Cronbach's alpha
新颖			0.96
	该商业模式涉及新的参与方	5；4；3；2；1	
	该商业模式通过新方式连接参与方	5；4；3；2；1	
	该商业模式的激励机制是新的	5；4；3；2；1	
	该商业模式提供新的产品及服务	5；4；3；2；1	
	该商业模式包含新的资源及能力	5；4；3；2；1	
效率			0.94
	该商业模式能减少搜寻、库存等交易成本	5；4；3；2；1	
	该商业模式消除了信息不对称性	5；4；3；2；1	
	该商业模式使得交易更加简单快捷	5；4；3；2；1	
	该商业模式精准连接了供求	5；4；3；2；1	
	该商业模式能够快速响应市场变化	5；4；3；2；1	

具体而言，本章借助文本挖掘①和案例调查②的思路及方法进行编码，研究成员首先针对新颖和效率测评题项中的关键词确立编码指标，制定编码规则；然后据此对样本案例大量丰富的文本信息进行针对性挖掘和提炼，实现复杂信息的简单化、数字化，以辅助编码测评，提高信息数字化评级的效率以及信息与数字化评级的一致性；在完成准备工作以及充分理解样本案例材料后，再由研究成员对样本案例新颖和效率的测评题项进行编码打分。例如，佐特和阿米特（2007，2008）、勒帕宁

---

① 文本挖掘（text mining）的主要任务是从海量文本中发现潜在规律和趋势，同时辅助文本内容研究，发现隐藏的结论，帮助解决某些人工难以解决的问题。本章主要依据各概念测度题项的关键词对样本企业文本信息进行针对性挖掘，以辅助编码测评。

② 案例调查（case survey）是在常规的问卷调查法和案例研究法之间搭建起桥梁，利用案例研究中丰富复杂的数据实现大样本调查，具有可复制性，拥有较为清晰的选择标准。本章主要参考 Larsson 确定的案例调查法基本程序，通过"案例样本选择→编制编码手册→多个编码者对案例进行编码→编码获得数据"的分析程序，来实现对各概念程度大小的测评判定。

等（2022）、韩炜等（2021）、杨俊等（2020）也都采用类似的方式测度商业模式创新的新颖和效率属性。下面通过新颖属性下的"该商业模式提供新的产品及服务"，以及效率属性下的"该商业模式使得交易更加简单快捷"两大题项，基于本书作者对美团案例的评分实践，对编码测评规则及过程进行举例说明。

针对"该商业模式提供新的产品及服务"这一题项，本章将产品及服务创新中的社会化价值主张、情感化价值主张、功能化价值主张作为其重要的编码测评依据，分别通过较高、一般、较低三个层级进行测评。若三种价值主张的程度均较高，则评分为5；若有其中两种价值主张的程度较高，则评分为4；若仅有一种价值主张的程度较高或三种价值主张的程度均一般，则评分为3；若三种价值主张的程度均不高且其中一种价值主张的程度较低，则评分为2；若三种价值主张的程度均不高且其中两种以上价值主张的程度较低，则评分为1。在美团案例中：首先，美团创立之初就树立"帮大家吃得更好，生活更好"（We help people eat better, live better.）的企业使命，始终遵循消费者第一，商家第二，美团第三的原则。通过"7天内未消费，无条件退款""消费不满意，美团就免单""过期未消费，一键退款"等搭建"团购无忧"消费者保障体系，免除消费者团购的后顾之忧，提升消费体验，这表明其功能化价值主张较高。其次，美团以餐饮类团购为入口，不断发展电影、酒店、旅游、外卖、出行等垂直领域，并且扩张业务至餐饮、酒旅、综合三大业态，不断拓展和完善"吃喝玩乐"消费场景下的细分业务，以满足更多用户个性化、多元化、场景化的消费需求，这表明其情感化价值主张较高。最后，上市后的美团在新组织架构下通过技术赋能整合并深耕产业链，在为消费端提供更好服务的同时，数字化改造供给侧以提升效率，依托美团交易平台为商家端提供营销、配送、IT系统、金融、供应链、运营等一站式解决方案，从而赋能整个行业的转型升级，这表明其社会化价值主张较高。综上所述，美团案例的社会化价值主张、情感化价值主张、功能化价值主张均较高，故"该商业模式提供新的产品及服务"这一题项评分为5。

针对"该商业模式使得交易更加简单快捷"这一题项,本章将用户界面友好性、交易环节精简性作为其重要的编码测评依据,分别通过较高、一般、较低三个层级进行测评。若用户界面友好性和交易环节精简性均较高,则评分为 5;若用户界面友好性和交易环节精简性中仅一项较高,则评分为 4;若用户界面友好性和交易环节精简性均一般,则评分为 3;若用户界面友好性和交易环节精简性中一项一般一项较低,则评分为 2;若用户界面友好性和交易环节精简性均较低,则评分为 1。在美团案例中:首先,美团 App 除了首页和我的页面,电商和消息页面并没有过多的二级入口,页面简单,并且海量商家优惠也更提高了用户的浏览体验。例如搜索栏默认显示"商铺名+外卖优惠活动"或其他优惠活动,搜索栏旁边显示地理位置和当地天气,方便用户更好地决定消费或出行日期,也不用再点击其他 App,这表明其用户界面友好性较高。其次,以美团目前的核心业务——美团外卖为例,根据用户收货的时间线分为收货前和收货后的两大核心功能区,其中收货前核心功能区包括了点餐、支付和配送,收货后的核心功能则匹配了用户用餐和评价场景下的需求。特别的,对于支付,美团外卖的支付流程为提交订单→支付订单→支付完成,其中在提交订单页面,系统会显示津贴优惠、门店新客优惠、满赠优惠等,整体衔接较为流畅,这表明其交易环节精简性较高。综上,美团的用户界面友好性、交易环节精简性均较高,故"该商业模式使得交易更加简单快捷"这一题项评分为 5。

5.3 分析流程

本章通过 fsQCA 3.0 软件进行了条件必要性分析、条件组态的充分性分析以及稳健性检验。具体阐述如下:

5.3.1 条件的必要性分析

在构建真值表进行条件组态的充分性分析之前,需要进行各个条件对结果的必要性分析（Ragin，2008），其中条件包括大数据的体量、种类、速度，以及商业模式创新的新颖、效率，结果是指数据价值（包括用户绩效和企业绩效，从高和非高两方面分析），必要性分析结果如表5.3所示。一般认为，必要条件的一致性系数需 ≥ 0.9（Fiss，2011；Greckhamer，2016），可见，大数据的速度是高数据价值（包括高用户绩效和高企业绩效）的必要条件，而数据价值的非集（即非高数据价值，包括非高用户绩效和非高企业绩效）中不存在必要条件，但是大数据速度的非集（即非高速度）的一致性系数非常接近0.9，故大数据速度对于能否实现数据价值至关重要，其背后体现出的是大数据分析能力以及AI预测能力。事实上，已有大量研究证实了大数据速度及大数据分析能力对企业绩效的正向促进作用（Johnson et al.，2017；Ghasemaghaei and Calic，2020；Zhang and Xiao，2020），同时，数据网络效应也同样强调AI预测能力对用户价值的核心驱动作用（Gregory et al.，2021，2022）。然而，从集合论和整体论来看，大数据的速度作为必要条件，当没有它时，必定不会产生高数据价值；当有它时，也不一定会产生高数据价值。因此，单独的大数据速度并不能发挥作用，它需要与其他条件共同作用于数据价值，下面将对此进行组态分析。

表 5.3　　　　　　　　　必要性分析的一致性系数

条件	高用户绩效	高企业绩效	非高用户绩效	非高企业绩效
体量	0.62	0.74	0.48	0.45
~体量	0.67	0.65	0.77	0.79
种类	0.74	0.77	0.6	0.6
~种类	0.55	0.58	0.65	0.62
速度	0.9	0.94	0.4	0.43
~速度	0.42	0.43	0.87	0.8
新颖	0.83	0.89	0.5	0.49
~新颖	0.5	0.47	0.77	0.74

续表

条件	高用户绩效	高企业绩效	非高用户绩效	非高企业绩效
效率	0.78	0.88	0.51	0.51
~效率	0.53	0.53	0.75	0.75

注："~"表示某一条件的非集（或不存在）。

5.3.2 条件组态的充分性分析

构建真值表进行充分性分析是 QCA 方法的重点，旨在明确不同条件组态与结果的充分性关系。参照菲斯（2011）和格雷克哈默（2016）的研究，设置原始一致性阈值 ≥ 0.8，PRI 一致性阈值 ≥ 0.75，案例频数阈值为 1。表 5.4a 和表 5.4b 分别展示了高数据价值和非高数据价值的组态结果，可以看出，对于高数据价值，存在 4 个组态，其中 3 个对应高用户绩效，1 个对应高企业绩效；对于非高数据价值，存在 9 个组态，其中 3 个对应非高用户绩效，6 个对应非高企业绩效。组态结果进一步表明数据价值的实现过程是复杂多样的，大数据和商业模式创新之间匹配组态的作用效果和作用程度也不尽相同，同一组态包含多个条件，以及多个组态形成同一个结果正是"多重并发"和"殊途同归"的体现。下面将对此进行详细阐述。

表 5.4a　　　　充分性分析的组态结果（高数据价值）

项目	高用户绩效			高企业绩效
	组态 1a	组态 2a	组态 3a	组态 4a
体量		U	●	●
种类		U	U	
速度	●	●	●	●
新颖	●		●	·
效率	●	●		●
一致性	0.94	0.94	0.91	0.94

续表

项目	高用户绩效			高企业绩效
	组态 1a	组态 2a	组态 3a	组态 4a
原始覆盖度	0.67	0.36	0.31	0.63
唯一覆盖度	0.29	0.02	0.01	0.63
组态标签	体验至上	运营强化	内容为王	规模主导
代表性案例	美团	便利蜂	小红书	拼多多
解的一致性	0.93			0.94
解的覆盖度	0.71			0.63

注：●表示某一条件存在，U 表示某一条件缺席，其中形状较大的表示核心条件，形状较小的表示边缘条件。空格表示某一条件存在或缺席并不影响；各组态中代表性案例的一致性分数均大于 0.5。

表 5.4b　　充分性分析的组态结果（非高数据价值）

项目	非高用户绩效			非高企业绩效					
	组态 1b	组态 2b	组态 3b	组态 4b	组态 5b	组态 6b	组态 7b	组态 8b	组态 9b
体量		U	●		U	U	U		●
种类		U			U	U	U	●	●
速度	U	U	U	U					U
新颖	U		●	U		U		U	●
效率	U		●	U	U			U	●
一致性	0.95	0.95	0.98	0.99	0.97	0.97	0.99	0.96	0.98
原始覆盖度	0.64	0.54	0.29	0.58	0.46	0.45	0.5	0.45	0.22
唯一覆盖度	0.19	0.11	0.05	0.04	0.02	0.01	0.06	0.04	0.02
组态标签				数据 - 业务欠缺					
代表性案例				ofo					
解的一致性	0.95				0.96				
解的覆盖度	0.83				0.86				

注：●表示某一条件存在，U 表示某一条件缺席，其中形状较大的表示核心条件，形状较小的表示边缘条件。空格表示某一条件存在或缺席并不影响；各组态中代表性案例的一致性分数均大于 0.5。

5.3.3 稳健性检验

为避免研究结果的随机性，QCA 常见的稳健性检验方法有：改变一致性阈值、案例频数阈值，或增加其他条件等（张明和杜运周，2019）。本章通过如下两种方式进行稳健性检验：(1) 将原始一致性阈值和 PRI 一致性阈值分别提升至 0.85 和 0.8，组态结果与原始结果保持一致；(2) 将案例频数阈值由 1 提升至 2，得到更加精简的组态结果，但组态模式依旧类似，因此研究结果是稳健的。

5.4 研究发现与命题归纳

基于组态结果，本章重点阐述带来高数据价值的组态，分别将其标签为"体验至上""运营强化""内容为王""规模主导"，它们可视为数据驱动商业模式闭环的组态特征。此外，作为"反面教材"，本章统一将导致非高数据价值的组态标签为"数据-业务欠缺"，以对照和强化研究结论。下面，结合数据网络效应的理论分析以及代表性案例的典型实践，本章将进一步阐述研究发现，并给出相应命题。

5.4.1 体验至上

组态 1a（速度×新颖×效率）被标签为"体验至上"，作为数据驱动商业模式闭环的组态特征之一，"体验至上"是指当大数据能够被快速处理和分析，并且商业模式创新具备新颖和效率两大属性时，数据价值中的高用户绩效才会实现，这一过程强调对用户体验的优化。同时，作为数据驱动商业模式闭环构建过程在整体论层面的深入，"体验至上"旨在提升需求侧的用户体验，故为"闭环启动"阶段的重点。

"体验至上"对应的商业场景为，企业若想通过优化用户体验实现高用户绩效，首先需要具备卓越的大数据分析能力，基于对用户数据的不断整合和实时分析，构建并完善用户画像，从而更好锁定核心目标用户（Kitchens et al., 2018）。同时，根据用户画像的不同特点，有针对性地满足不同用户个性化、场景化的需求，做到"千人千面"甚至"一人千面"，而这背后需要匹配合适的商业模式（王烽权等，2020）。要做到这一点，企业需要在活动体系中引入新的参与方、提供新的产品或服务、构建新的连接及激励机制，并且需要获取或培育新的资源及能力，同时，还要通过降低信息不对称性、便捷化交易、精准对接供求等方式为上述生产经营活动提供有力支撑（Zott and Amit, 2007, 2010）。例如，美团的配送调度系统利用大数据、AI技术实现对配送时间的智能预测，也能帮助商家更好了解用户对餐饮的各项需求，以及建立精准的用户需求画像，从而实现更具个性化的供求对接，这一方面提升了商家坪效，另一方面满足了用户多元化的需求，同时还增加了美团生态的丰富度。

"体验至上"实现数据价值的理论解释如下：根据数据网络效应，每位用户感知到的价值取决于数据驱动的算法学习规模，以及基于AI预测能力实现的产品或服务改善，由此形成用户价值和用户数据之间的良性循环（Gregory et al., 2021；Haftor et al., 2021；Knudsen et al., 2021）。作为数据网络效应理论框架中的一大关键要素，AI能力的预测速度突出了大数据速度的重要性。这意味着，为了提升感知用户价值，AI算法能够通过对用户数据的学习，持续带给用户与其偏好一致的产品或个性化实时体验（Gregory et al., 2021；肖静华等，2020）。这一过程也会促进企业在大数据环境下的商业模式创新，包括新颖和效率两方面，进而触发数据网络效应理论框架中的其他关键要素。具体而言，对于新颖的商业模式，新的参与方（如生态伙伴）、新的连接（如线上线下一体化）、新的机制（如免费增值）、新的提供物（如数字内容）、新的资源（如数据要素），以及新的能力（如大数据分析能力）将被引入现有商业模式活动体系中来（Wang, 2021；Tidhar and Eisenhardt, 2020；Mikalef et al., 2020），进一步触发数据网络效应中用户中心化设计的绩效预期这一关键要素，而绩效预期能够通过帮助用户完成待办事项来提升 AI 能力对感知用户价值的影响（Gregory et al.，2021）。对于效率，大数据的自由流动极大消除了信息不对称性，这不仅能够降低交易成本和交易复杂性，而且使得企业能够对市场变化做出快速响应以及精准匹配供需（Grover et al.，2018；Davenport，2014；Hajli et al.，2020），进一步触发数据网络效应中用户中心化设计的努力预期这一关键要素，而努力预期能够通过增强用户使用的简洁性来提升 AI 能力对感知用户价值的影响（Gregory et al.，2021）。

以"体验至上"为特征的代表性案例为美团（典型例证如表 5.5 所示）[①]。创立于 2010 年 3 月，美团定位于成为一家生活服务领域的 O2O 电商平台，其使命为"帮大家吃得更好，生活更好"。经过 10 余年的发展，美团现在已经是中国最大和最成功的生活服务类平台，市值超过 1.1 万亿港元，在中国互联网公司中排名第三。美团擅长利用数据改善用户体验，基于先进的 AI 算法，其用户界面所展现的产品及服务能够根据用户的地理位置、浏览历史等数据进行实时调整，以满足用户的场景化需求。此外，针对美团的外卖业务，数据驱动的 AI 算法能够筛选出最优配送路径，从而极大缩短了用户的等待时间。更重要的是，美团将其丰富的数据资源和强大的数据能力整合为数字化解决方案提供给行业伙伴，依托美团交易平台为商家端提供营销、配送、IT 系统、金融、供应链、运营等一站式数字化服务，从而在生态层面全方位地提升用户体验。具体而言，上市之后的美团在"Food+Platform"的战略布局下调整组织架构，成立了到店、到家两大事业群，并在新业务侧开辟了为商家提供供应链服务的快驴事业部，以及主打生鲜零售市场的小象事业部

[①] 美团案例资料的主要来源：美团点评IPO招股说明书，美团点评2021年财报，《美团和它的无限游戏》（https：//www.woshipm.com/it/3557371.html），《5000字深度解析美团八大增长战略》（https：//www.woshipm.com/operate/4101926.html），美团官网介绍（https：//www.meituan.com/），《美团王兴 8 年内部演讲：从创业到 IPO 的思考》（https：//www.sohu.com/a/514337695_121119001），美团官网介绍（https：//www.meituan.com/），李志刚：《九败一胜 美团创始人王兴创业十年》，北京联合出版公司，2014。

（后调整为美团优选），同时新设用户平台、LBS 平台，其中用户平台负责获客、用户增长等，LBS 平台负责与 LBS 相关职能和业务的建设和开发。新组织架构下的美团通过技术赋能整合并深耕产业链，在为消费端提供更好服务的同时，数字化改造供给侧以提升效率。截至 2021 年 10 月，美团已经发展出大量多元化业务（包括餐饮、住宿、娱乐、旅游、出行、社区团购等），但其核心始终聚焦于满足用户在"吃喝玩乐"各个场景下的场景化需求，正如美团的创始人兼 CEO 王兴所言："'吃'会是我们的核心业务，最重点的品类。我们在'吃'上将持续投入，不断往深了做，往产业链上游做，把价值链打通……美团想要成为服务业的亚马逊。"

表 5.5　　"体验至上"组态特征的典型例证（美团）

前因条件	前因条件组态的典型例证	数据价值	数据价值的典型例证
速度	• 美团拥有超过 1000 名工程师在从事大数据和 AI 方面的工作，已将科技创新应用于后厨监控、仓储温控、智能取餐、实时调度、无人配送等场景	高用户绩效	• 美团依托技术变革为用户聚拢一站式生活服务，让用户在一个界面就能实现绝大多数生活需求，为用户带来全新的生活方式
新颖	• 美团对传统团购模式进行了改进，不断拓展和完善"吃喝玩乐"消费场景下的细分业务，提供给消费者更多选择		• 美团利用自己对生活服务的理解为商家定制全套服务方案，涵盖开店、引流、经营和营销，提升商家效率
效率	• 美团通过技术赋能整合并深耕产业链，在为消费端提供更好服务的同时，数字化改造供给侧以提升效率		

综上，得到如下命题：

命题 1："体验至上"作为数据驱动商业模式闭环的组态特征之一，其组态构成兼顾大数据的速度，以及商业模式的新颖性和效率性，核心为通过触发数据网络效应的关键要素，从而优化用户体验，实现数据价值中的高用户绩效。

5.4.2 运营强化

组态 2a（~体量 × ~种类 × 速度 × 效率）被标签为"运营强化"，作为数据驱动商业模式闭环的组态特征之一，"运营强化"是指当大数据能够被快速处理和分析，并且商业模式创新具备效率属性时，即使大数据的体量和种类并不高，数据价值中的高用户绩效也会实现，这一过程强调对企业运营的重视。同时，作为数据驱动商业模式闭环构建过程在整体论层面的深入，"运营强化"旨在提升供求连接及交互的效率，故为"闭环扩容"阶段的重点。

"运营强化"对应的商业场景为，大数据等数字技术对商业活动的经营环境（包括时间、空间、连接）、主体行为（包括企业和用户）、产品（包括智能化和连接性）及其创造过程产生了深远影响。伴随着数字化程度及数据能力的不断提高，企业的运营变革得到了进一步赋能和加速，运营效率得到了极大提升。这些变革包括需求预测、产品设计、定价与库存管理、供应链管理等关键环节（陈剑等，2020；张明超等，2021；穆胜和娄珺，2015）。例如，便利蜂自创立之初就采用了智慧决策及数据驱动的运营模式，构建了基于人工智能的仓管平台，该平台具有多项功能，包括自动排班、销量预测、活动预测、自动订货、库存管理、店铺财务管理等，我们还基于统一大数据平台，开发了覆盖全流程的信息化系统，包括财务系统、物流管理系统、单车管理系统等。并且，便利蜂系统的中央大脑驱动所连接的一切，只需要改变算法，供应链、店铺就会随着数学模型指示的变化展开，这使得精准、快速体现在便利蜂运营的方方面面。

"运营强化"实现数据价值的理论解释如下：根据数据网络效应，AI 能力的预测速度正向影响感知用户价值（Gregory et al.，2021），这要求大数据的速度和商业模式的效率性共同作用，两者形成合力以强化企业运营水平，通过内外兼修的方式弥补数据资源上的不足。具体而言，数据价值的实现需要经过数据价值链的传导（许宪春等，2022；

Grover et al., 2018），在数据价值链中，数据的收集、清洗、存储、分析和应用应该形成闭环，数据在闭环中转动的速度越快，数据价值也就产生得越多（Manyika et al., 2011；Mikalef et al., 2020；McAfee and Brynjolfsson, 2012），在数据体量和种类缺乏的情况下，唯有提升数据周转率，让数据更快速和更高效地流动起来，才能获取足够的数据价值。同时，数据的高速流动进一步消除了信息不对称性，带来组织运行的高效、交易成本的降低以及交易流程的简化，从而增强商业模式的效率性，由此触发用户中心化设计的努力预期这一数据网络效应的关键要素：一方面，企业内部的数据连接使得不同部门之间的协调沟通更加顺畅（Davenport, 2014；Merendino et al., 2018；Manyika et al., 2011），并通过组织敏捷性来应对市场变化（Hajli et al., 2020；Ghezzi and Cavallo, 2020）；另一方面，当数据能够被便捷访问并及时处理时，交易成本（如搜寻、库存、营销、沟通等）会随之降低，交易流程也会极大简化，从而带来产品及服务使用的增加，以及用户体验的提升（Holmlund et al., 2020；Grover et al., 2018；Davenport, 2014）。可见，大数据的速度配合商业模式的效率性，对应于数据网络效应中预测速度和努力预期两大关键要素，通过提升数据周转率以及交易效率等运营强化举措弥补数据资源上的不足，进而对感知用户价值产生正向影响。

以"运营强化"为特征的代表性案例为便利蜂（典型例证如表 5.6 所示）[①]。创立于 2016 年 12 月，便利蜂是一家以新型便利店为主体的科

---

① 便利蜂案例资料的主要来源：《实体经济数字化转型已具较好基础，便利蜂将持续提升数字供应链》（https://tech.cnr.cn/techph/20221101/t20221101_526048284.shtml），《浅聊便利蜂》（https://zhuanlan.zhihu.com/p/617613126），《重读便利蜂》（https://news.qq.com/rain/a/20220627A0AYA000），《专访便利蜂王紫：坚定数字化决策，万店计划不变》（https://t.cj.sina.com.cn/articles/view/1722801042/66afdb9200101cdse），《便利蜂：大数据驱动高效的管理模式》（https://www.shangyexinzhi.com/article/3077020.html），《便利蜂创始人数字化经验分享：如何用全链路数字化重塑零售业》（https://www.163.com/dy/article/H2ANO2L40538QQXU.html），便利蜂官网介绍（https://www.bianlifeng.com/）。

技创新零售企业，公司以科技为核心驱动运营，为消费者提供优质、健康、安心的产品和高效、便捷、满意的服务。便利蜂采用"数字化管理"技术，解决了传统便利店人力成本过高和房租成本过高的问题，"更低的人力成本、更快的扩张速度、更标准化的店铺运营"是便利蜂的核心竞争力。具体而言，便利蜂内部管理崇尚所有业务SOP（标准作业程序）化，公司更多依靠系统运行而不是依靠具体的人，这样做的好处在于：一方面，便利蜂通过智能订货系统、大数据选品系统、自助收银系统、动态定价系统等算法驱动的程序，直接把门店员工从订货、选品、收银等琐碎工作中解放出来，可以整体将门店店员减少1~2人。同时，便利蜂用5天时间就能完成对一个店员的培训，一个店长基本上培训6个月后也完全可以胜任，而这一时间在7-11是3年。以7-11、全家、罗森为代表的日系便利店，更多是依靠人进行精细化管理，人才的培养成本较高，不能支撑它们进行快速扩张。另一方面，便利蜂的所有决策都是由数据和算法来制定，业务链条上的所有员工，要全部按照软件的提示来执行。依靠大数据或者算法去制定决策，避免了传统依靠人传递信息时，带来的误差和方向的改变，也使得便利蜂的标准化程度更高。数据和算法是便利蜂经营、扩店的基础，相关数据显示，三大日系便利店巨头7-11、全家、罗森，在中国大陆开出2000家店，分别用了15年、16年和23年时间，而便利蜂仅用了3年。对此，便利蜂的创始人庄辰超坦言："表面上看，便利蜂是一家连锁便利店，其实我们是一家数据科技公司……在生产、运输、销售、服务等各个环节，'数字化'均已深入到便利蜂的发展'基因'。在数字化技术方面，我们在门店运营环节就投入了自助收银系统、动态促销系统等，不少消费者反馈说这些为他们节省了购物时间，提升了购物的便捷度。不仅如此，为给消费者营造整洁的购物环境，商品陈列系统可以自动帮助店员实现最优货物摆放，在店员完成操作后，我们还可以实现排面图像和系统陈列图的自动对比审查。"

表 5.6　　　"运营强化"组态特征的典型例证（便利蜂）

前因条件	前因条件组态的典型例证	数据价值	数据价值的典型例证
~体量 ~种类 速度 效率	• 便利蜂以新一代信息技术为支撑，拥有核心技术团队，以科技为核心驱动运营，利用前沿技术革新零售，解决种种消费痛点，为消费者提供优质、健康、安心的产品和高效、便捷、满意的服务 • "机器需要承担大部分重复、简单的工作，来把人力解脱出来去做更高维度的思考……把货品分析、结算等功能性系统研发的更加及时、准确、敏捷，并把人员培训得更会利用系统数据进行分析、判断与决策，做到科技与个性的充分结合，是便利蜂甚至未来连锁便利店的竞争核心所在。"	高用户绩效	• 便利蜂以"品质生活，便利中国"为己任，怀抱"小小幸福，在你身边"的初心，为中国消费者提供优质、健康、安心的产品和高效、便捷、满意的服务 • 便利蜂已经不满足于仅仅扮演快消品牌的销售渠道，而是通过一系列运营手段主动制造人气爆款，拉近与年轻人之间的距离，例如通过打造"季节限定"IP的方式为自身树立品牌认知

注："~"表示某一条件的非集（或不存在）。

综上，得到如下命题：

命题 2："运营强化"作为数据驱动商业模式闭环的组态特征之一，其组态构成兼顾大数据的速度，以及商业模式的效率性（大数据的体量和种类缺失），核心为通过触发数据网络效应的关键要素，从而强化企业运营实现数据价值中的高用户绩效。

5.4.3　内容为王

组态 3a（体量×~种类×速度×新颖）被标签为"内容为王"，作为数据驱动商业模式闭环的组态特征之一，"内容为王"是指当具有足够体量的大数据能够被快速处理和分析，并且商业模式创新具备新颖属性时，即使大数据的种类并不高，数据价值中的高用户绩效也会实现，这一过程强调对数字内容的布局。同时，作为数据驱动商业模式闭环构建过程在整体论层面的深入，"内容为王"旨在通过数字内容丰富用户感官和提升用户体验，故为"闭环启动"阶段的重点。

"内容为王"对应的商业场景为，企业通过布局以图文、音频、视频等为存在形式，涉及资讯、娱乐等领域的海量数字内容，包括用户生成内容（user generated content，UGC）、专业生成内容（professional generated content，PGC）等多种内容创作方式，并以公域流量、私域流量、组域流量等用户交互空间为载体，基于智能算法的个性化推荐等渠道，实现在降低用户的信息接受门槛的同时，更好满足用户猎奇、种草、求知等的个性化、场景化需求，从而达成内容生态的多方共赢（王烽权和江积海，2021；Subramanian et al.，2021）。例如，小红书作为用户分享真实生活的社区内容平台，在推荐、搜索和内容理解三个主要场景上，都大量应用了大数据和人工智能技术，将社区中的内容精准匹配给对它感兴趣的用户，从而提升用户体验。同时，小红书基于数据选品，通过对用户的浏览、点赞和收藏等行为所产生数据的分析，精准识别用户需求，保证其电商所采购的产品是用户喜爱的，并通过大数据挖掘分析、算法迭代等技术驱动品牌和用户的连接与共创。

"内容为王"实现数据价值的理论解释如下：根据数据网络效应，AI能力（包括预测速度和预测精准度）能够促进用户感知价值，并且数据管理中的数据数量和用户中心化设计中的绩效预期能够强化这一关系（Gregory et al.，2021），这要求大数据的体量和速度，以及商业模式的新颖性之间形成有机结合。一方面，大数据的速度代表其分析能力，背后是AI算法的支撑，而AI算法的优化和AI能力的提升需要有一定体量的数据集来训练（Brock and Von Wangenheim，2019；Sjödin et al.，2021）；另一方面，AI能力"巧妇难为无米之炊"，需要与特定载体结合以提升用户价值，而商业模式的新颖性能够带来新的交易内容、结构和治理（Amit and Zott，2001），在帮助用户更好完成待办事项、提升其需求满足度的同时，AI能力对用户价值的提升路径也得以落地（Olabode et al.，2022；Burstrm et al.，2021；Wiener et al.，2020）。具体而言，基于数据价值链，只有当数据（或信息）被及时提炼和转化为智慧（或知识）时，数据价值才能被挖掘出来（Davenport，2014；Simsek et al.，2019）。此时具有较高价值密度的数据能够促进商业模式新颖性的提升，其在交易内容层面表现最为明显，并且除了对传统产品及服务的革新外，布局与产品及服务有关的数字内容显得更为重要，这是因为：首先，数字内容对用户而言的可获得性更强，并且决定了他们的支付意愿（Subramanian et al.，2021）；其次，数字内容为用户提供了交流互动的平台，能够促进用户留存、转化，提升用户忠诚（王烽权和江积海，2021；Holmlund et al.，2020）；最后，基于个性化推荐，用户通常能够轻易访问到自身感兴趣的内容，从而改善了用户体验（Grigorios et al.，2022；王烽权等，2020）。可见，布局数字内容对大数据的体量和速度，以及商业模式的新颖性均有一定要求，才能激发出数据网络效应，这也是数字经济时代下提升用户价值的必经之路。

以"内容为王"为特征的代表性案例为小红书（典型例证如表5.7所示）[①]。创立于2013年6月，小红书是年轻人的生活方式平台，以"Inspire Lives 分享和发现世界的精彩"为使命，用户可以通过短视频、图文等形式记录生活点滴，分享生活方式，并基于兴趣形成互动。截

[①] 小红书案例资料的主要来源：《小红书创始人瞿芳：现在的我们就像个金矿，很多人想来挖》（https：//zhuanlan.zhihu.com/p/94717441），《独家对话小红书：我们没有裁员，反倒在不断招人》（https：//www.jiemian.com/article/2967836.html），《专访小红书CMO之恒：新消费环境下，品牌如何掌握"种草逻辑"》（https：//www.cbndata.com/information/209012），《专访小红书副总裁：从海量内容中排除"风险"》（https：//www.163.com/dy/article/J5KSAUBF0514D9AO.html），《分分钟被"种草"的小红书，"流量密码"是什么？专访小红书副总裁许磊》（https：//news.qq.com/rain/a/20231110A03COE00），《内容与商业走向平衡，小红书引领生活方式新生态》（https：//www.sohu.com/a/902605447_115396），《1800亿的小红书放手一搏》（https：//wallstreetcn.com/articles/3748769），小红书官网介绍（https：//www.xiaohongshu.com/explore?language=zh-CN）。

至 2021 年 10 月，小红书月活跃用户数已超 2 亿人，其中 72% 用户是"90 后"，并持续快速增长。小红书包括两个主要模块，其一是内容社区，用户可在小红书分享美妆、个护、运动、家居、旅行、酒店、餐馆等信息，涉及了消费经验和生活方式的方方面面，并且小红书通过大数据和人工智能，将社区中的内容精准匹配给对它感兴趣的用户，从而提升用户体验；其二是产品电商，小红书基于已累积的海外购物数据，分析出最受欢迎的商品及全球购物趋势，并在此基础上把全世界的好东西，以最短的路径、最简洁的方式提供给用户，其独特性在于口碑营销以及结构化数据下的选品。具体而言，小红书有一个真实用户口碑分享的社区，社区中积累了大量的消费类口碑，用户在这个平台上可以发现和分享全世界的好东西。同时，用户的浏览、点赞和收藏等行为，会产生大量底层数据，通过这些数据，小红书可以精准地分析出用户的需求，保证所采购的商品是深受用户推崇的。正如小红书的创始人瞿芳以及技术负责人张雷所言："未来将会有更多品牌与用户共创产生，内容平台将在其中扮演重要角色……小红书好比一座虚拟的城市，是生活方方面面在线化的体现，而 AI 技术正是这座虚拟城市的基础设施，是'水电煤'……小红书正在利用人工智能和大数据分析等技术，为品牌提供更多线上就能体验和分享的新场景，在推荐、搜索和内容理解三个主要场景上，都大量应用了人工智能技术……小红书通过人工智能、大数据挖掘分析，算法迭代等技术驱动正在为品牌、关键意见消费者（KOC）和用户的连接与共创提供新场景。"

综上，得到如下命题：

命题 3："内容为王"作为数据驱动商业模式闭环的组态特征之一，其组态构成兼顾大数据的体量和速度，以及商业模式的新颖性（大数据的种类缺失），核心为通过触发数据网络效应的关键要素，从而布局数字内容实现数据价值中的高用户绩效。

表 5.7　　　"内容为王"组态特征的典型例证（小红书）

前因条件	前因条件组态的典型例证	数据价值	数据价值的典型例证
体量	• 小红书社区目前内容覆盖时尚、个护、彩妆、美食、旅行、娱乐、读书、健身、母婴等生活领域，每天产生超过 70 亿次的笔记曝光，其中 95% 为 UGC 内容。	高用户绩效	• 小红书不断为用户和零售业品牌创造有温度的交流互动线上场景；不断提升零售业品牌找到用户和被用户发现的效率，不断帮助国内新一代年轻人发现更多有温度的新品牌和向往的生活方式。 • 小红书通过打造社区高效连接起品牌方与消费者，为消费决策提供参考依据，提升用户购买意愿，实现多方共赢。
~种类	• 小红书通过机器学习对海量信息和人进行精准、高效匹配。小红书的社区中积累了大量的消费类口碑，同时用户的浏览、点赞和收藏等行为，会产生大量底层数据。通过这些数据，小红书可以精准地分析出用户的需求，保证采购的商品是深受用户推崇的。		
速度	• 小红书作为一个生活方式社区，其最大独特性就在于，小红书用户发布的内容都来自真实生活，一个分享用户必须具备丰富的生活和消费经验，才能有内容在小红书分享，继而吸引粉丝关注。		
新颖			

注："~"表示某一条件的非集（或不存在）。

5.4.4　规模主导

组态 4a（体量 × 速度 × 新颖 × 效率）被标签为"规模主导"，作为数据驱动商业模式闭环的组态特征之一，"规模主导"是指当具有足够体量的大数据能够被快速处理和分析，并且商业模式创新具备新颖和效率属性时，数据价值中的高企业绩效才会实现，这一过程强调用户规模的扩张。同时，作为数据驱动商业模式闭环构建过程在整体论层面的深入，"规模主导"旨在通过大数据技术实现供求两侧的规模经济，故为"闭环加固"阶段的重点。

"规模主导"对应的商业场景为，与"体验至上"（组态 1a：速度 × 新颖 × 效率）相比，"规模主导"拥有更多数据体量，这表明，规模经济仍然是数字经济时代下企业获取竞争优势的重要来源，包括供给侧规模经济和需求侧规模经济。当数据作为新型生产要素时，供给侧规模经济主要表现为数据赋能员工生产效率和机器生产效率的提升，而需求侧规模经济则主要表现为数据网络效应，即当企业能够通过数字技术获得大量用户数据时，便可利用数据网络效应及时、准确地优化产品及服务，以此获得竞争优势（魏江等，2022；Gregory et al.，2021，2022）。例如，拼多多作为中国第二大电商平台（就活跃用户数而言），基于"分布式 AI"技术为电商行业开创了差异化、个性化的路径，以满足用户不断演化的深层次、多样性的需求，并通过加强深度学习模型和个性化推荐算法挖掘出用户与用户、用户与商品，以及商品与商品之间的关联规律，从而实现精准推送和高成交率。

"规模主导"实现数据价值的理论解释如下：根据数据网络效应，数据体量的增加能够显著提升 AI 能力的预测精准度，同时，配合大数据的速度所带来 AI 能力的预测速度、商业模式的新颖性所带来用户中心化设计的绩效预期，以及商业模式的效率性所带来用户中心化设计的努力预期，使得感知用户价值被极大促进，进而带来企业变现的更多可能（Gregory et al.，2021；Knudsen et al.，2021）。具体而言，企业所拥有的更多数据体量意味着更庞大的用户规模或更频繁的用户使用，这恰好是数字经济时代下互联网企业的独特竞争优势，因为对于这些企业而言，为了在发展初期获得融资，并在市场上占据一席之地，增长（尤其是用户规模增长）非常重要（Ghezzi and Cavallo，2020），一旦建立了用户规模优势，企业便可寻求多元化的方式来变现（如广告、订阅、免费增值等），以及通过供给及需求双边的规模经济来降本增效（魏江等，2022；Tidhar and Eisenhardt，2020；Johnson et al.，2017；Huotari and Ritala，2021；Subramanian et al.，2021），这背后不仅要求企业具备大数据分析能力以实时处理海量数据，而且还需要商业模式的新颖性和效率性作为支撑（Haftor et al.，2021）：一方面，新颖性确保了产品、服务及内容等提供物是新的，这有助于在用户心智中形成差异化的定位，同时，新颖性确保了用户关系、关键伙伴、渠道通路等利益相关者之间的连接方式是新的，这有助于打破阻碍交易的瓶颈；另一方面，效率性通过增加收入来源（包括主营业务收入和多元化业务收入），以及优化成本结构（包括固定成本和可变成本）增强价值捕获，这使得企业的商业模式更具经济可行性（Zott and Amit，2007，2008；Knudsen et al.，2021）。

以"规模主导"为特征的代表性案例为拼多多（典型例证如表5.8所示）[①]。创立于2015年9月，拼多多是一家致力于为最广大用户提供物有所值商品和有趣互动购物体验的新电商平台，经过近7年的发展，拼多多已汇聚8.499亿平台年度活跃用户数和860万商家数，平台年交易额（GMV）突破24410亿元，并已连续三个季度盈利，迅速发展成为中国第二大电商平台（就活跃买家数而言），成功跻身中国第五大互联网公司（市值反超百度，直追京东）。拼多多快速成长的背后，AI、大数据等数字技术的支撑功不可没，作为新电商开创者，拼多多致力于以创新的消费体验，将"多实惠"和"多乐趣"融合起来为最广大用户创造持久的价值。具体而言，拼多多新电商是一个将网络虚拟空间和现实世界紧密融合在一起的多维空间，一个由分布式智能代理网络驱动的"Costco"和"Disney"的结合体。互联网解决的已经不只是效率问题，拼多多在提供超高性价比的同时，将乐趣融入每个购物环节。通过与全球多家科研机构达成合作，共同推进分布式AI技术的发展，拼多多之所以能够成为基于AI算法的新型电商，是因为彻底改变了以往搜索型的电商逻辑，其创始人黄峥也坦言："基于分布式AI技术，拼多多为电商行业开创了差异化、个性化的路径。随着越来越多的用户加入该网络

---

① 拼多多案例资料的主要来源：拼多多IPO招股说明书，拼多多2022年财报，《财经专访拼多多黄峥：依靠最广大人群成长起来，要承担更多社会责任》（https：//t.cj.sina.com.cn/articles/view/1261885302/4b36d776001008yn3?finpagefr=p_104_js）,《李善友：反思拼多多，为什么是黄峥？》（https：//www.sohu.com/a/259457409_115035）,《拼多多创始人黄峥自述+演讲+采访稿汇总》（https：//www.woshipm.com/it/5722492.html）,《专访陈磊：拼多多将一件事情做到了极致》（https：//www.thepaper.cn/newsDetail_forward_11813041）,《拼多多创始人黄峥谈拼多多模式的成长、发展与未来》（https：//www.bilibili.com/video/BV147411y7AQ/?vd_source=6ee1a6f5f4d34794657e3e92c0cdbe7e）,拼多多官网介绍（https：//www.pinduoduo.com/）。

第 5 章 数据驱动商业模式闭环的组态特征

以及日均活跃度的提升,拼多多正持续优化 AI 引擎,以满足用户不断演化的深层次、多样性的需求。"进一步,作为新电商平台,拼多多改变了"人找货"式的搜索逻辑,采取"货找人"式的场景匹配逻辑,正如黄峥所言,"拼多多是错位竞争,争夺的是用户的不同场景。"故在拼多多 App 里,搜索按钮并不显眼,更主要是由大数据和深度学习模型了解其场景化需求,从而进行个性化匹配和推荐,以提升用户的购物体验,实现自身快速成长壮大。

表 5.8 "规模主导"组态特征的典型例证(拼多多)

前因条件	前因条件组态的典型例证	数据价值	数据价值的典型例证
体量	• "基于分布式 AI 技术,拼多多为电商行业开创了差异化、个性化的路径。随着越来越多的用户加入该网络以及日均活跃度的提升,拼多多正持续优化 AI 引擎,以满足用户不断演化的深层次、多样性的需求。"	高企业绩效	• 经过近 7 年的发展,拼多多已汇聚 8.499 亿平台年度活跃用户数和 860 万商家数,平台年交易额(GMV)突破 24410 亿元,并已连续三个季度盈利,迅速发展成为中国第二大电商平台(就活跃买家数而言),成功跻身中国第五大互联网公司(市值反超百度,直追京东)
速度	• "分布式 AI"能够帮助人以群分的消费群,以更加便捷的方式互相学习、降低决策成本、提高交易效率,并通过加强深度学习模型和个性化推荐算法,把用户、商品、浏览等行为数据化为机器能理解的语言,然后挖掘出用户与用户、用户与商品、商品与商品之间的关联规律,从而实现精准推送和高成交率		
新颖	• 拼多多致力于为最广大用户提供有趣互动的购物体验和物有所值的商品,将分享和娱乐的理念融入电商运营中,使得"多实惠,多乐趣"成为消费主流——用户发起邀请,然后通过社交渠道与亲朋好友等人群拼单成功后,以更低价格买到优质商品		• "中国电商业内之前长期关注的是'如何让上海人过上巴黎的生活',而数量更加广大的中小城市或者乡村的需求却被忽略,让他们过上大城市的生活其实是另一种'消费升级'。"
效率			

综上，得到如下命题：

命题 4："规模主导"作为数据驱动商业模式闭环的组态特征之一，其组态构成兼顾大数据的体量和速度，以及商业模式的新颖性和效率性，核心为通过触发数据网络效应的关键要素，从而扩大用户规模实现数据价值中的高企业绩效。

5.4.5 数据—业务欠缺

作为"反面教材"式的对照，组态 1b~9b 被统一标签为"数据—业务欠缺"，因为它们普遍在大数据或商业模式创新上存在缺失（特别是大数据的速度），即没能形成数据驱动商业模式闭环，从而导致非高数据价值。

上述对照组态表明，大数据和商业模式创新之间必须达成协同，任一方的缺失都将难以实现数据价值（Haftor et al., 2021; Knudsen et al., 2021; Davenport, 2014）。先前研究也有提及类似观点，例如，Chesbrough 和 Rosenbloom（2002）就曾强调商业模式对于技术创新的重要性，认为商业模式能够解锁并释放技术创新的潜在价值。进一步，在数据网络效应中，大数据作为一种新兴数字技术，其和商业模式创新之间的协同效应更是得到了充分展现（Gregory et al., 2021; Knudsen et al., 2021）。具体而言，大数据技术能够带来用户感知价值，可将这一关系解构为 AI 能力（包括预测速度和预测精准度）的核心效应，以及数据管理（包括数据数量和数据质量）、用户中心化设计（包括绩效预期和努力预期）等的正向调节效应，其中，AI 能力和数据管理构成了大数据技术（预测速度主要对应大数据的速度，数据数量主要对应大数据的体量和种类），而用户中心化设计主要体现为商业模式创新（绩效预期主要对应商业模式的新颖性，努力预期主要对应商业模式的效率性）。在"数据—业务欠缺"型组态中，由于大数据的速度普遍缺失，导致 AI 能力提升感知用户价值的主效应缺失，尽管其他要素零星存在，但数据网络效应依旧难以维系，从而导致非高数据价值。

以"数据—业务欠缺"为特征的代表性案例为ofo[①]。创立于2014年3月，ofo旨在成为全球领先倡导绿色出行理念的无桩共享单车平台，用户可通过手机解锁自行车，享受随时随地有车骑的共享出行服务，从而让人们在全世界的每一个角落都可以通过ofo解锁自行车，满足短途代步的需求。2016年11月之前，ofo在校园创业阶段曾获得较大成功，向全国20多个城市的200多所高校做了推广，在校园里积累了80万用户，日均订单达到20万单，周活跃用户数接近400万人，且用户的品牌满意度稳居行业首位，雄霸共享单车企业第一梯队，部分校园市场已经进入了盈利状态。2016年11月之后，ofo开始进军城市，并扩张至海外市场，为了迅速占领市场，击垮竞争对手，在资本的助推下，ofo打起了疯狂造车和烧钱补贴的攻城战，忽视了对产品的数字化打造和用户体验的优化，以及对自身"造血能力"的培育。待资本和市场冷却后，ofo面临巨大资金压力，被迫收缩业务，并激进地探索商业化。2018年10月起，ofo用户退押金出现困难，面对巨额押金和供应商欠款，深陷资金困境的ofo没能挽回局面，最终沦为资本的"弃子"。2020年1月，ofo创始人戴威退出法定代表人、执行董事和经理一职，据IT桔子调查，ofo于2020年10月正式破产倒闭，超过1600万用户的押金至今未还。

综上，得到如下命题：

命题5："数据—业务欠缺"作为数据驱动商业模式闭环组态特征的"反面教材"，由于在大数据或商业模式创新上存在缺失（特别是大数据的速度），使得数据网络效应难以触发，从而导致非高数据价值。

[①] ofo案例资料的主要来源：《ofo的昨天、今天和明天》（https：//www.huxiu.com/article/275320.html），陈爱民：《共享单车》，广东人民出版社，2017，《ofo激进商业化：视频广告175万一天，公众号48万一条》（https：//www.huxiu.com/article/273917.html），《戴威和ofo宁愿跪着也要活下去》（https：//www.huxiu.com/article/273996.html），《Q3死亡公司盘点：从人间蒸发的ofo，到资产万亿的老牌集团》（https：//www.huxiu.com/article/387415.html），《没有结局，就是ofo的结局》（https：//news.qq.com/rain/a/20200827A0Q2RB00），《ofo的终章》（https：//www.woshipm.com/it/1563918.html）。

5.5 实践启示

基于数据驱动商业模式闭环组态特征的组态分析结果，本章给出如下实践启示：

首先，结合大数据技术和商业模式创新，寻求数据和业务之间的协同。企业应通过自主研发、外包或引进的方式发展自身的大数据技术，包括对大数据体量、种类和速度等关键特征的部署，它们相辅相成，其中大数据速度代表企业的大数据分析能力，是大数据技术的核心力量。同时，企业应积极进行商业模式创新来释放大数据技术的潜在价值，此过程强调对商业模式新颖性、效率性等关键属性的培育，从而达成数据和业务之间的协同，实现数据价值的最大化。具体而言，企业可借鉴和利用中台架构实现数据和业务的协同，包括业务中台和数据中台，其中业务中台通过业务场景覆盖、用户触点汇集、交易处理支持、数据高效生成等方式使得一切业务数据化，其本质为在数据产生的源头提升数据质量并将数据规范，为数据接入数据中台打下基础；数据中台通过全域数据存储、数据萃取、数据处理、面向场景算法迭代等方式使得一切数据业务化，其目的在于构建企业的数据链路闭环，沉淀数据能力。

其次，通过体验、运营、内容等多种方式，提升用户绩效。在数据和业务协同的基础上，企业应通过优化用户体验、强化生产运营、丰富数字内容等举措，提高用户满意度，从而实现用户绩效。具体而言，为了提升用户绩效，当大数据能够被快速处理和分析，并且商业模式创新具备新颖和效率两大属性时，企业应聚焦用户体验的优化，例如，美团擅长利用数据改善用户体验，基于先进的 AI 算法发展出大量多元化业务（包括餐饮、住宿、娱乐、旅行、社区团购等），其核心是满足用户"吃喝玩乐"的场景化需求；当大数据能够被快速处理和分析，但其体量和种类并不高，并且商业模式创新具备效率属性时，企业应聚焦生产运营的强化，例如，便利蜂用"数字化管理"去解决传统便利店人力成本和房租成本过高的问题，使得数据和算法成为其经营、扩店的基础，从而带来"更低的人力成本、更快的扩张速度、更标准化的店铺运营"的核心竞争力；当具有足够体量的大数据能够被快速处理和分析，但其种类并不高，并且商业模式创新具备新颖属性时，企业应聚焦数字内容的丰富，例如，小红书将内容社区和产品电商结合，通过大数据和人工智能，将社区中的大量消费类口碑内容精准匹配给对它感兴趣的用户，用户在这个平台上可以发现和分享全世界的好东西，从而提升用户体验。

最后，扩大用户规模，增强企业绩效。在实现用户绩效的基础上，企业应考虑扩大用户规模、扩充用户数据，实现对用户画像的进一步完善，从而更加精准地洞察用户需求，并寻求多元化的变现方式，以实现企业绩效。具体而言，当拥有足够多的用户时，一方面，用户数据及相应数据能力成为企业的重要资产，在数据权属清晰且合法合规的情况下，企业可通过向行业及合作伙伴输出能力或解决方案的形式，获取数据带来的直接效益；另一方面，海量用户意味着更多的流量变现可能，企业可通过商业广告、内容付费、免费增值等方式，获取数据带来的间接效益。例如，拼多多致力于以创新的消费体验，将"多实惠"和"多乐趣"融合起来为最广大用户创造持久的价值，其 App 中的搜索按钮并不显眼，更主要是由大数据和深度学习模型了解用户场景化需求，从而进行个性化匹配和推荐，以提升用户的购物体验，实现自身快速成长壮大及规模化盈利。

5.6 本章小结

本章借助组态分析方法，将大数据（体量、种类、速度）匹配商业模式创新（新颖、效率）带来高数据价值（用户绩效、企业绩效）的组态视为数据驱动商业模式闭环的组态特征，同时将导致非高数据价值的组态视为数据驱动商业模式闭环组态特征的"反面教材"，并通过数据网络效应理论和代表性案例实践阐明其背后的机理，从而揭开了数据驱动商业模式闭环组态特征的"面纱"。研究结论可归纳如表 5.9 所示，具体而言：

表 5.9　　　　数据驱动商业模式闭环的组态特征总结

特征标签	条件组态	数据价值	数据网络效应触发要素
体验至上	速度×新颖×效率	高用户绩效	AI 能力的预测速度、用户中心化设计的绩效预期和努力预期
运营强化	~体量×~种类×速度×效率	高用户绩效	AI 能力的预测速度、用户中心化设计的努力预期
内容为王	体量×~种类×速度×新颖	高用户绩效	AI 能力的预测速度和预测精准度、数据管理的数据数量、用户中心化设计的绩效预期
规模主导	体量×速度×新颖×效率	高企业绩效	AI 能力的预测速度和预测精准度、数据管理的数据数量、用户中心化设计的绩效预期和努力预期
数据—业务欠缺	大数据（尤其是速度）或商业模式创新缺失	非高数据价值	无或不明显

注："~"表示某一条件的非集（或不存在）。

（1）带来高数据价值的组态有 4 类，可将其视为数据驱动商业模式闭环的组态特征，其中包括：3 类高用户绩效组态，分别将其标签为"体验至上""运营强化""内容为王"；1 类高企业绩效组态，将其标签为"规模主导"。同时，导致非高数据价值的组态有 9 类，统一将其标签为"数据—业务欠缺"，作为对照，它们是数据驱动商业模式闭环组态特征的"反面教材"。

（2）"体验至上""运营强化""内容为王""规模主导"之所以能够带来高数据价值，是因为它们触发了数据网络效应中的关键要素，其中以 AI 能力的预测速度和预测精准度最为核心，在本章研究框架中，则主要对应于大数据的预测速度。同时，作为必要条件，大数据的速度对于实现高数据价值至关重要，但其并不能单独发挥作用，需要与商业模式创新以及大数据的体量和种类等其他要素有机结合，从而达成数据和业务之间的协同，以促进数据价值最大化。作为对照，"数据—业务欠缺"由于缺乏大数据的速度这一核心驱动力，使得数据网络效应难以维系，数据和业务之间的协同自然也就难以达成，从而导致非高数据价值。

（3）数据驱动商业模式闭环的组态特征包括"体验至上""运营强化""内容为王""规模主导"，这些组态特征均强调数据和业务之间的协同，以实现数据价值。同时，这些组态特征还存在一定的递进关系：首先，满足用户绩效是实现数据价值的前提，聚焦"体验至上""运营强化""内容为王"，企业可通过多元化的方式满足用户绩效；其次，提升企业绩效是实现数据价值的关键，聚焦"规模主导"，企业可通过做大用户规模寻求更多变现可能；最后，用户绩效和企业绩效是数据价值的一体两翼，两者互为补充、相辅相成，企业应培育并兼顾"体验至上""运营强化""内容为王""规模主导"的组态特征，通过数据驱动商业模式闭环实现数据价值的最大化。

（4）作为数据驱动商业模式闭环构建在整体论层面的延伸探讨，本章所得到数据驱动商业模式闭环的组态特征在不同构建阶段的重要性各不相同。具体而言，"闭环启动"阶段聚焦用户画像完善和全触点体验优化的相互促进，强调通过对需求侧的精细运营来培育出足够强大的用户洞察力，故"体验至上"和"内容为王"是重点；"闭环扩容"阶段聚焦数据双向递进和价值网络拓展的相互促进，强调通过全链路数字化的供求交互带来精准度更高的供求匹配，故"运营强化"是重点；"闭环加固"阶段聚焦解决方案输出和竞争优势实现的相互促进，强调企业通过提供数字化解决方案积极融入行业生态，寻求内外部的高效整合以扩充数据体量，从而实现供求两侧的规模经济，故"规模主导"是重点。

综上所述，作为数据驱动商业模式闭环形成机理的"里程碑"，本章在构建过程的基础上进一步探讨了数据驱动商业模式闭环的组态特征，然而数据驱动商业模式闭环的本质是一个复杂的系统，需要综合考虑其关键要素、特征以及连接关系，以确定其演化路径。由此引出下一章节的内容。

第 6 章
数据驱动商业模式闭环的演化路径

6.1 研究目的与研究框架

作为数据驱动商业模式闭环形成机理的"终点线",有必要整合构建过程和组态特征,厘清数据驱动商业模式闭环演化路径的"轨迹"。本章旨在探讨数据驱动商业模式闭环的演化路径,加深对其复杂系统本质的认知,研究框架如图 6.1 所示。具体而言,该研究框架遵循"数据—业务—价值"协同关系的逻辑主线,在数据驱动商业模式闭环构建过程和组态特征的基础上,综合考虑关键要素、做法、特征,及其联系,将数据驱动商业模式闭环这一复杂系统划分为大数据、商业模式和数据价值三大子系统,数据驱动商业模式闭环的演化路径则表现为大数据、商业模式和数据价值之间的协同演化。由于复杂系统是指由相互作用和依赖的若干组成部分结合而成的具备特定功能的有机整体(盛昭瀚和于景元,2021),数据驱动商业模式闭环作为一个复杂系统,其演化路径需要通过系统论方法加以揭示,而系统动力学是系统科学与管理科学交叉融合的一门学科,它将系统理论与计算机仿真紧密结合以研究复杂系统的结构和行为,具有处理复杂、高阶、时变系统的能力,同时强调系统结构分析及其动态反馈机制(王其藩,2009)。故本章通过系统动力学建模仿真来厘清大数据、商业模式、数据价值三者之间的协同交互关系,从而回答"数据驱动商业模式闭环作为一个复杂系统,存在怎样的演化路径?"这一科学问题。

第 6 章　数据驱动商业模式闭环的演化路径

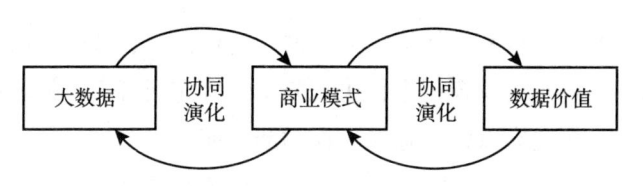

```
┌──────┐   协同    ┌──────┐   协同    ┌──────┐
│ 大数据 │ ←─演化─→ │ 商业模式│ ←─演化─→ │数据价值│
└──────┘          └──────┘          └──────┘
```

图 6.1　数据驱动商业模式闭环演化路径的研究框架

本章提出该研究框架的依据在于：首先，数据驱动商业模式闭环聚焦"数据—业务—价值"的协同关系，表现为大数据、商业模式、数据价值三者之间的协同演化，即大数据通过商业模式释放数据价值，并且数据价值反哺商业模式带来更多数据资源，三者相互促进、相辅相成（Gregory et al.，2021；Haftor et al.，2021；Grover et al.，2018；Davenport，2014），故数据驱动商业模式闭环的本质为复杂系统，包括大数据、商业模式、数据价值三大子系统。其次，数据驱动商业模式闭环是一个复杂的系统，需要从还原论和整体论的视角对其进行探讨（Foss and Saebi，2017；Täuscher，2018；Park et al.，2020），其中，数据驱动商业模式闭环的构建过程主要基于还原论视角探讨了关键要素及维度的具体做法和表现；数据驱动商业模式闭环的组态特征主要基于整体论视角探讨了数据价值目标下大数据和商业模式创新的不同匹配组态。在综合考虑数据驱动商业模式闭环的要素、做法、特征，及其联系之后，有必要基于复杂系统理论视角，进一步探讨数据驱动商业模式闭环的演化路径。最后，针对大数据、商业模式、数据价值三大子系统，参照前面及已有研究成果，将大数据划分为体量、种类、速度三大特征，其核心为大数据洞察（Simsek et al.，2019；Johnson et al.，2017）；将商业模式划分为目标市场、用户关系、关键业务等要素，其核心为价值主张（Osterwalder and Pigneur，2010；Osterwalder et al.，2014）；将数据价值划分为用户绩效和企业绩效，以此表征价值创造和价值捕获（Wielgos et al.，2021；Priem et al.，2013，2018）。正是由于这些关键要素、做法、特征，及其相互联系，数据驱动商业模式闭环的演化路径才得以呈现。

因此，本章基于复杂系统理论视角，将数据驱动商业模式闭环视为一个复杂系统，结合数据网络效应，遵循"数据—业务—价值"协同关系的逻辑主线，将该系统解构为大数据、商业模式、数据价值三大子系统，并借助系统动力学模型进行仿真分析，旨在回答"数据驱动商业模式闭环作为一个复杂系统，存在怎样的演化路径？"这一科学问题。本章结构安排如下：首先，进行研究设计，构建系统动力学模型，并对相关公式和参数进行设定；其次，检验模型有效性，并进行仿真模拟和关键变量参数的敏感性分析；最后，总结研究发现，并给出管理启示。

6.2 研究设计

6.2.1 研究方法

本章借助系统动力学（system dynamics，SD）[①]揭示数据驱动商业模式闭环的演化路径，具体理由如下：

（1）系统动力学是系统科学与管理科学交叉融合的一门学科，它将系统理论与计算机仿真紧密结合以研究复杂系统的结构和行为，揭示事物发展的内因（王其藩，2009；钟永光等，2016）。本书研究对象为数据驱动商业模式闭环，而商业模式的本质体现为跨越企业及行业边界的活动体系（Amit and Zott，2001；Zott and Amit，2010），并且数字技术的应用使得这一活动体系的边界更加模糊（韩炜等，2021；Foss and Saebi，2017），因此数据驱动商业模式闭环是一个复杂系统，其演化路径需要通过系统动力学来揭示。

（2）系统动力学是从系统的角度出发研究问题的一种方法。它将定性分析和定量研究相结合，以处理复杂、高阶、时变系统为目标，同时强调系统结构分析及其动态反馈机制（牟新娣等，2020；田剑和徐佳斌，2020）。本章所探讨数据驱动商业模式闭环演化路径的背后是大数

[①] 系统动力学由美国麻省理工学院Forrester教授创立于1956年，至今已发展成为众多领域（如经济学、管理学、社会学等）研究复杂系统的重要方法。

据、商业模式、数据价值三者之间的动态反馈关系,涉及诸多定性、定量,以及存量、流量变量,系统动力学能够通过构建相应模型厘清这些变量之间的复杂关系,因而特别适用于本章研究。

6.2.2 模型构建

根据系统动力学的建模规则,本章给出如下前提假设:首先,将数据驱动商业模式闭环视为一个复杂系统,其影响因素来自系统内部(本章重点考察大数据、商业模式、数据价值三大子系统),暂不考虑其他系统及其他因素的相互影响;其次,数据驱动商业模式闭环的演化路径是一个快速迭代且不断强化的过程(类似"飞轮效应"的正反馈回路),暂不考虑时间延迟,以及其他系统或因素导致该系统状态突变或衰减的情况。下面依次通过构建系统结构图、因果关系图、存量流量图进行详细说明。

(1)系统结构图分析。绘制系统结构图是为了明晰系统边界,并初步厘清其作用路径。遵循前文及已有研究成果,本章将数据驱动商业模式闭环这一复杂系统解构为大数据、商业模式、数据价值三大子系统及相应细分要素,其相互作用和动态反馈构成了数据驱动商业模式闭环的演化路径,如图 6.2 所示。

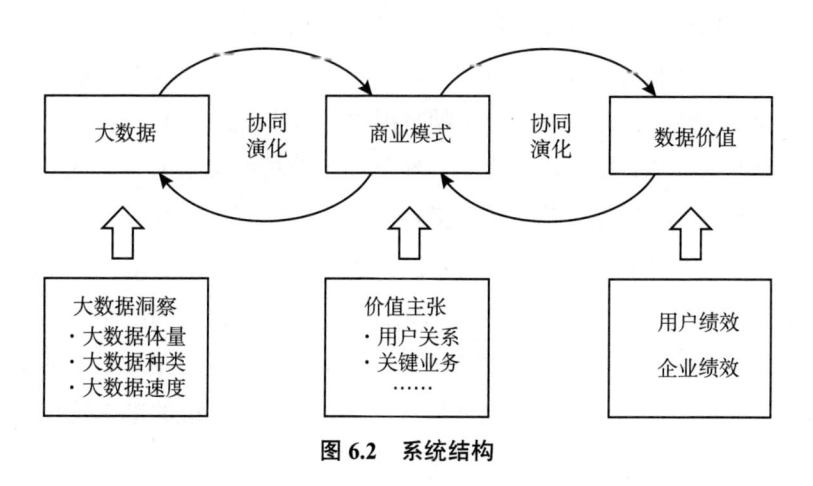

图 6.2 系统结构

具体而言，首先，从体量、种类、速度三大特征考察大数据，它们结合形成大数据洞察（Cappa et al.，2021；Johnson et al.，2017）。大数据的体量和种类决定了数据的全貌和丰富度，大数据的速度是评判数据分析能力的关键，三者共同作用，使得数据实现向信息、知识，以及智慧的高阶转化，也就是说，企业应用大数据是为了获取大数据洞察，以实现数据驱动下自身决策和运营的优化（Grover et al.，2018；Davenport，2014）。其次，从商业模式画布的关键要素划分商业模式，包括价值主张、用户关系、关键业务等，其中价值主张是最关键要素（Osterwalder and Pigneur，2010），价值主张的更迭会引发价值创造、价值传递和价值捕获及其细分要素的调整，进而促进商业模式创新的实现，故价值主张在商业模式构成要素中扮演着"举纲而目张"的角色（张璐等，2022；Piepponen et al.，2022；Osterwalder et al.，2014）。最后，数据价值从用户绩效和企业绩效两个方面切入，在一定程度上体现了价值创造和价值捕获（Wielgos et al.，2021）。文献普遍认为，企业应用大数据的终极目标是挖掘数据价值，具体表现为生产运营优化、用户体验改善、降本增效提质等（Grover et al.，2018；Davenport，2014），这些价值目标均可归为用户绩效和企业绩效，其中用户绩效聚焦需求侧基于用户体验感知的价值创造，企业绩效聚焦供给侧基于企业竞争优势的价值捕获（李卅立等，2016；Priem et al.，2013，2018）。总之，正是由于大数据和商业模式之间的协同演化，数据价值才得以实现，并进一步反哺大数据和商业模式之间的协同演化，从而形成"数据—业务—价值"的良性循环，即本书所界定的数据驱动商业模式闭环。

（2）因果关系图分析。在对系统结构图分析的基础上，本章从大数据、商业模式、数据价值三大子系统及其细分要素之间的协同关系和作用路径出发，绘制出如图6.3所示的因果关系图。可以看出，数据驱动商业模式闭环这一复杂系统中的因果关系表现为要素之间的不同反馈回路，通过研究各要素对反馈回路的集成影响以及反馈回路对系统的整体作用，可初步发现数据驱动商业模式闭环这一复杂系统的基本特征和演化路径。具体作用关系及依据阐述如下：

图 6.3 因果关系

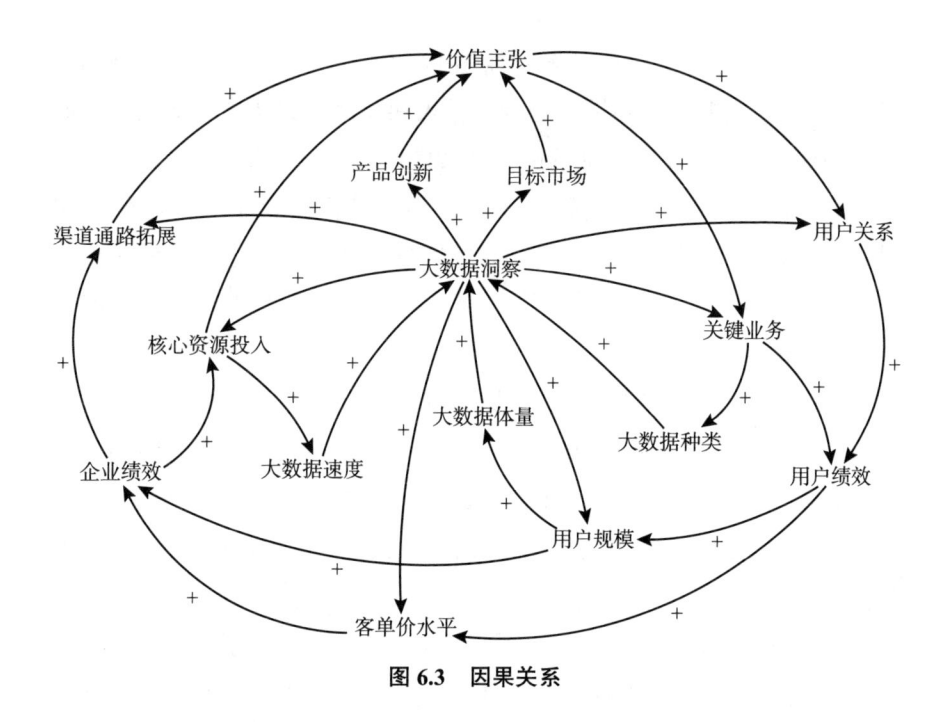

首先，支撑商业模式闭环形成的核心驱动力为大数据，表现为大数据洞察对商业模式关键要素落地实施的指导和赋能（Sorescu，2017），主要包括：①大数据洞察促进产品创新和目标市场，即在大数据洞察的指导和赋能下，企业能够更加快速地找准目标市场或目标客群，同时更加精准地进行产品研发或产品创新，进而提出符合市场需求、极具吸引力的价值主张，以此统领企业的生产经营等活动（肖静华等，2020；Piepponen et al.，2022）。②大数据洞察促进用户关系和关键业务，即在大数据洞察的指导和赋能下，企业通过连接互动、用户参与、价值共创等方式改善企业和用户之间的关系，同时匹配确保其价值主张及用户关系可行的一系列关键业务，进而实现基于需求侧体验感知及价值创造的用户绩效，以此奠定企业绩效的基础（江积海，2019；Wiener et al.，2020）。③大数据洞察促进用户规模和客单价水平，即在大数据洞察的指导和赋能下，企业通过数据网络效应不断优化用户感知价值，带来用户规模的扩大，同时基于个性化定制或推荐提升用户支付意愿，带来客单价水平的攀升，进而实现基于供给侧竞争优势及价值捕获的企业绩

效，以此带动更多业务的部署和强化（江积海等，2022；Grover et al.，2018）。④大数据洞察促进核心资源投入和渠道通路拓展，即在大数据洞察的指导和赋能下，企业能够有针对性地获取或培育其生产运营所需的核心资源（如机器设备等有形资产、数据分析技能等无形资产），同时有针对性地拓展向用户传递产品及服务的触点或渠道，进而实现价值主张的更新迭代，以此不断强化自身的生产运营（张明超等，2021；Hanelt et al.，2021）。

其次，基于数据驱动下大数据洞察对商业模式关键要素的促进和提升，商业模式闭环得以形成，表现为商业模式关键要素之间的正反馈回路（Cosenz and Noto，2018；Casadesus-Masanell and Ricart，2010，2011）。若以价值主张为起点，则存在"价值主张→关键业务/用户关系→用户绩效→用户规模/客单价水平→企业绩效→核心资源投入/渠道通路拓展→价值主张"这一正反馈回路，其揭示了在数据驱动作用下商业模式闭环形成的直观路径，即企业的价值主张引导其关键业务和用户关系，通过达成用户绩效，可以促进用户规模和客单价水平的提升，从而实现企业绩效。这样，企业就能够进一步开展核心资源投入和渠道通路拓展等活动，更新和强化价值主张，形成良性循环。该回路表明，商业模式作为活动体系，其构成要素之间相互依赖并且紧密耦合，大数据等数字技术的应用进一步加强了这一活动体系的连接交互和反馈迭代，使得闭环特征日趋明显（Teece，2018；Casadesus-Masanell and Ricart，2011），通常以价值主张的更迭为出发点，带动其他关键要素的调整优化，进而在价值创造的基础上实现价值捕获，支撑和反哺价值主张的更迭（Priem et al.，2013，2018；Osterwalder et al.，2014），同时在数据网络效应的作用下，这一闭环关系得以持续强化（Gregory et al.，2021；Haftor et al.，2021）。

最后，"数据—业务—价值"的协同关系表现为三者之间的正反馈回路，这是数据驱动商业模式闭环这一复杂系统得以成长壮大的重要推动力（Sjödin et al.，2021）。若以大数据洞察为起点，则主要存在三条正反馈回路：①"大数据洞察→产品创新/目标市场→价值主张→关键业务→大数据种类→大数据洞察"，该反馈回路从大数据洞察和大数据种类两方面揭示了商业模式闭环背后数据驱动的作用路径，即大数据洞察能够促进针对目标市场的产品创新，从而带来新的价值主张，并匹配相应关键业务，由此丰富大数据种类，增强大数据洞察，形成良性循环。该回路表明，企业通过大数据洞察能够更精准地锁定目标市场以及进行产品创新，以此更迭价值主张（Taylor et al., 2020），这一过程伴随用户画像的不断完善，企业能够进一步洞察用户的场景化需求，推出与满足用户场景化需求相关的多元化业务（江积海等，2022），并且多元化的业务线进一步丰富了大数据种类，带来更加全面的大数据洞察（Davenport，2014），同时在数据网络效应的作用下，这一闭环关系得以持续强化（Gregory et al., 2021；Haftor et al., 2021）。②"大数据洞察→产品创新/目标市场→价值主张→关键业务/用户关系→用户绩效→用户规模→大数据体量→大数据洞察"，该反馈回路从大数据洞察和大数据体量两方面揭示了商业模式闭环背后数据驱动的作用路径，即大数据洞察能够促进针对目标市场的产品创新，从而带来新的价值主张，并通过匹配关键业务和优化用户关系提升用户绩效，扩大用户规模，由此扩充大数据体量，使得大数据洞察被进一步增强，形成良性循环。该回路表明，基于大数据洞察，企业不仅要通过拓展关键业务满足用户场景化需求，还需要借助价值共创等交互方式优化用户关系，从而全面提升用户体验及感知价值（李树文等，2022；Xie et al., 2016），这会极大促进用户规模，带来更大体量的数据资源，使得大数据洞察更加准确（Cappa et al., 2021），同时在数据网络效应的作用下，这一闭环关系得以持续强化（Gregory et al., 2021；Haftor et al., 2021）。③"大数据洞察→产品创新/目标市场→价值主张→关键业务/用户关系→用户绩效→用户规模/客单价水平→企业绩效→核心资源投入→大数据速度→大数据洞察"，该反馈回路从大数据洞察和大数据速度两方面揭示了商业模式闭环背后数据驱动的作用路径，即大数据洞察能够促进针对目标市场的产品创新，从而带来新的价值主张，并通过匹配关键业务和优化用户关系提升用户绩效，使得用户规模和客单价水平也随之提高，由此实现企业绩效提升，驱使企业加大核心资源投入，进一步提升数据速度，增强大数据洞察，形成良性循环。该回路表明，基于大数据洞察，企业不仅要通过提升用户绩效扩大用户规模，还需要采取一系列商业化方式，通过提高用户支付意愿及客单价，带来企业绩效的增长（江积海等，2022；Tidhar and Eisenhardt，2020），使得企业能够拥有更多资金进行核心资源等方面的研发投入，其中的重要一环便是对大数据分析能力的培育，从而显著提升大数据分析速度，带来时效性更强的大数据洞察（Grover et al.，2018），同时在数据网络效应的作用下，这一闭环关系得以持续强化（Gregory et al.，2021；Haftor et al.，2021）。

除了上述所列举的主要因果关系反馈回路之外，数据驱动商业模式闭环这一复杂系统中还存在许多具有辅助功能的回路，它们存在于各子系统之间，反映各子系统及其内部要素的相互关系，此处便不一一列举。可见，数据驱动商业模式闭环这一复杂系统是由上述主要反馈回路及其他辅助回路相互协同和耦合所体现出的整体效果。

（3）存量流量图分析。在系统结构图和因果关系图的基础上，若要对数据驱动商业模式闭环这一复杂系统的演化路径进行仿真模拟，则还需通过存量流量图做进一步分析。从已有研究成果及业界实践经验出发，遵循系统动力学的建模规则，本章通过设置存量变量、流量变量、辅助变量、常量、表函数，绘制出如图 6.4 所示的存量流量图。

具体而言，存量（Level）是指整个动态过程中积累和加总起来的量，本章之所以将大数据洞察、价值主张、用户绩效、企业绩效设为存量变量，是因为它们分别代表了大数据、商业模式、数据价值三大子系统的最核心要素，在数据驱动商业模式闭环这一复杂系统的演化路径中起着提纲挈领的作用，并且在系统演化过程中均存在状态及程度的积累和更迭；流量（Rate）是指随时波动和变化的量，进而影响存量的多少，考虑到数据驱动商业模式闭环这一复杂系统的正反馈特性，本章将大数据洞察增量、价值主张增量、用户绩效增量、企业绩效增量设为流量变量；同时，辅助变量（Auxiliary）连接了不同变量之间各种可能的关系，考虑到"数据—业务—价值"的协同关系，以及不同子系统及

图 6.4 存量流量

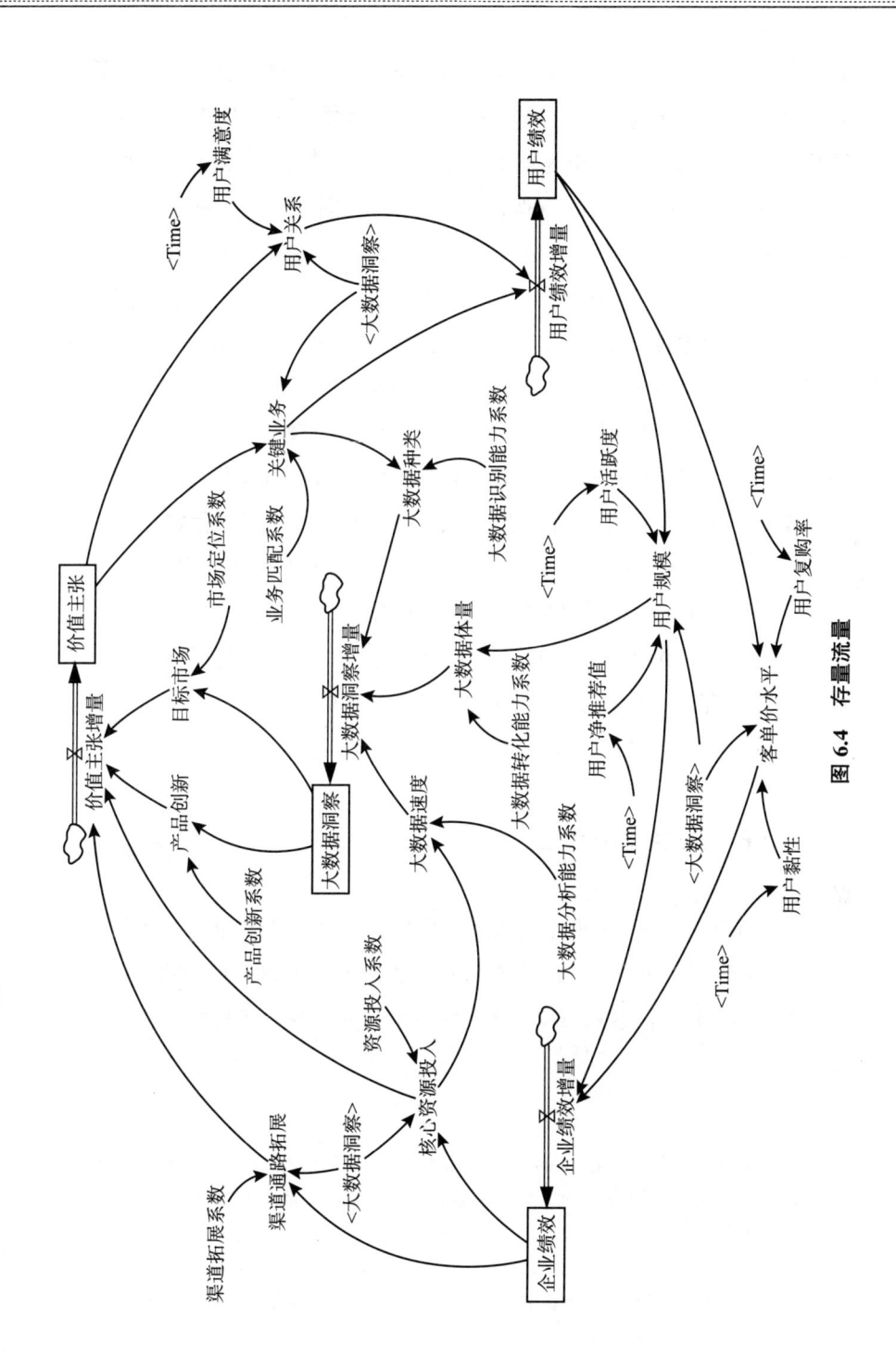

其细分要素之间的连接交互,本章将大数据速度/体量/种类、产品创新、目标市场、关键业务、用户关系、用户规模、客单价水平、核心资源投入、渠道通路拓展作为辅助变量;此外,常量(Constant)和表函数(Table)是辅助变量的特例,其中常量是指独立的不随时间变化的数,表函数用于反映两个变量之间特殊的非线性关系。在综合考虑变量之间的关联性以及其测度指标的可操作性后,本章将大数据分析能力系数(对应大数据速度)、大数据转化能力系数(对应大数据体量)、大数据识别能力系数(对应大数据种类)、产品创新系数(对应产品创新)、市场定位系数(对应目标市场)、业务匹配系数(对应关键业务)、资源投入系数(对应核心资源投入)、渠道拓展系数(对应渠道通路拓展)设为常量,因为它们主要涉及公司业务层面的指标,相对稳定;将用户满意度(对应用户关系)、用户活跃度(对应用户规模)、用户净推荐值(对应用户规模)、用户复购率(对应客单价水平)、用户黏性(对应客单价水平)设为表函数,因为它们涉及用户行为层面的指标,变化较大。总之,存量流量图是系统动力学建模仿真的关键,下面将对各变量所涉及的公式与参数进行设定和说明。

6.2.3 公式与参数设定

从已有研究成果和业界实践经验出发,结合对典型企业(新零售领域的盒马)的访谈调研,并参考第三方数据平台(如易观千帆[①]、七麦数据[②]等)的统计数据,本章对模型中所有变量的设定见附录C。具体而言:

[①] 易观千帆是国内领先的金融数字业务数据终端及解决方案提供商,致力于数据改变认知、提升客户效能、构建用户体验标准,为金融机构提供基于用户流量+用户体验的产品及服务,以提升金融机构MAU、AUM水平。

[②] 七麦数据是七麦科技旗下专业的移动产品智能商业分析平台,立足移动互联网大数据领域,是面向全球移动开发者的大数据平台,致力于打造更加专业的移动产品数据平台,实现数据对移动增长、商业决策的价值化。

（1）针对模型中的存量变量（标记为 L，包括大数据洞察、价值主张、用户绩效、企业绩效），本章通过积分方程求值（函数为 INTEG），并且为保证模型的合理取值，将大数据洞察和价值主张的初始值设为 1，用户绩效和企业绩效的初始值设为 0。

（2）针对模型中的流量变量（标记为 R，包括大数据洞察增量、价值主张增量、用户绩效增量、企业绩效增量），本章基于已有研究及业界实践得出相应公式，其中大数据洞察增量为大数据速度、大数据体量和大数据种类的加权求和，具体权重通过专家打分及企业调研得出；价值主张增量表现为需求（产品创新 × 目标市场）和供给（核心资源投入 × 渠道通路拓展）的叠加；用户绩效增量被解构为关键业务和用户关系的乘积，而企业绩效增量被解构为客单价水平和用户规模的乘积。

（3）针对模型中的辅助变量（标记为 A，包括产品创新、目标市场、关键业务、用户关系、用户规模、客单价水平、核心资源投入、渠道通路拓展、大数据速度、大数据体量、大数据种类），我们均基于已有研究和业界实践推断而来，并做出相应简化以降低模型复杂性。

（4）针对模型中的常量（标记为 C，包括产品创新系数、市场定位系数、业务匹配系数、资源投入系数、渠道拓展系数、大数据分析能力系数、大数据转化能力系数、大数据识别能力系数等业务指标），本章通过对新零售盒马的访谈调研并参照已有研究成果整理而来，其中产品创新系数为新品或自有品牌占所有产品的比例；市场定位系数为目标客群占总消费人群的比例；业务匹配系数为整体业务与价值主张及市场需求的契合度；资源投入系数为研发支出占总营收的比例；渠道拓展系数为渠道建设费用占总营收的比例；大数据分析能力系数为从事数据分析人员占总员工的比例；大数据转化能力系数为数据采集点占所有用户触点的比例；大数据识别能力系数为 App 请求获取的用户信息数目 /100。

（5）针对模型中的表函数（标记为 T，包括用户满意度、用户净推荐值、用户活跃度、用户复购率、用户黏性等用户指标），本章围绕盒马案例展开，参考易观千帆、七麦数据等第三方平台提供的App统计数据，并结合企业调研资料，在加设Time虚拟变量下记录和预测不同时点的相应取值（函数为WITH LOOKUP），其中用户满意度为App用户评分为4以上的占比；用户净推荐值为推荐型用户（%）减贬损型用户（%）；用户活跃度为年度活跃用户数占比；用户复购率为用户年度留存率；用户黏性为日活（DAU）/月活（MAU）。

此外，本章采用的是Vensim PLE软件，并且考虑到中国新创企业寿命一般不超过10年的现实情况[①]，本章设定模型的时间单位为年，时间范围为0~10，时间步长为0.5，采用欧拉算法。下面是对模型运行结果的详细解读。

6.3 模型运行结果

6.3.1 模型有效性检验

在对模型运行结果进行分析之前，应先检验模型的有效性，以确保模型能够准确描述系统结构，揭示系统中存在的关键问题，进而找到解决问题的方法。根据钟永光等（2016）的建议，本章通过模型的结构、参数、边界充分性、极端情况来检验模型的有效性。

（1）结构检验。结构检验是指通过将模型和真实系统的结构进行理论及经验上的比较以评估模型的有效性。也就是说，模型结构中的因果关系应建立在已有文献和实践经验之上，从而通过理论和实践的双重验证（钟永光等，2016）。本章的模型公式是在已有研究和业界实践的基础上构建而来（详见附录C），能够通过结构检验，重点以大数据洞察

[①] 详见IT桔子发布的《2020-2021中国新经济创业投资分析报告》，以及36氪研究院发布的《2011-2020年中国新经济十年回顾研究报告》。

增量和价值主张增量为例进行说明。

对于大数据洞察增量，本章将其公式设定为"大数据洞察增量＝0.5×大数据速度＋0.3×大数据体量＋0.2×大数据种类"。首先，在理论层面，速度、体量、种类作为大数据的关键维度已被众多文献达成共识（Cappa et al.，2021；Johnson et al.，2017），大数据本身的价值密度较低，其发挥功效的重要途径为从大数据中获取更多洞察（Simsek et al.，2019），这要求速度、体量、种类三者必须协同作用、缺一不可，同时它们的重要性不能一概而论，例如，加塞马盖伊和卡利克（Ghasemaghaei and Calic，2020）指出速度在大数据所有维度中扮演着最为重要的角色。可见，大数据洞察增量是大数据速度、大数据体量和大数据种类的加权总和。其次，在实践层面，为获取更多大数据洞察，企业需要兼顾大数据的速度、体量及种类，往往通过加大投入大数据软硬件资源来对其进行提升优化，本章通过专家打分法确定了速度、体量、种类三大维度的不同权重，分别为0.5、0.3、0.2，与已有研究成果基本一致。因此，大数据洞察增量的公式设定通过了结构检验。

对于价值主张增量，本章将其公式设定为"价值主张增量＝产品创新×目标市场＋核心资源投入×渠道通路拓展"。首先，在理论层面，已有文献指出，价值主张是描述企业为何种用户提供何种价值的利益陈述，能够影响用户对产品的选择以及企业对资源的获取与配置（崔丽等，2021；Adrian et al.，2017），也就是说，作为商业模式最核心的构成要素，价值主张搭建了需求和供给之间的桥梁（Osterwalder and Pigneur，2010；Osterwalder et al.，2014），本章参照商业模式的其他关键要素，将需求解构为产品创新和目标市场，将供给解构为核心资源投入和渠道通路拓展，两者叠加构成了价值主张增量。其次，在实践层面，新消费情境下，企业不仅需要向用户传递具有吸引力的价值主张，还要通过针对目标市场的产品创新以及加大资源投入和拓展渠道通路等举措落实价值主张，例如盒马在其"鲜美生活"价值主张的引导下，密切关注需求侧的消费动态，并与众多食品厂商进行联合研发，通过线上线下无缝衔接的全渠道体验,已成功推出多款深受消费者喜爱的爆款产品,一举成为新零售领域的标杆。因此,价值主张增量的公式设定通过了结构检验。

(2)参数检验。参数检验是指将模型中的参数和真实系统中相对应的变量取值进行理论和经验上的比较从而评估模型的有效性。一般而言,参数检验主要基于已有研究成果,若无文献支撑,可考虑使用历史数据、调研问卷、专家经验等方式(钟永光等,2016)。考虑到本章的模型参数较少有现成的统计数据和文献支撑,本章通过历史数据、调研问卷、专家经验确定参数赋值(详见附录C),因此本章的模型参数能够通过参数检验。

具体而言,对于用户满意度、用户净推荐值、用户活跃度、用户复购率、用户黏性等用户指标,本章围绕盒马案例,通过设置表函数确定其不同时点下的取值,数据主要来源于易观千帆、七麦数据等第三方平台提供的App统计数据,其中用户满意度为App用户评分为4以上的占比;用户净推荐值为推荐型用户(%)减贬损型用户(%);用户活跃度为年度活跃用户数占比;用户复购率为用户年度留存率;用户黏性为日活(DAU)/月活(MAU)。对于产品创新系数、市场定位系数、业务匹配系数、资源投入系数、渠道拓展系数、大数据分析能力系数、大数据转化能力系数、大数据识别能力系数等业务指标,本章主要通过对盒马的企业调研或市场调研而来,其中产品创新系数为新品或自有品牌占所有产品的比例;市场定位系数为目标客群占总消费人群的比例;业务匹配系数为整体业务与价值主张及市场需求的契合度;资源投入系数为研发支出占总营收的比例;渠道拓展系数为渠道建设费用占总营收的比例;大数据分析能力系数(对应于大数据速度)为从事数据分析人员占总员工的比例;大数据转化能力系数(对应于大数据体量)为数据采集点占所有用户触点的比例;大数据识别能力系数(对应于大数据种类)为App请求获取的用户信息数目/100。

(3)系统边界检验。系统边界检验是指要证明与研究问题有重要联系的因素都已经包含在模型内部,模型不需要进一步拓展以包含更多内容（钟永光等，2016）。本章旨在探讨数据驱动商业模式闭环这一复杂系统的演化路径，以揭示其背后的大数据、商业模式、数据价值三大子系统之间的相互作用和动态反馈。本章基于此界定了系统内的相关变量及变量之间的定性和定量关系，剔除了不相关的外生变量，并且在确定因果关系和构建模型时，不仅参考了已有研究成果，还根据实际情况对模型进行了修正和完善。通过对模型的仿真可以发现本章所构建的因果关系图和存量流量图都较为合理，因此本章的模型能够通过系统边界检验。

（4）极端情况检验。极端情况检验是指将参数设为极值时，检查模型行为与真实系统在极端条件下的行为是否相同（钟永光等，2016）。本章探讨了当大数据洞察取得极值时，对价值主张、用户绩效和企业绩效的影响。当大数据洞察为 0 时，极端情况检验结果如图 6.5 所示，此时价值主张、用户绩效和企业绩效一直保持为初始值不变，这是因为没有了大数据洞察的指引，企业会缺乏对内外部环境的认知，也就难以更新价值主张，导致生产经营活动受阻，用户绩效和企业绩效自然也难以提升。极端情况下的模型运行结果与现实基本一致，因此模型通过了极端情况检验。

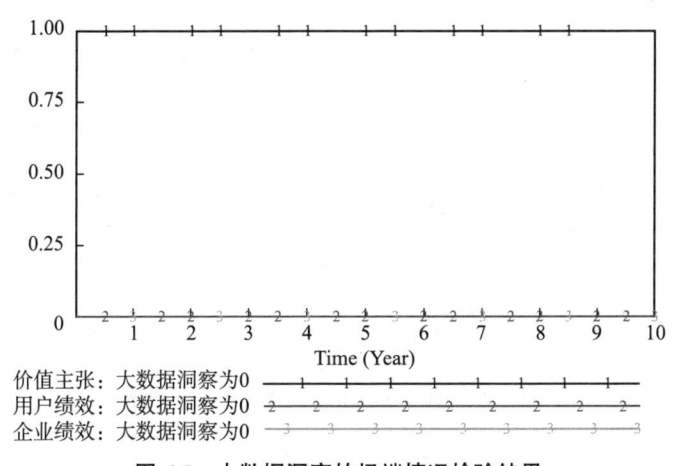

图 6.5 大数据洞察的极端情况检验结果

6.3.2 仿真模拟

在模型通过有效性检验的基础上，本章重点对4个存量变量（即大数据洞察、价值主张、用户绩效、企业绩效）进行仿真模拟和两两比较，其中模型参数设置为初始状态（即附录C所示的参数设置，标记为current），横轴代表时间，纵轴代表存量变量的相对大小（由于存量变量均为定性变量，尚无客观量化标准，因此数值仅用于比较和描绘趋势，并无实际意义）。仿真结果表明，随着时间的增加，大数据洞察、价值主张、用户绩效和企业绩效均呈增长态势，这初步彰显了"数据—业务—价值"的协同演化。下面将对此进行详细阐述。

（1）大数据洞察和价值主张的仿真模拟。图6.6为大数据洞察和价值主张的仿真模拟结果，可以看出，随着时间的增加，大数据洞察和价值主张均呈现上升趋势，两者的步调基本一致，并且与"飞轮效应"的启动原理一致，这种上升趋势在中后期得以增强。对此，本章作出如下解读。

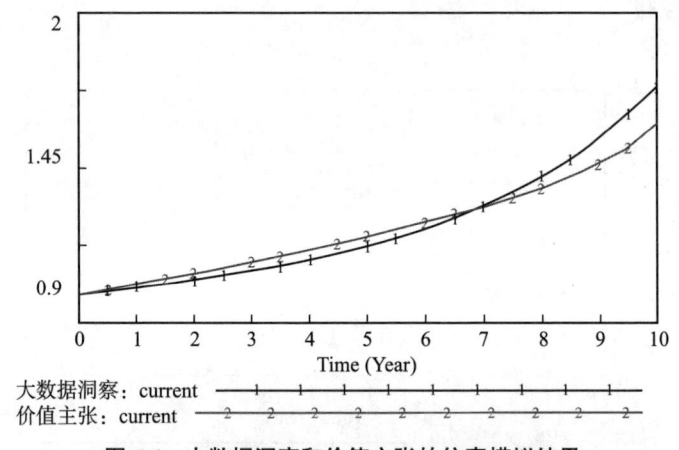

图6.6 大数据洞察和价值主张的仿真模拟结果

企业应用大数据的目的是获取大数据洞察，并据此创新商业模式，从而实现数据和业务的协同（Wiener et al., 2020），而作为商业模式最核心的构成要素,价值主张对数据驱动商业模式创新及其闭环形成起着提纲挈领的作用(张璐等,2022;Osterwalder and Pigneur,2010;Osterwalder et al.,2014),故数据和业务协同的本质为大数据洞察和价值主张相互促进。基于数据网络效应,一方面,伴随数据的不断积累,以机器学习算法为核心的数据分析技术能够从海量数据中挖掘出有益洞察,用以指导企业的生产经营,而企业在生产经营过程中也会持续产生新的数据,这些数据是训练和优化机器学习算法的原料,使得大数据洞察源源不断地产生,并且会越发顺畅(Gregory et al.,2021),这解释了图 6.6 中大数据洞察的曲线走向;另一方面,企业的生产经营离不开商业模式,而商业模式的核心为价值主张,这使得大数据洞察指导企业生产经营的本质为大数据洞察对商业模式中价值主张的更新迭代(Wiener et al.,2020)。已有研究普遍认为大数据加速了商业模式创新进程,主要是因为大数据降低了信息不对称、提升了决策质量、敏捷了市场响应、精准了供求匹配(Davenport,2014;Simsek et al.,2019),其背后离不开大数据洞察的积淀攀升,更少不了价值主张的更迭响应,这解释了图 6.6 中价值主张的曲线走向。

以盒马为例进行说明[①],盒马创立之初主要依据阿里的淘系数据进行门店选址、货架选品和消费圈层分析,通过绑定会员账户实现用户的全生命周期管理,以及商品的更新迭代,从而实现数据体量积累和商品精准触达。在此基础上,为了触达不同区域、服务不同消费者,盒马从生鲜门店衍生出仓储式会员店、社区 mini 店等多种业态,其标语也从最开始的"有盒马,购新鲜"转变为现在的"鲜美生活"。随后,盒马基于对用户画像的洞察和需求信息的捕捉,不仅能为门店选址决策提供重要依据,还能指导生鲜以及其他商品的生产和流通,从而提升数据驱动的产业运行效率,具体表现为数据指导生产和供应链数字化。在此基础上,盒马基于"买手制"重新定义了零售商和供应商之间的关系,通

[①] 本章所有盒马案例资料均来源于前期案例调研,包括访谈、观察、亲身体验、内部资料、阿里巴巴历年财报、官网介绍等。

过基地建设和商品联合开发等手段，整合供应链资源，缩短商品流通环节，并且前店后仓也极大提升了商品分拣配送效率，从而提升核心竞争力。此外，盒马于2018年9月在云栖大会上发布了 ReXOS 零售业操作系统及 AI 智能收银机 ReXPOS，该系统被视为盒马模式的集大成者，为零售业数字化转型提供了软硬一体的解决方案，从而构筑数据驱动的护城河，实现数字系统集成和服务操作自动化。在此基础上，盒马凭借全触点体验优化增强了顾客信任和黏性，其生鲜直采体系极大降低了中间流通成本，带来价格优势，同时业态布局的扩张进一步激发规模经济以及数据网络效应，使得盒马成为第一个实现规模化盈利的新零售标杆。正如受访对象所言："盒马面向消费端，捕捉需求信息，与上游生态伙伴达成合作，对于生鲜农产品，我们已在全国建立1000个直采基地，并在此基础上建立140个盒马村，以打破供应链中间环节；对于标品，我们与全国100多家食品生产企业达成联名合作，以满足顾客个性化的消费需求……顾客的消费反馈将直接决定合作关系的长久与否。"

因此，为了实现数据和业务的协同，企业应该基于大数据洞察更新价值主张，同时利用价值主张的更迭反哺大数据洞察，两者相辅相成、相互促进，正如图6.5所示。并且，大数据洞察和价值主张的仿真模拟结果也进一步印证了前文研究结论：①在数据驱动商业模式闭环的构建过程中，数据驱动的具体做法（包括用户画像完善、数据双向递进、解决方案输出）产生大数据洞察，在此基础上，商业模式关键维度的改变（包括全触点体验优化、价值网络拓展、竞争优势实现）更迭价值主张，两者相结合形成"全触点体验优化→价值网络拓展→竞争优势实现"的动态循环，使得大数据洞察和价值主张呈现如图6.6所示的形态关系；②在数据驱动商业模式闭环的组态特征中，大数据的特征（包括体量、种类、速度）决定了大数据洞察，商业模式创新的属性（包括新颖、效率）取决于价值主张，在数据价值目标下，两者相结合形成不同匹配组态，这表明大数据洞察和价值主张需共同作用、缺一不可，使其呈现如图6.6所示的形态关系。

（2）用户绩效和企业绩效的仿真模拟。图6.7展示了用户绩效和企业绩效的仿真模拟结果，可以看出，随着时间的推移，用户绩效和企业绩效均呈现不断增强的上升趋势，虽然用户绩效明显早于企业绩效上升，体量也明显大于企业绩效，但是企业绩效的增长势头在中后期大于用户绩效，这与"飞轮效应"的启动原理一致。对此，本章作出如下解读。

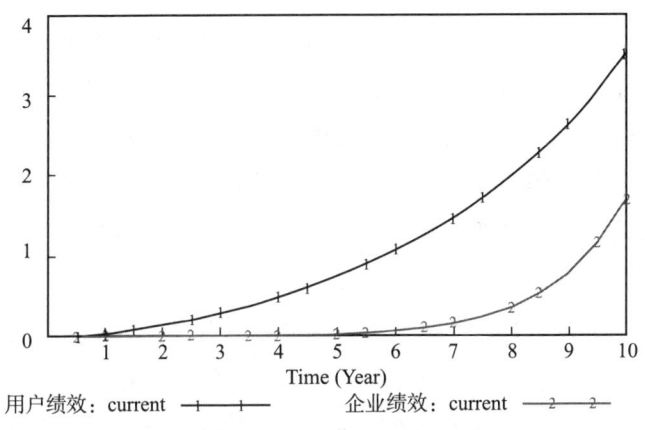

图6.7 用户绩效和企业绩效的仿真模拟结果

数据和业务的协同将产生数据价值，包括产品及服务改进、体验优化、降本增收等（Davenport，2014；Simsek et al.，2019；Wiener et al.，2020），本章将其统一划分为用户绩效和企业绩效。不同于工业经济时代下企业以供给侧为导向的生产经营，数字经济时代下消费者的权利地位不断增强，企业生产经营的出发点应为不断挖掘和更好满足用户需求，在此基础上才能获取企业的回报或收益（李卅立等，2016；Priem et al.，2013，2018），因而用户绩效的重要性被放置于企业绩效之上，并且先有用户绩效，然后才是企业绩效，这解释了图6.7中用户绩效和企业绩效高低位置的差异，及其增长起始时点的不同。同时，类似于价值创造和价值捕获的关系，用户绩效决定了"蛋糕的大小"，而企业绩效是"蛋糕的一块"（Zott and Amit，2007；Teece，2010），也就是说，用户绩效决定了企业绩效的上限，企业绩效是用户绩效在不同企业参与方的变现和分配（Priem et al., 2013, 2018; Garcia-Castro and Aguilera, 2015），这解释了图 6.7 中用户绩效较企业绩效高的原因。此外，在数据网络效应的作用下，感知用户价值随着数据的增多及其机器学习算法的优化而呈现出指数型增长（Gregory et al., 2021），当用户数量和用户绩效达到一定阈值后，企业可以通过一系列变现方式（如商业广告、免费增值、订阅收费等）寻求企业绩效的提升（Tidhar and Eisenhardt, 2020; Johnson et al., 2017），并且在数据网络效应的加持下，企业绩效的增长速度会高于用户绩效，这解释了图 6.7 中用户绩效和企业绩效的曲线形状，以及企业绩效较用户绩效晚增长但速率更大的原因。用户绩效和企业绩效的仿真模拟结果也在一定程度上解释了互联网以及数字化新创企业在创立之初为何非常强调用户增长，进而在后期寻求多元化变现的原因，以及为何大量新创企业在创立后不久便因为企业绩效迟迟"不动声色"而"折戟沉沙"。

以盒马为例进行说明，作为数据和技术驱动、为消费者打造社区化一站式体验中心、用科技和人情味带给人们"鲜美生活"的新零售平台，盒马是国内首家基于对餐饮零售业消费模式的重构，将线上、线下与现代物流技术完全融合的创新型业态，是用数字技术为消费者提供 30 分钟极速送达、可在店内吃饭的生鲜超市。盒马创立之初，侯毅就明确了新零售的五个标准——统一会员、统一库存、统一价格、统一营销、统一结算，使得一切运营标准化，并且用"买得到、买得好、买得方便、买得放心"概括盒马的核心价值。2016 年 1 月，盒马首家门店在上海浦东金桥国际商业广场开业，半年之后就实现单店盈利，其坪效约 5.6 万元，是传统商超的 3~5 倍。单店模式迭代基本成熟后，2018 年以来盒马扩张速度明显提升，除盒马鲜生标准门店外，还衍生出盒马邻里、盒马奥莱、X 会员店等多种业态。伴随对经营效益要求的持续提高，2022 年 1 月，侯毅发布内部信称，要将单店盈利的目标提升为全面盈利。同时，截至 2021 年 11 月，盒马已在全国 27 个城市开设 300 家门店，建立 1000 个直采基地和 100 多个供应链中心仓，并与超过 100 家食品生产企业进行联名合作，自有品牌占比超过 20%，发展势头强劲。盒马在2019年和2020年连续两年入选《福布斯中国最具创新力企业榜》,成为一个全新的零售生态系统,同时也是国内第一个实现规模化盈利的新零售标杆。正如受访对象所言:"盒马通过线上和线下的一体化运营,以及高品质的商品和服务,极大提升了顾客体验,虽然采取的是前店后仓、餐饮+超市的门店布局,但是坪效反而没有降低,并且远高于传统商超,因为盒马在整体上吸引了更多顾客,复购率较高。"

因此,当数据和业务协同时,作为数据价值的表现形式,用户绩效和企业绩效均能实现指数型增长,但需注意用户绩效是企业绩效的先决条件,只有当用户绩效达到一定阈值之后,企业绩效才会被触发和加速攀升,正如图6.7所示。并且,用户绩效和企业绩效的仿真模拟结果也进一步印证了前文研究结论:①在数据驱动商业模式闭环的构建过程中,其助推力量和重要目标在于通过数据网络效应实现数据价值,对应于"闭环启动""闭环扩容""闭环加固"三阶段,则分别表现为场景匹配、连接协同、提效增值,其中场景匹配和连接协同主要归属于用户绩效,提效增值主要归属于企业绩效,由此可见,用户绩效先于企业绩效发生,用户绩效同时也是企业绩效的基础,这使得两者呈现如图6.7所示的形态关系;②在数据驱动商业模式闭环的组态特征中,高数据价值目标下大数据和商业模式创新的匹配组态有4类,其中高用户绩效对应"体验至上""运营强化"和"内容为王",高企业绩效对应"规模主导",这表明,只有通过多种方式将用户绩效做实做大之后,企业绩效才能更好实现,故两者呈现如图6.7所示的形态关系。

上述仿真结果表明,本章所构建的系统动力学模型能够较为准确地模拟数据驱动商业模式闭环的演化路径,可以进行敏感性分析,下面将对此展开讨论。

6.3.3 敏感性分析

敏感性分析是指通过调整某个变量的参数值来分析该变量对系统的影响,即考察其他变量伴随该变量参数值改变在横跨时间内的动态变化。敏感性分析主要针对那些估计的准确程度不高，但又具备重要理论及实践意义的变量参数（钟永光等，2016）。本章重点选取大数据分析能力、产品创新、市场定位、业务匹配进行敏感性分析，同时数据价值作为大数据和商业模式协同演化的结果。本章以用户绩效和企业绩效作为输出值，具体分析过程如下。

（1）大数据分析能力的敏感性分析。在原模型的基础上，本章通过将大数据分析能力系数提高10%（由0.12到0.132）来进行复合模拟，此时用户绩效和企业绩效的变化如图6.8a、图6.8b和表6.1所示。可以看出，用户绩效和企业绩效几乎保持不变，故大数据分析能力的提高对用户绩效和企业绩效没有影响。这看似"意料之外"，却也"情理之中"，因为单纯提高大数据分析能力等技术层面的硬实力并不能带来价值，只有将技术和商业模式等业务层面的软实力相结合，才能产生绩效（Chesbrough and Rosenbloom，2002；Sorescu，2017；Wiener et al.，2020），而这也正是本书研究的立足点。事实上，已有研究也大多认为大数据分析能力带来绩效提升是有条件的，例如奥拉博德等（Olabode et al.，2022）认为大数据分析能力需要通过颠覆式商业模式创新的中介作用才能提升市场绩效；格罗弗（Grover et al.，2018）指出大数据分析能力之所以产生价值，是因为它促进了动态能力。

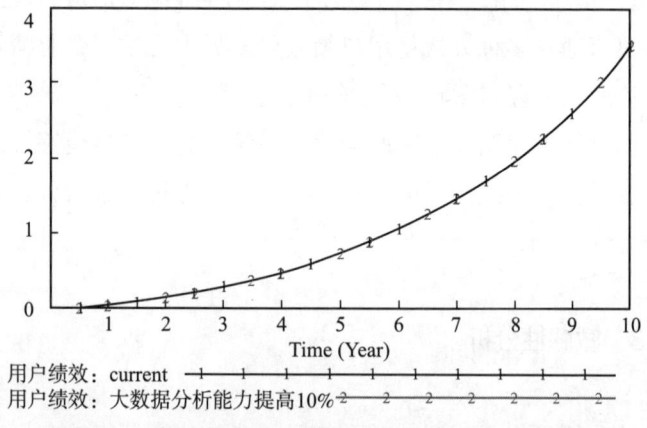

图6.8a　大数据分析能力对用户绩效的敏感性分析结果

第 6 章　数据驱动商业模式闭环的演化路径

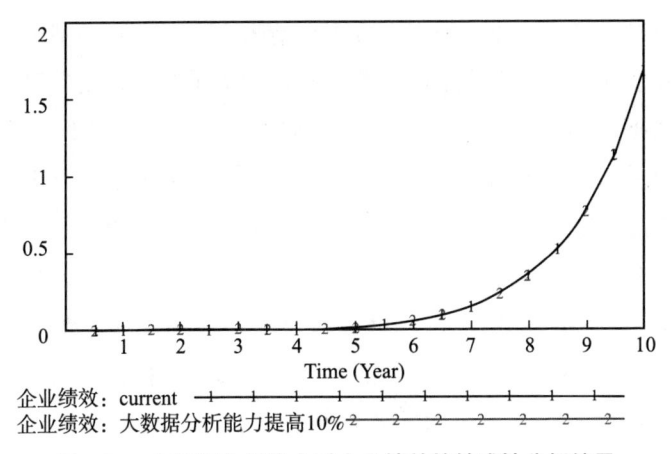

图 6.8b　大数据分析能力对企业绩效的敏感性分析结果

表 6.1　大数据分析能力对用户绩效和企业绩效的敏感性分析结果

年份	用户绩效 原仿真值	用户绩效 复合值	用户绩效 变化率（%）	企业绩效 原仿真值	企业绩效 复合值	企业绩效 变化率（%）
1	0.02	0.02	0.00	0.00	0.00	0.00
2	0.13	0.13	0.00	0.00	0.00	0.00
3	0.28	0.28	0.00	0.00	0.00	0.00
4	0.47	0.47	0.00	0.00	0.00	0.00
5	0.73	0.73	0.00	0.01	0.01	0.00
6	1.06	1.06	0.00	0.05	0.05	0.00
7	1.47	1.47	0.00	0.15	0.15	0.00
8	1.97	1.97	0.00	0.35	0.35	0.00
9	2.62	2.62	0.00	0.77	0.77	0.00
10	3.51	3.52	0.28	1.68	1.68	0.00

在盒马案例中，统一支付宝付款以及线上会员体系等举措有助于积累用户数据、洞察用户需求，进而通过多业态布局、适时创新商品等方

式优化用户体验，这使得用户画像更加清晰。同时，盒马基于对用户需求的洞察，反向介入企业生产，通过打造"买手制"以及生鲜直采体系等实现数据在需求侧和供给侧之间的双向流通，构建合作共赢的价值网。正如受访对象所言："盒马是一个兼顾消费互联网和产业互联网的企业，我们通过会员数字化绑定账户，以不断提升消费体验为原则，对用户进行全生命周期管理，并将消费大数据传导至供给侧，从而推进供应链建设，深耕产业链上游……数据是为开展业务提供支撑。"

因此，单纯提升大数据分析能力并不能带来数据价值的增加，只有当其与商业模式等业务层面的要素结合时，才会贡献出边际效用。并且，大数据分析能力的敏感性分析结果也进一步印证了前文研究结论：①在数据驱动商业模式闭环的构建过程中，数据网络效应实现的前提为数据驱动和商业模式关键维度的协同交互，即数据要产生价值，则必须经过分析形成洞察且与业务结合；②在数据驱动商业模式闭环的组态特征中，大数据的速度最能代表大数据分析能力，尽管大数据的速度是实现高数据价值的必要条件，但并不能单独作用，需要与其他条件共同作用于数据价值。

（2）产品创新的敏感性分析。在原模型的基础上，本章通过将产品创新系数提高10%（由0.2~0.22）来进行复合模拟，此时用户绩效和企业绩效的变化如图6.9a、图6.9b和表6.2所示。可以看出，用户绩效和企业绩效的复合值与原仿真值相比均呈上升趋势，截至第10年末，用户绩效和企业绩效的复合值比原仿真值分别提高6.27%和11.31%，故产品创新的提高对用户绩效和企业绩效产生正向影响。类似地，已有研究认为，大数据技术能够促进新产品开发和产品创新，使其上市周期更短、成本更低，并且市场接受度更高，从而具备"成长品"的特质（肖静华等，2020），也就是说，在大数据和智能算法的协同作用下，产品研发及创新正逐步摆脱人的经验决策，通过与用户交互的各类触点收集并分析海量数据，增强企业的市场敏感性，从而提升新产品开发的成功概率和产品创新绩效，做到"适销对路"（Davenport，2014；Johnson et al.，2017；Simsek et al.，2019）。

第 6 章 数据驱动商业模式闭环的演化路径

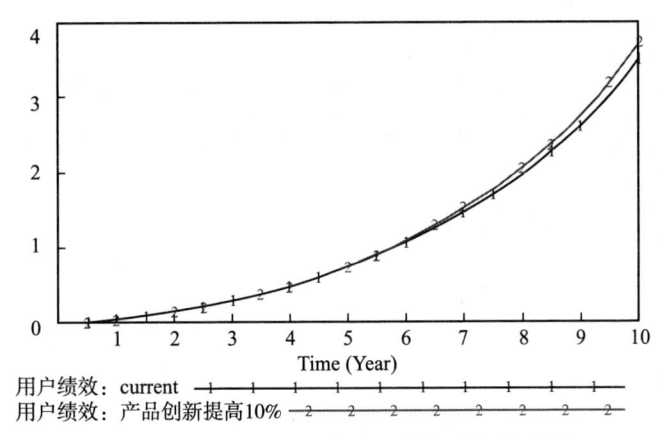

图 6.9a 产品创新对用户绩效的敏感性分析结果

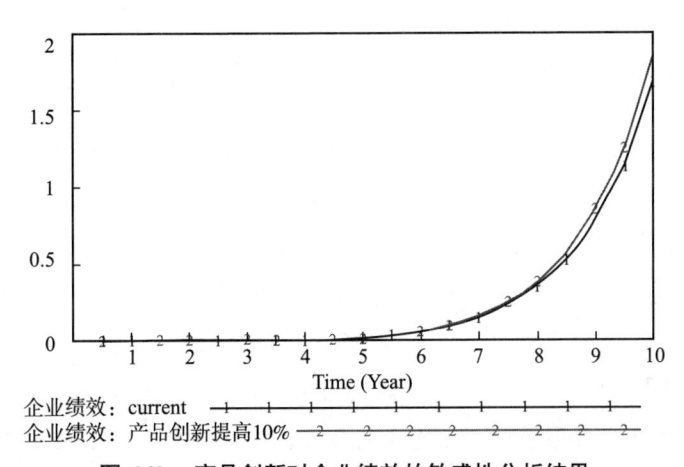

图 6.9b 产品创新对企业绩效的敏感性分析结果

表 6.2　　产品创新对用户绩效和企业绩效的敏感性分析结果

年份	用户绩效			企业绩效		
	原仿真值	复合值	变化率（%）	原仿真值	复合值	变化率（%）
1	0.02	0.02	0.00	0.00	0.00	0.00
2	0.13	0.13	0.00	0.00	0.00	0.00
3	0.28	0.28	0.00	0.00	0.00	0.00

续表

年份	用户绩效			企业绩效		
	原仿真值	复合值	变化率（%）	原仿真值	复合值	变化率（%）
4	0.47	0.48	2.13	0.00	0.00	0.00
5	0.73	0.75	2.74	0.01	0.02	100.00
6	1.06	1.09	2.83	0.05	0.06	20.00
7	1.47	1.51	2.72	0.15	0.16	6.67
8	1.97	2.05	4.06	0.35	0.37	5.71
9	2.62	2.74	4.58	0.77	0.84	9.09
10	3.51	3.73	6.27	1.68	1.87	11.31

在盒马案例中，通过大数据分析对标准化的大众商品进行了符合当地口味偏好的本地化改造，比如上海偏甜的食品比例更高，湖南偏辣的食品销量更好。盒马基于消费者喜好、规格、口味等特征，进一步推动C2M的柔性定制化生产，部分优化和创新的商品，也成为盒马的自有品牌。正如受访对象所言："除了数据中台，我们也会关注B站、小红书等社交平台的流行元素，捕捉最新的需求信息，将其融入商品创新中，比如推出西瓜味的牛奶、气泡味的坚果、小罐装大米、螺蛳粉青团，等等，目的在于满足年轻消费者猎奇心理的同时，也使得老字号品牌得到新的传承。"

因此，在数据驱动下，提升产品创新能够带来数据价值的增加，主要表现为基于连接互动的用户绩效，以及适销对路的企业绩效。并且，产品创新的敏感性分析结果也进一步印证了前文研究结论：①在数据驱动商业模式闭环构建过程的启动阶段，用户画像完善和全触点体验优化相互促进，进而实现场景匹配（数据网络效应的具体表现之一），作为数据价值的重要表现形式，场景匹配通过实时满足用户场景化需求，使得产品创新更加精准；②在数据驱动商业模式闭环的组态特征中，"体验至上"和"内容为王"均强调数字技术赋能差异化的用户消费旅程，针对用户场景化需求的产品创新对此过程数据价值的实现起着至关重要的作用。

（3）市场定位的敏感性分析。在原模型的基础上，本章通过将市场定位系数提高10%（由0.18～0.198）来进行复合模拟，此时用户绩效和企业绩效的变化如图6.10a、图6.10b和表6.3所示。可以看出，用户绩效和企业绩效的复合值与原仿真值相比均呈上升趋势，截至第10年末，用户绩效和企业绩效的复合值比原仿真值分别提高6.27%和11.31%，这与产品创新的敏感性分析结果一致，故市场定位的提高对用户绩效和企业绩效产生正向影响。类似地，已有研究认为，大数据时代的商业法则在于精准解读出用户需求，并据此快速实现社会化协作生产的安排（穆胜和娄珺，2015），这背后体现出精准和敏捷两大关键词。一方面，大数据可以帮助企业更好地洞察用户需求，找到目标客群，并通过精准触达等方式增强市场营销的有效性（Gupta et al., 2021; Kitchens et al., 2018）；另一方面，大数据使得企业能够充分了解内外部环境，有助于提升战略或运营决策的效率和质量，从而敏捷响应市场环境的变化（Simsek et al., 2019; Davenport, 2014）。

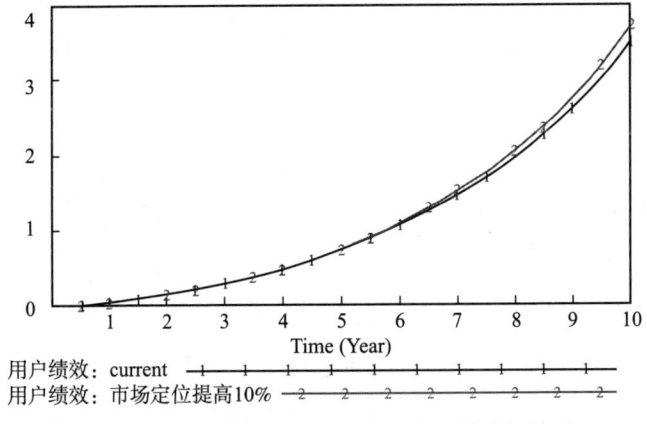

图 6.10a 市场定位对用户绩效的敏感性分析结果

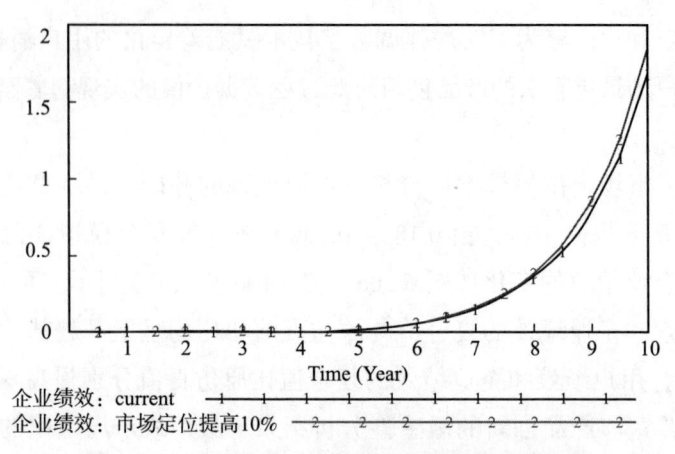

```
          2
        1.5
          1
        0.5
          0
            1   2   3   4   5   6   7   8   9   10
                         Time (Year)
```
企业绩效：current
企业绩效：市场定位提高10%

图 6.10b　市场定位对企业绩效的敏感性分析结果

表 6.3　市场定位对用户绩效和企业绩效的敏感性分析结果

年份	用户绩效			企业绩效		
	原仿真值	复合值	变化率（%）	原仿真值	复合值	变化率（%）
1	0.02	0.02	0.00	0.00	0.00	0.00
2	0.13	0.13	0.00	0.00	0.00	0.00
3	0.28	0.28	0.00	0.00	0.00	0.00
4	0.47	0.48	2.13	0.00	0.00	0.00
5	0.73	0.75	2.74	0.01	0.02	100.00
6	1.06	1.09	2.83	0.05	0.06	20.00
7	1.47	1.51	2.72	0.15	0.16	6.67
8	1.97	2.05	4.06	0.35	0.37	5.71
9	2.62	2.74	4.58	0.77	0.84	9.09
10	3.51	3.73	6.27	1.68	1.87	11.31

在盒马案例中，目标消费群体定位于大城市中高端白领阶层，包括晚上大部分时间在家的家庭用户、写字楼的办公白领，以及周末会去超市带着孩子出去走走的用户，他们对生活品质要求高，消费能力强，对时间敏感度较高，而对价格敏感度不高，是盒马的高黏度用户群。盒马

强调为顾客提供最新鲜的食材，大力推广"鲜美生活"的消费理念，其自营品牌"日日鲜"只卖当日生鲜，并且都是预包装、小包装的食材，满足顾客每一餐的需求，保证顾客买到的商品都是新鲜的，每天吃的商品都是新鲜的。相较 2019 年 8 月，2021 年 8 月盒马"日日鲜"销售额增长了 160%，无害/无抗生素食品销售额增长了 138%，远高于相应市场规模增长率。

因此，在数据驱动作用下，提升市场定位能够带来数据价值的增加，主要表现为基于精准触达的用户绩效，以及基于敏捷响应的企业绩效。并且，市场定位的敏感性分析结果也进一步印证了前文研究结论：①在数据驱动商业模式闭环构建过程的扩容阶段，数据双向递进和价值网络拓展相互促进，进而实现连接协同（数据网络效应的具体表现之一），作为数据价值的重要表现形式，连接协同通过打通供需两侧的数据流动，使得市场定位更加可靠；②在数据驱动商业模式闭环的组态特征中，"运营强化"强调数字技术赋能针对目标市场的高效率决策和精细化运作，"规模主导"强调在"运营强化"基础上持续扩大目标市场，两者共同支撑市场定位，从而拓展数据价值的前景。

（4）业务匹配的敏感性分析。在原模型的基础上，本章通过将业务匹配系数提高 10%（由 0.72~0.792）来进行复合模拟，此时用户绩效和企业绩效的变化如图 6.11a、图 6.11b 和表 6.4 所示。可以看出，用户绩效和企业绩效的复合值与原仿真值相比均呈上升趋势，截至第 10 年末，用户绩效和企业绩效的复合值比原仿真值分别提高 20.23% 和 48.21%，明显高于产品创新和市场定位的敏感性分析结果，故业务匹配的提高对用户绩效和企业绩效产生显著正向影响。类似地，已有研究认为，企业利用大数据等数字技术能够创造出匹配市场需求的产品，这一过程需打通多维度和原本孤立的数据，并基于智能算法从中挖掘出有价值的信息（大数据洞察），从而在动态变化环境下提升识别用户需求的能力，以最大化匹配产品和用户需求（Kitchens et al., 2018；Ross et al., 2019；Davenport, 2014）。同时，在多元化用户数据的支持下，个性化推荐算法能够不断完善其预测消费需求的精准度，实现产品精准触达用户，使得"千人千面"甚至"一人千面"的场景化商业模式创新成为可能，从而带来用户绩效和企业绩效的倍增（江积海，2019；肖静华等，2020；Grover et al.，2018）。

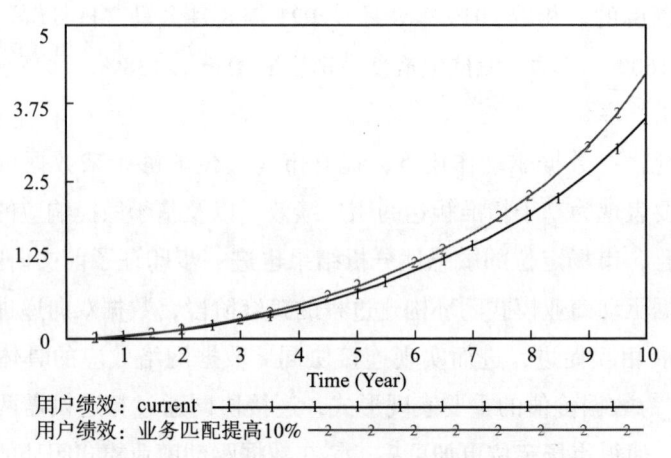

图 6.11a   业务匹配对用户绩效的敏感性分析结果

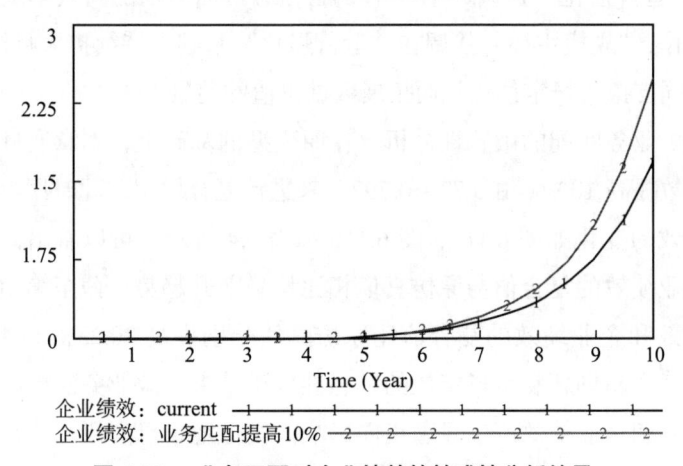

图 6.11b   业务匹配对企业绩效的敏感性分析结果

表 6.4   业务匹配对用户绩效和企业绩效的敏感性分析结果

年份	用户绩效			企业绩效		
	原仿真值	复合值	变化率（%）	原仿真值	复合值	变化率（%）
1	0.02	0.03	50.00	0.00	0.00	0.00

续表

年份	用户绩效			企业绩效		
	原仿真值	复合值	变化率（%）	原仿真值	复合值	变化率（%）
2	0.13	0.14	7.69	0.00	0.00	0.00
3	0.28	0.31	10.71	0.00	0.00	0.00
4	0.47	0.53	12.77	0.00	0.00	0.00
5	0.73	0.82	12.33	0.01	0.02	100.00
6	1.06	1.20	13.21	0.05	0.07	40.00
7	1.47	1.67	13.61	0.15	0.20	33.33
8	1.97	2.26	14.72	0.35	0.48	37.14
9	2.62	3.06	16.79	0.77	1.09	41.56
10	3.51	4.22	20.23	1.68	2.49	48.21

在盒马案例中，针对不同商圈、不同顾客，盒马鲜生创造出不同定位的业态，包括盒马邻里、盒马奥莱、盒马F2、盒马mini、X会员店、跨境GO等，通过精细化运营及多业态融合，进一步提升盒区消费者的生活品质。如今的盒马，已经不单是一个盒马鲜生，而是一个基于不同消费水平、规模和商圈特性来构建全系列的新商业业态。同时，盒马基于不断完善的阿里淘系数据和自身沉淀的用户数据优化算法模型，做到商品选品、预测和个性化营销的精准化。正如受访对象所言："基于不断完善的用户数据，现在生鲜订单预测的准确率已高达90%~95%，其他商品大概为80%，例如，上海有一家生鲜店原本没有卖豆芽，但是我们从数据中台发现，有很多顾客都搜索了豆芽，为了满足这部分顾客的需求，我们以最快的速度上架了豆芽，将其推送至曾经搜索过豆芽的顾客，不少顾客反馈到，盒马懂我！"

因此，在数据驱动下，提升业务匹配能够带来数据价值的显著增加，主要表现为基于场景触达的用户绩效，以及体验溢价的企业绩效。并且，业务匹配的敏感性分析结果也进一步印证了前文研究结论：①在数据驱动商业模式闭环构建过程的加固阶段，解决方案输出和竞争优势实现相互促进，进而实现提效增值（数据网络效应的具体表现之一），作为数据价值的重要表现形式，提效增值通过对数字化解决方案的全面部署，使得业务匹配更加多元；②在数据驱动商业模式闭环的组态特征中，"体验至上""运营强化""内容为王""规模主导"均强调数字技术赋能下业务匹配的做优做强，因为只有在数据和业务协同互补的基础上，数据价值才能被充分挖掘，带来用户绩效和企业绩效的双赢。

6.4 实践启示

基于数据驱动商业模式闭环演化路径的系统动力学仿真结果，本章给出如下实践启示：

首先，促进数据和业务的协同。企业应通过提高大数据转化能力、识别能力和分析能力来促进大数据体量、种类和速度的增长，在此基础上不断积淀大数据洞察，并将其应用于指导业务实践，主要通过更新价值主张来不断调整商业模式，使得产品创新、关键业务、用户关系等其他商业模式构成要素与大数据的体量、种类、速度产生一系列能够相互促进的连锁反应，从而带来数据和业务的协同。正如前文所述，数据和业务的协同需要中台架构的支撑，其功效在于稳定、专业、效率和赋能，即中台要为企业所有业务提供稳定的服务，每个服务中心都需要相关团队进行专业的运营，同时中台需要通过对业务能力的沉淀，提升需求响应效率，让企业在短时间内以低成本实现业务破局，并将业务破局后所获取的业务能力沉淀到中台，赋能企业在更广业务范围内产生价值。

其次，寻求数据价值的实现。企业应从用户绩效和企业绩效两方面看待数据价值。首先要注重通过产品创新、用户关系管理等举措提高用户绩效，在此基础上通过提升用户规模和客单价水平来促进企业绩效。企业绩效的增长较用户绩效而言具有时滞性，并且是部分用户绩效的变现，故应先将用户绩效的"蛋糕做大"，通过一系列变现方式，我们可以获取企业绩效的"蛋糕份额"。同时，在企业绩效增长之前，企业还要注重多元化融资和现金流管理，以免资金链断裂徒增失败风险。以消费互联网平台型企业为例，在围绕用户需求，大规模补贴拉新之前，需要设计好用户留存计划，确保"烧钱"不仅转化为用户数量的提升，还能有效降低用户的转移成本，补贴初期应在小范围内验证，明确对象和策略后再大规模推广，同时持续迭代产品以增加用户体验及其转移成本，当具备一定用户规模后，企业需要重新制定平台规则，避免平台过于拥挤所导致的劣币驱逐良币，然后推出新的服务，着力进行变现。

最后，强化数据、业务、数据价值之间的闭环反馈。企业应构建出数据驱动商业模式闭环，即在数据、业务、数据价值之间形成能够自我强化的闭环反馈。也就是说，数据和业务的协同带来数据价值，数据价值又进一步反哺数据和业务的协同，从而形成三者协同演化的良性循环。这一过程中，企业需要统筹兼顾大数据、商业模式等各要素，使之发挥协同作用，避免顾此失彼，同时还要做好短期资金管理和长期收益筹划，进而构建出更可持续的数据驱动商业模式闭环。正如前文所述，业务中台和数据中台相辅相成，共同构建起企业数据的运营闭环，其架构思路在于，首先通过解决局部业务场景问题实现业务联动和全局优化，其次通过覆盖全业务链构建数据优化和驱动业务能力，再次利用全业务链场景和大数据及算法技术，打造出企业内基于数据的核心竞争力，最后通过内部沉淀的数字能力对产业链上下游企业进行赋能，并且利用生态＋数字能力辐射产业相关的更多企业，凭借产业互联网平台进一步强化企业数据的运营闭环。

6.5 本章小结

本章基于复杂系统理论视角，结合数据网络效应，构建出大数据、商业模式、数据价值三者协同演化的系统动力学模型，并借助 Vensim PLE 软件对模型进行仿真模拟和敏感性分析，从而厘清了数据驱动商业模式闭环演化路径的"轨迹"。研究表明：

（1）数据驱动商业模式闭环是一个由大数据、商业模式、数据价值三大子系统组成的复杂系统，其演化路径表现为大数据和商业模式之间的相互促进和动态反馈，从而带来数据价值。数据价值又能进一步反哺大数据和商业模式之间的作用关系，形成三者协同演化的良性循环。

（2）对于数据驱动商业模式闭环的子系统，大数据体现为体量、种类、速度等关键维度，它们结合形成大数据洞察；商业模式包括价值主张、用户关系、关键业务等构成要素，其中价值主张是商业模式中提纲挈领的关键要素；数据价值从用户绩效和企业绩效切入。模型仿真结果表明，随着时间的增加，大数据洞察、价值主张、用户绩效和企业绩效均呈增长态势（与"飞轮效应"的启动原理相似），其中数据和业务的协同是应有之义，表现为企业基于大数据洞察更新价值主张，同时利用价值主张的更迭反哺大数据洞察，两者相辅相成、相互促进，这一过程会带来数据价值的实现，表现为用户绩效和企业绩效的指数型增长，并且用户绩效是企业绩效的先决条件，只有当用户绩效达到一定阈值之后，企业绩效才会被触发和加速攀升。这在一定程度上解释了数字经济时代的新创企业在创立之初为何非常强调用户增长，进而在后期寻求多元化变现的原因，以及为何大量新创企业在创立后不久便因为企业绩效迟迟"不动声色"而"折戟沉沙"。

（3）敏感性分析结果表明，单纯提升大数据分析能力并不能带来数据价值的增加，只有当其与商业模式等业务层面的要素结合时，才会贡献出边际效用。具体而言，在数据驱动作用下，提升产品创新、市场定位、业务匹配均能带来数据价值的增加，其中产品创新和市场定位的促进强度相当，而业务匹配的促进强度最大。这进一步印证了本书关于"数据和业务协同产生数据价值"的出发点和研究基调，同时也是对前文研究的总结佐证。

综上所述，作为数据驱动商业模式闭环形成机理的"终点线"，本章探讨数据驱动商业模式闭环这一复杂系统的演化路径，是对前文关于构建过程和组态特征研究结论的进一步整合、归纳和佐证。

第7章
结　语

7.1　研究结论

本书立足数字经济时代下企业数字化转型或数字化创新实践，选取消费互联网新创企业作为样本案例，遵循"数据—业务—价值"协同关系的逻辑主线，基于数据网络效应理论基础，以及复杂系统理论视角，通过案例研究、模糊集定性比较分析（fsQCA）和系统动力学建模仿真（SD）探讨数据驱动商业模式闭环的构建过程、组态特征及演化路径，从而全方位揭示其形成机理。本书的主要研究结论及其逻辑关系可以归纳如图7.1所示。

具体而言，本书的研究结论如下：

首先，针对数据驱动商业模式闭环的构建过程，本书基于数据网络效应理论，通过盒马案例研究发现，数据驱动商业模式闭环的构建过程包括"闭环启动""闭环扩容""闭环加固"三个阶段，表现为"全触点体验优化→价值网络拓展→竞争优势实现"的动态循环，其背后体现出数据网络效应的理论逻辑。遵循数据网络效应的理论逻辑，"闭环启动""闭环扩容""闭环加固"三大阶段可进一步被提炼为"场景匹配""连接协同""提效增值"，数据网络效应作为助推数据驱动商业模式闭环构建的理论逻辑，其功效在于"场景匹配→连接协同→提效增值"的动态循环。

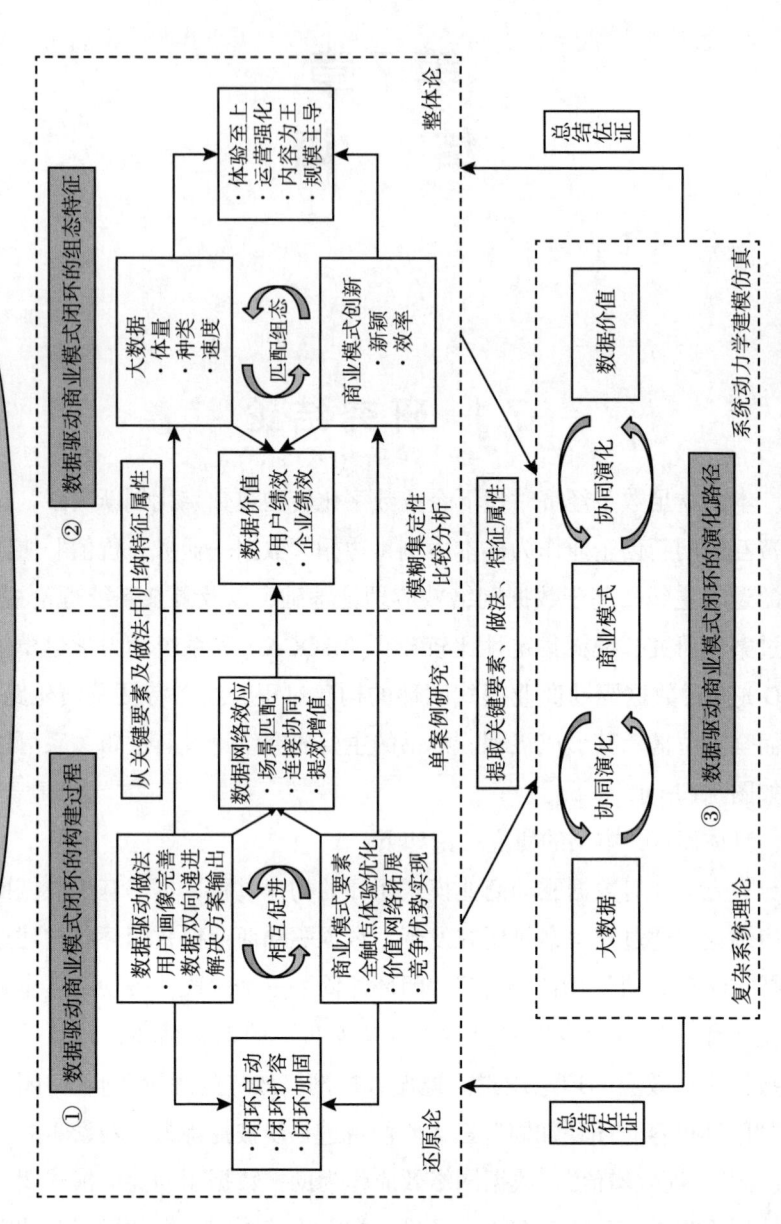

图 7.1 数据驱动商业模式闭环形成机理的主要研究结论及其逻辑关系

其次，针对数据驱动商业模式闭环的组态特征，本书在构建过程的基础上，基于整体论视角，将数据驱动的具体做法提炼为大数据的体量、种类和速度三大特征，将数据驱动下商业模式关键维度的改变提炼为商业模式创新的新颖和效率两大属性，将数据网络效应提炼为数据价值的用户绩效和企业绩效两大维度，进而探讨在实现数据价值目标下大数据和商业模式创新的匹配组态。本书通过对中国41家消费互联网新创企业的模糊集定性比较分析，将带来高数据价值的4类组态分别标签为"体验至上""运营强化""内容为王""规模主导"，它们被视为数据驱动商业模式闭环的组态特征，同时，这4类组态之所以能够带来高数据价值，是因为它们触发了数据网络效应中的关键要素，这其中以AI能力的预测速度和预测精准度最为核心，在本书研究中，则主要对应于大数据的速度。作为必要条件，大数据的速度对于实现高数据价值至关重要，但其并不能单独发挥作用，需要与商业模式创新以及大数据的体量和种类等其他要素有机结合，以达成数据和业务之间的协同，从而促进数据价值最大化。此外，导致非高数据价值的组态有9类，本书统一将其标签为"数据—业务欠缺"，即由于缺乏大数据的速度这一核心驱动力，使得数据网络效应难以维系，数据和业务之间的协同自然也就难以达成，从而导致非高数据价值。作为对照，"数据—业务欠缺"是数据驱动商业模式闭环组态特征的"反面教材"。

最后，针对数据驱动商业模式闭环的演化路径，本书基于复杂系统理论视角，适当提取构建过程中的关键要素和做法，以及组态特征中的特征属性，通过系统动力学建模仿真发现，数据驱动商业模式闭环是一个由大数据、商业模式、数据价值三大子系统组成的复杂系统，其演化路径表现为大数据和商业模式之间的相互促进和动态反馈，从而带来数据价值，并且数据价值又能进一步反哺大数据和商业模式之间的作用关系，形成三者协同演化的良性循环。具体而言，以大数据洞察表征大数据，以价值主张表征商业模式，以用户绩效和企业绩效表征数据价值，仿真结果表明，随着时间的增加，大数据洞察、价值主张、用户绩效和企业绩效均呈增长态势（与"飞轮效应"的启动原理相似），即企业基于大数据洞察更新价值主张，同时利用价值主张的更迭反哺大数据洞察，两者相辅相成、相互促进，这一过程会带来数据价值的实现，表现为用户绩效和企业绩效的指数型增长，并且用户绩效是企业绩效的先决条件，只有当用户绩效达到一定阈值之后，企业绩效才会被触发和加速攀升。同时，敏感性分析结果表明，单纯提升大数据分析能力并不能带来数据价值的增加，只有当其与商业模式等业务层面的要素结合时，才会贡献出边际效用。在数据驱动下，提升产品创新、市场定位、业务匹配能够带来数据价值的增加，其中产品创新和市场定位的促进强度相当，而业务匹配的促进强度最大。这进一步印证了本书关于"数据和业务协同产生数据价值"的出发点和研究基调，同时也是对前文研究的总结佐证。

7.2 理论贡献

本书的理论贡献主要体现为如下三方面：

（1）本书揭示了数据驱动商业模式闭环的形成机理，是对现有数据驱动商业模式创新以及商业模式闭环研究的丰富和深化。

现有数据驱动商业模式创新的相关研究主要探讨了大数据等数字技术对商业模式价值创造、价值传递或价值捕获单一维度的影响（Trischler and Li-Ying, 2022; Wiener et al., 2020; Breidbach and Maglio, 2020），聚焦生产运营优化、产品/服务创新、业态转变三大层面的数据价值（陈晓红等，2022；刘洋等，2020；Grover et al., 2018）。然而，商业模式作为跨越核心企业，连接合作伙伴、供应商、客户等利益相关者，各要素相互依赖的活动体系，理应以系统和整体的视角对其进行考察（Zott and Amit, 2010）。并且，大数据等数字技术的应用使得商业模式这一活动体系的边界更加模糊，故数据驱动商业模式创新已超越传统商业模式创新中线性单一的维度，带来"牵一发而动全身"的系统创新（Foss and Saebi, 2017; Sjödin et al., 2021）。同时，部分学者开始基于要素之间的协同联动、反馈迭代等方式触及商业模式闭环的概念（Casadesus-Masanell and Ricart，2010，2011；Teece，2010，2018），但是在数字化情境下，尤其是考虑到数据作为驱动因素时，相关研究较为缺乏。

为弥补相关研究不足，本书将数据驱动商业模式创新和商业模式闭环相结合，以"数据—业务—价值"的协同关系为逻辑主线，通过构建过程、组态特征及演化路径三大研究主体，全方位揭示数据驱动商业模式闭环的形成机理。具体而言，首先，本书基于数据网络效应理论，通过盒马案例研究，明晰了数据驱动商业模式构建的闭环过程（包括"闭环启动""闭环扩容"和"闭环加固"）。其次，本书借助组态分析方法，将大数据（体量、种类、速度）匹配商业模式创新（新颖、效率）带来高数据价值（用户绩效、企业绩效）的组态视为数据驱动商业模式闭环的组态特征（包括"体验至上""运营强化""内容为王""规模主导"），并通过数据网络效应理论和代表性案例实践阐明其背后的机理。最后，本书基于复杂系统理论视角，结合数据网络效应，构建出大数据、商业模式、数据价值三者之间协同演化的系统动力学模型，并借助 Vensim PLE 软件对模型进行仿真模拟和敏感性分析，从而厘清了数据驱动商业模式闭环的演化路径。本书通过探讨数据驱动商业模式闭环的形成机理，进一步完善了基于大数据、AI 等数字技术的数据驱动商业模式创新以及商业模式闭环研究（刘洋等，2020；Burstrm et al.，2021；Wiener et al.，2020；Sorescu，2017）。

（2）本书拓展了数据网络效应的研究情境及理论逻辑，是对数据网络效应这一新兴理论的验证和传承。

作为学界提出的新概念和新理论，数据网络效应不仅涵盖用户价值和用户数量相互促进这一网络效应的基本要义，更强调 AI 算法基于对不断积累用户数据的持续学习和优化，为用户带来符合其偏好的产品或实时个性化体验，从而显著提升其感知价值（Gregory et al.，2021；Knudsen et al.，2021；Cennamo，2021）。现有文献对数据网络效应的探讨主要聚焦需求侧的用户感知价值，强调对用户数据的积累和分析能够提升用户体验，形成良性循环，但却缺乏对价值创造和价值捕获之间相互关系的探讨，以及在更多研究情境下的实证检验（Gregory et al., 2021, 2022）。

为弥补相关研究不足，首先，本书以数据驱动商业模式闭环的构建过程为载体，通过盒马案例研究补充了数据网络效应的理论逻辑，具体表现为"场景匹配→连接协同→提效增值"的动态循环，从而将数据网络效应的理论边界由需求侧的用户感知价值进一步延伸至需求侧和供给侧协同联动所带来的数据价值和竞争优势，同时也将数据网络效应的作用客体延伸至价值创造、价值传递和价值捕获及其相互关系（Gregory et al., 2021, 2022）。其次，本书以数据驱动商业模式闭环的组态特征为载体，通过大数据和商业模式创新匹配组态影响数据价值的模糊集定性比较分析，实证检验了数据网络效应的作用机理，认为"体验至上""运营强化""内容为王""规模主导"之所以能够带来高数据价值，是因为它们触发了数据网络效应中的关键要素，这其中以AI能力的预测速度和预测精准度最为核心，并且数据网络效应之所以能带来数据价值，是因为其实现了大数据（尤其是大数据的速度）和商业模式创新的有效匹配，这也是对数据网络效应理论框架的实证检验（Gregory et al., 2021, 2022）。

（3）本书基于复杂系统理论视角，通过案例研究、模糊集定性比较分析（fsQCA）和系统动力学建模仿真（SD），来探讨数据驱动商业模式闭环的形成机理，是对商业模式研究在系统论视角及方法上的推进。

现有商业模式研究主要采用的研究方法为理论概念、案例研究和计量实证，并且较多基于还原论视角来层层解构商业模式，对其构成要素及其他内外部因素之间的系统关联探讨较少（Foss and Saebi, 2017; Snihur and Bocken, 2022）。然而，商业模式的本质是一个活动体系，大数据等数字技术的广泛应用，以及数字经济时代的VUCA特征，使得这一活动体系的边界更加模糊，其复杂系统的特征越发明显（韩炜等，2021；单宇等，2021；Wang, 2021；Liu et al., 2021）。同时，福斯和赛比（2017）、兰佐拉和马基迪斯（2021）也强调，未来研究应从复杂系统理论视角探析商业模式及商业模式创新。陶舍尔（2018）和帕克等（2020）进一步呼吁采用定性比较分析（QCA）和系统动力学（SD）两大基于整体论和系统论的研究方法来研究商业模式，因为它们更好地匹配了商业模式活动体系的本质。可见，基于复杂系统理论视角，在还原论的基础上综合使用整体论的研究方法，是商业模式及商业模式创新研究的新趋势。

为弥补相关研究不足，本书基于学界对商业模式是活动体系的本质界定，从复杂系统理论视角出发，将还原论和整体论相结合，在案例研究的基础上通过模糊集定性比较分析（fsQCA）和系统动力学建模仿真（SD）全方位揭示数据驱动商业模式闭环的形成机理。具体而言，本书基于构建过程的关键要素及做法归纳其特征属性，借助 fsQCA 探讨大数据（体量、种类、速度）与商业模式创新（新颖、效率）的不同匹配组态对数据价值（用户绩效、企业绩效）的影响，从整体论视角抽象出数据驱动商业模式闭环的组态特征，以揭示其"多重并发""殊途同归""非对称性"的复杂因果关系。同时，数据驱动商业模式闭环是一个复杂系统，包括大数据、商业模式、数据价值三大子系统之间的动态反馈关系，涉及诸多定性、定量，以及存量、流量等变量，本书借助 SD 明晰这些变量之间的复杂关系，进而厘清其演化路径，这也是对商业模式研究在系统论视角及方法上的推进，能够在一定程度上弥补其传统研究静态单一的不足（Täuscher，2018；Snihur and Eisenhardt，2022；Vatankhah et al.，2023）。

7.3 管理启示

从数据驱动商业模式闭环形成机理的研究结论出发，本书认为企业应以复杂系统管理思维开展数字化转型或数字化创新，通过类似"飞轮效应"正向增强循环的数据网络效应，实现"数据—业务—价值"的协同关系，从而成功部署数据驱动商业模式闭环，获取数字化红利。具体细化为如下管理启示：

首先，企业应将数据驱动力作用于供需两侧，积极沉淀数字化能力以形成解决方案。在创立之初，企业应以提升用户体验为核心，充分挖掘和利用各类用户触点，实现线上线下一体化运营和相互导流，抑或寻求数据平台公司的服务，从而积累一定体量的用户数据，并逐步细化用户画像，实现后续对产品及服务的迭代优化。同时，不断积累的用户数据是企业的重要资源，基于数据分析企业可以更好地洞察用户需求、捕捉市场需求信息，并将其传导至产业链上游企业的研发生产等环节，实现需求主导下的高质量、高效率的供给侧结构性改革，进而促成企业的全链路数字化转型。并且，基于对数据中台和业务中台的持续打磨，企业在不断强化业务数据化和数据业务化之间闭环衔接的同时，力争将沉淀下来的数字能力通过软件即服务（Software-as-a-Service，SaaS），甚至打造特定领域的产业互联网平台，以提供解决方案的形式对外输出、服务生态，以寻求企业内外部的网络协同，从而构筑更高阶的竞争优势。

其次，企业应通过数据和业务的协同最大化数据价值，并且兼顾用户绩效和企业绩效的双重目标。企业应通过自主研发、外包或引进的方式发展自身的大数据技术，包括对大数据体量、种类和速度等关键特征的部署，它们相辅相成，其中大数据速度代表企业的大数据分析能力，是大数据技术的核心力量。同时，企业应积极进行商业模式创新来释放大数据技术的潜在价值，此过程强调对商业模式新颖性、效率性等关键属性的培育，从而达成数据和业务之间的协同，实现数据价值的最大化。特别地，企业应从用户绩效和企业绩效两方面看待数据价值。在数据和业务协同的基础上，企业应通过优化用户体验、强化生产运营、丰富数字内容等举措，提高用户满意度，从而实现用户绩效。在实现用户绩效的基础上，企业应考虑做大用户规模、扩充用户数据，实现对用户画像的进一步完善，从而更加精准地洞察用户需求，并寻求多元化的变现方式，以实现企业绩效。

最后，企业应打通数据、业务、价值之间的闭环反馈，还需掌握用户绩效和企业绩效的增长规律以避免资金压力。企业应构建出数据驱动商业模式闭环,即在数据、业务、数据价值之间形成能够自我强化的闭环反馈。也就是说,数据和业务的协同带来数据价值,数据价值又进一步反哺数据和业务的协同,从而形成三者协同演化的良性循环。这一过程中,企业需要统筹兼顾大数据、商业模式等各要素,使之发挥协同作用,避免顾此失彼。同时,企业首先要注重通过产品创新、用户关系管理等举措提高用户绩效,在此基础上通过提升用户规模和客单价水平促进企业绩效。企业绩效的增长较用户绩效而言具有时滞性,并且是部分用户绩效的变现,故应先将用户绩效的"蛋糕做大",再通过一系列变现方式获取企业绩效的"蛋糕份额"。可见,在企业绩效增长之前,企业应做好短期资金管理和长期收益筹划,注重多元化融资和现金流管理,以免资金链断裂徒增失败风险,进而构建出更可持续的数据驱动商业模式闭环。

7.4 研究局限与未来研究方向

本书虽然对数据驱动商业模式闭环的形成机理做了有益探索,但仍存在如下研究局限供未来研究进一步探讨:

首先,本书案例样本主要为数字化程度更高的消费互联网新创企业(to C),然而在"互联网下半场"的市场环境以及智能制造的发展趋势下(张明超等,2021;Sjödin et al.,2022),有必要进一步聚焦针对产业互联网新创企业(to B),探讨其数据驱动商业模式闭环的形成机理。同时,本书所选案例样本主要为"供给和履约在线下"的新创企业,并且普遍具有线上线下一体化的特征,研究结论可能并不适用于"供给和履约在线上"的其他新创企业(如视频网站、直播、在线游戏等),今后可进一步完善相关研究。

其次,数据网络效应脱胎于网络效应,而网络效应不仅包括网络规模,还受网络行为和网络结构的影响(Afuah,2013;Gregory et al.,2021),本书遵循"数据—业务—价值"协同关系的逻辑主线,仅通过将数据驱动的具体做法以及商业模式关键维度的改变相结合，对数据网络效应的理论逻辑进行了适当补充，今后可依托其他理论（如学习效应、交易成本经济学等），进一步深化对数据网络效应理论逻辑的挖掘。同时，本书在理论构建和理论验证部分仅涉及了格雷戈里等（2021）所提出数据网络效应理论框架的部分要素，并且仅考虑了正向的数据网络效应，今后可将平台合法性（包括数据隐私和算法透明性）以及负向的数据网络效应统筹进来做系统探讨。

再次，本书虽然以复杂系统理论视角探究数据驱动商业模式闭环的形成机理，但是为了降低研究的复杂度和提升研究的可操性，仅从"数据—业务—价值"的协同关系切入，划定研究边界为大数据、商业模式（创新）和数据价值，相应细分维度及指标的选取也都做了简化处理，并且为了聚焦其类似"飞轮效应"的良性循环，仅关注了特定时间跨度内不考虑延迟情况下各要素之间的增强回路（正反馈），今后可纳入更多关键要素（例如大数据的真实性和易变性，商业模式创新的互补性和锁定性等）(Trischler and Li-Ying, 2022; Grover et al., 2018)，在更长时间跨度内将促成系统调节回路（负反馈）的其他衰减因素以及延迟情况也考虑在内，以更真实地反映数据驱动商业模式闭环这一复杂系统。同时，对于关键构念或变量的测度，本书尽量以客观统计指标赋值，其中部分需要根据调研材料进行主观测评，由此可能产生测度偏差，今后可通过借助文本挖掘和自然语言处理等大数据分析技术避免这一问题。

最后，本书仅考虑了企业获取经济价值的商业模式闭环，然而伴随学界及业界对 ESG[①] 和 CSR[②] 的呼声日益高涨（Frishammar and Parida,

---

[①] ESG 是 environmental（环境）、social（社会）和 governance（公司治理）的缩写，是指一种通过将环境、社会与治理因素纳入投资决策与企业经营，从而积极响应可持续发展理念的投资、经营之道。

[②] CSR 是 corporate social responsibility 的缩写，即企业社会责任，是指企业在创造利润、对股东和员工承担法律责任的同时，还要承担对消费者、社区和环境的责任，企业的社会责任要求企业必须超越把利润作为唯一目标的传统理念，强调在生产过程中对人的价值的关注，并且强调对环境、消费者、对社会的贡献。

2019；Kanda et al., 2021），今后可将社会价值和环境价值也纳入其中，进一步探讨数据驱动可持续商业模式闭环的形成机理。同时，数据驱动的核心力量是智能算法（Brock and Von Wangenheim，2019），今后可更进一步透过现象看本质，探讨智能算法对商业模式闭环形成的作用机理。

参考文献

[1] 白冰峰, 高峻峻, 姜壮. 数字化创新驱动中国零售供应链协同[J]. 清华管理评论, 2020（12）：53-58.

[2] 曹鑫, 欧阳桃花, 黄江明. 智能互联产品重塑企业边界研究：小米案例[J]. 管理世界, 2022, 38（4）：125-142.

[3] 陈国青, 曾大军, 卫强, 等. 大数据环境下的决策范式转变与使能创新[J]. 管理世界, 2020, 36（2）：95-105+220.

[4] 陈剑, 黄朔, 刘运辉. 从赋能到使能——数字化环境下的企业运营管理[J]. 管理世界, 2020, 36（2）：117-128+222.

[5] 陈晓红, 李杨扬, 宋丽洁, 等. 数字经济理论体系与研究展望[J]. 管理世界, 2022, 38（2）：13-16+208-224.

[6] 陈衍泰, 许正中, 谢在阳. 数字经济发展背景下数据要素参与分配的机制研究——以浙江为例[J]. 清华管理评论, 2021（11）：92-98.

[7] 崔丽, 雷婧, 张璐, 等. 基于价值主张与动态能力互动的企业资源配置案例研究[J]. 科研管理, 2021, 42（4）：180-190.

[8] 单宇, 许晖, 周连喜, 等. 数智赋能：危机情境下组织韧性如何形成？——基于林清轩转危为机的探索性案例研究[J]. 管理世界, 2021, 37（3）：84-104+7.

[9] 杜运周, 李佳馨, 刘秋辰, 等. 复杂动态视角下的组态理论与QCA方法：研究进展与未来方向[J]. 管理世界, 2021, 37（3）：12-13+180-197.

[10] 谷方杰, 张文锋. 基于价值链视角下企业数字化转型策略探究——以西贝餐饮集团为例[J]. 中国软科学, 2020（11）：134-142.

[11] 韩炜,邓渝.商业生态系统研究述评与展望[J].南开管理评论,2020,23(3):14-27.

[12] 韩炜,杨俊,胡新华,等.商业模式创新如何塑造商业生态系统属性差异?——基于两家新创企业的跨案例纵向研究与理论模型构建[J].管理世界,2021,37(1):788+-107.

[13] 胡祥培,王明征,王子卓,等.线上线下融合的新零售模式运营管理研究现状与展望[J].系统工程理论与实践,2020,40(8):2023-2036.

[14] 黄江明,李亮,王伟.案例研究:从好的故事到好的理论——中国企业管理案例与理论构建研究论坛(2010)综述[J].管理世界,2011(2):118-126.

[15] 吉姆·柯林斯.飞轮效应:从优秀到卓越的行动指南[M].北京:中信出版社,2020.

[16] 江积海,李琴.平台型商业模式创新中连接属性影响价值共创的内在机理——Airbnb的案例研究[J].管理评论,2016,28(7):252-260.

[17] 江积海,唐倩,王烽权.商业模式多元化及其创造价值的机理:资源协同还是场景互联?——美团2010-2020年纵向案例研究[J].管理评论,2022,34(1):306-321.

[18] 江积海.商业模式创新中"逢场作戏"能创造价值吗?——场景价值的理论渊源及创造机理[J].研究与发展管理,2019,31(6):139-154.

[19] 焦豪,杨季枫,王培暖,等.数据驱动的企业动态能力作用机制研究——基于数据全生命周期管理的数字化转型过程分析[J].中国工业经济,2021(11):174-192.

[20] 李飞,乔晗.数字技术驱动的工业品服务商业模式演进研究——以金风科技为例[J].管理评论,2019,31(8):295-304.

[21] 李杰,陈超美.CiteSpace:科技文本挖掘及可视化(第3版)[M].北京:首都经济贸易大学出版社,2022.

[22] 李卅立, 郑孝莹, 王永贵. 需求基础观: 从用户角度来研究战略管理[J]. 管理学季刊, 2016, 1 (3): 128-141+147.

[23] 李树文, 罗瑾琏, 胡文安. 从价值交易走向价值共创: 创新型企业的价值转型过程研究[J]. 管理世界, 2022, 38 (3): 125-144.

[24] 李文莲, 夏健明. 基于"大数据"的商业模式创新[J]. 中国工业经济, 2013 (5): 83-95.

[25] 李新然, 刘媛媛. 政策干预下的闭环供应链研究综述[J]. 科研管理, 2018, 39 (S1): 308-316.

[26] 刘杰. 数据时代的企业算法治理思维[J]. 清华管理评论, 2021 (4): 74-84.

[27] 刘向东, 何明钦, 刘雨诗. 数字化零售能否提升匹配效率?——基于交易需求异质性的实证研究[J]. 南开管理评论, 2022, 网络首发.

[28] 刘洋, 董久钰, 魏江. 数字创新管理: 理论框架与未来研究[J]. 管理世界, 2020, 36 (7): 198-217+219.

[29] 罗家德, 曾丰又. 基于复杂系统视角的组织研究[J]. 外国经济与管理, 2019, 41 (12): 112-134.

[30] 罗珉, 李亮宇. 互联网时代的商业模式创新: 价值创造视角[J]. 中国工业经济, 2015 (1): 95-107.

[31] 马浩, 侯宏, 刘昶. 数字经济时代的生态系统战略: 一个ECO框架[J]. 清华管理评论, 2021 (3): 24-33.

[32] 毛基业. 运用结构化的数据分析方法做严谨的质性研究——中国企业管理案例与质性研究论坛 (2019) 综述[J]. 管理世界, 2020, 36 (3): 221-227.

[33] 牟新娣, 李秀婷, 董纪昌, 等. 基于系统动力学的我国住房需求仿真研究[J]. 管理评论, 2020, 32 (6): 16-28.

[34] 穆胜, 娄珺. 大数据时代的商业法则[J]. 清华管理评论, 2015 (6): 38-42.

[35] 钱雨, 孙新波. 数字商业模式设计: 企业数字化转型与商业模

式创新案例研究[J].管理评论,2021,33(11):67-83.

[36]盛昭瀚,于景元.复杂系统管理:一个具有中国特色的管理学新领域[J].管理世界,2021,37(6):2+36-50.

[37]苏敬勤,张帅,马欢欢,等.技术嵌入与数字化商业模式创新——基于飞贷金融科技的案例研究[J].管理评论,2021,33(11):121-134.

[38]田剑,徐佳斌.平台型企业商业模式创新驱动因素研究[J].科学学研究,2020,38(5):949-960.

[39]童文锋,史轩亚,杜义飞.价值圈层:数字时代的新空间和新战略[J].清华管理评论,2022(Z1):42-50.

[40]王烽权,江积海,王若瑾.人工智能如何重构商业模式匹配性?——新电商拼多多案例研究[J].外国经济与管理,2020,42(7):48-63.

[41]王烽权,江积海.互联网短视频商业模式如何实现价值创造?——抖音和快手的双案例研究[J].外国经济与管理,2021,43(2):3-19.

[42]王其藩.系统动力学[M].上海:上海财经大学出版社,2009.

[43]魏江,杨洋,邬爱其,等.数字战略[M].杭州:浙江大学出版社,2022.

[44]吴晓波,张馨月,沈华杰.商业模式创新视角下我国半导体产业"突围"之路[J].管理世界,2021,37(3):123-136+9.

[45]吴晓波,赵子溢.商业模式创新的前因问题:研究综述与展望[J].外国经济与管理,2017,39(1):114-127.

[46]吴绪亮.新发展格局下数字经济创新的战略要点[J].清华管理评论,2021(3):98-103.

[47]夏清华,娄汇阳.基于商业模式刚性的商业模式创新仿真——传统企业与互联网企业比较[J].系统工程理论与实践,2018,38(11):2776-2792.

［48］肖静华，胡杨颂，吴瑶.成长品：数据驱动的企业与用户互动创新案例研究［J］.管理世界，2020，36（3）：183-205.

［49］肖静华，吴瑶，刘意，等.消费者数据化参与的研发创新——企业与消费者协同演化视角的双案例研究［J］.管理世界，2018，34（8）：154-173+192.

［50］谢康，夏正豪，肖静华.大数据成为现实生产要素的企业实现机制：产品创新视角［J］.中国工业经济，2020（5）：42-60.

［51］徐鹏，徐向艺.人工智能时代企业管理变革的逻辑与分析框架［J］.管理世界，2020，36（1）：122-129+238.

［52］许宪春，张钟文，胡亚茹.数据资产统计与核算问题研究［J］.管理世界，2022，38（2）：16-30+2.

［53］杨德明，刘泳文."互联网+"为什么加出了业绩［J］.中国工业经济，2018（5）：80-98.

［54］杨俊，张玉利，韩炜，等.高管团队能通过商业模式创新塑造新企业竞争优势吗？——基于CPSEDⅡ数据库的实证研究［J］.管理世界，2020，36（7）：55-77+88.

［55］杨伟，蒲肖.数据驱动构筑富有韧性的创新生态系统［J］.清华管理评论，2021（11）：74-80.

［56］杨晓光，高自友，盛昭瀚，等.复杂系统管理是中国特色管理学体系的重要组成部分［J］.管理世界，2022，38（10）：1-24.

［57］杨扬，刘圣，李宜威，等.大数据营销：综述与展望［J］.系统工程理论与实践，2020，40（8）：2150-2158.

［58］云乐鑫，杨俊，张玉利.创业企业如何实现商业模式内容创新？——基于"网络—学习"双重机制的跨案例研究［J］.管理世界，2017（4）：119-137+188.

［59］张璐，雷婧，张强，长青.纲举而目张：基于价值主张演变下商业模式创新路径研究［J］.南开管理评论，2022，25（4）：110-121.

［60］张明，杜运周.组织与管理研究中QCA方法的应用：定位、策略和方向［J］.管理学报，2019，16（9）：1312-1323.

［61］张明超，孙新波，王永霞. 数据赋能驱动精益生产创新内在机理的案例研究［J］. 南开管理评论，2021，24（3）：102-116.

［62］张玉利，李雪灵，周欣悦，等. 商业模式创新过程："从无到有"与"从有到新"［J］. 管理学季刊，2020，5（3）：113-118.

［63］张振刚，许亚敏，罗泰晔. 大数据时代企业动态能力对价值链重构路径的影响——基于格力电器的案例研究［J］. 管理评论，2021，33（3）：339-352.

［64］钟华. 数字化转型的道与术［M］. 北京：机械工业出版社，2020.

［65］钟永光，贾晓菁，钱颖. 系统动力学前沿与应用［M］. 北京：科学出版社，2016.

［66］Achtenhagen L，Melin L，Naldi L. Dynamics of business models -strategizing, critical capabilities and activities for sustained value creation［J］. *Long Range Planning*，2013，46（6）：427-442.

［67］Adrian P，Pennie F，Andreas E. The customer value proposition: Evolution, development, and application in marketing［J］. *Journal of the Academy of Marketing Science*，2017，45（6）：1-23.

［68］Afuah A. Are network effects really all about size? The role of structure and conduct［J］. *Strategic Management Journal*，2013，34（3）：257-273.

［69］Amit R，Han X. Value creation through novel resource configurations in a digitally enabled world［J］. *Strategic Entrepreneurship Journal*，2017，11（3）：228-242.

［70］Amit R，Zott C. Crafting business architecture: The antecedents of business model design［J］. *Strategic Entrepreneurship Journal*，2015，9（4）：331-350.

［71］Amit R，Zott C. Value creation in e-business［J］. *Strategic Management Journal*，2001，22（6-7）：493-520.

［72］Ammirato S，Linzalone R，Felicetti A M. The value of system dynamics' diagrams for business model innovation [J]. *Management Decision*, 2022, 60 (4): 1056-1075.

[73] Andries P, Debackere K, Van Looy B. Simultaneous experimentation as a learning strategy: Business model development under uncertainty [J]. *Strategic Entrepreneurship Journal*, 2013, 7 (4): 288-310.

[74] Bradlow E T, Gangwar M, Kopalle P, Voleti S. The role of big data and predictive analytics in retailing [J]. *Journal of Retailing*, 2017, 93 (1): 79-95.

[75] Breidbach C F, Maglio P. Accountable algorithms? The ethical implications of data-driven business models [J]. *Journal of Service Management*, 2020, 31 (2): 163-185.

[76] Brock J K-U, Von Wangenheim F. Demystifying AI: What digital transformation leaders can teach you about realistic artificial intelligence [J]. *California Management Review*, 2019, 61 (4): 110-134.

[77] Budler M, Zupic I, Trkman P. The development of business model research: A bibliometric review [J]. *Journal of Business Research*, 2021, 135: 480-495.

[78] Burstrm T, Parida V, Lahti T, et al. AI-enabled business model innovation and transformation in industrial ecosystems: A framework, model and outline for further research [J]. *Journal of Business Research*, 2021, 127 (4): 85-95.

[79] Cappa F, Oriani R, Peruffo E, et al. Big data for creating and capturing value in the digitalized environment: Unpacking the effects of volume, variety and veracity on firm performance [J]. *Journal of Product Innovation Management*, 2021, 38 (1): 49-67.

[80] Casadesus-Masanell R, Ricart J E. From strategy to business models and onto tactics [J]. *Long Range Planning*, 2010, 43 (2-3): 195-215.

[81] Casadesus-Masanell R, Ricart J E. How to design a winning

business model [J]. *Harvard Business Review*, 2011, 89 (1-2): 100-107.

[82] Casadesus-Masanell R, Zhu F. Business model innovation and competitive imitation: The case of sponsor-based business models [J]. *Strategic Management Journal*, 2013, 34 (4): 464-482.

[83] Cennamo C, Dagnino G B, Di Minin A, et al. Managing digital transformation: Scope of transformation and modalities of value co-generation and delivery [J]. *California Management Review*, 2020, 62 (4): 5-16.

[84] Cennamo C. Competing in digital markets: A platform-based perspective [J]. *Academy of Management Perspectives*, 2021, 35 (2): 265-291.

[85] Chen D Q, Preston D S, Swink M. How the use of big data analytics affects value creation in supply chain management [J]. *Journal of Management Information Systems*, 2015, 32 (4): 4-39.

[86] Chen Y, Pereira I, Patel P C. Decentralized governance of digital platforms [J]. *Journal of Management*, 2021, 47 (5): 1305-1337.

[87] Chesbrough H, Rosenbloom R S. The role of the business model in capturing value from innovation: Evidence from Xerox Corporation's technology spin-off companies [J]. *Industrial and Corporate Change*, 2002, 11 (3): 529-555.

[88] Clough D R, Wu A. Artificial intelligence, data-driven learning, and the decentralized structure of platform ecosystems [J]. *Academy of Management Review*, 2022, 47 (1): 184-189.

[89] Corte-Real N, Oliveira T, Ruivo P. Assessing business value of big data analytics in European firms [J]. *Journal of Business Research*, 2017, 70: 379-390.

[90] Cosenz F, Noto G. A dynamic business modelling approach to design and experiment new business venture strategies [J]. *Long Range*

Planning, 2018, 51（1）: 127-140.

［91］Cozzolino A, Verona G, Rothaermel F T. Unpacking the disruption process: New technology, business models, and incumbent adaptation ［J］. *Journal of Management Studies*, 2018, 55（7）: 1166-1202.

［92］Davenport T H. *Big data at work: Dispelling the myths, uncovering the opportunities* ［M］. Boston: Harvard Business Review Press, 2014.

［93］De Luca L M, Herhausen D, Troilo G, et al. How and when do big data investments pay off? The role of marketing affordances and service innovation ［J］. *Journal of the Academy of Marketing Science*, 2021, 49（4）: 790-810.

［94］Demil B, Lecocq X. Business model evolution: In search of dynamic consistency ［J］. *Long Range Planning*, 2010, 43（2-3）: 227-246.

［95］Dmitriev V, Simmons G, Truong Y, et al. An exploration of business model development in the commercialization of technology innovations ［J］. *R & D Management*, 2014, 44（3）: 306-321.

［96］Dyer J H, Singh H, Hesterly W S. The relational view revisited: A dynamic perspective on value creation and value capture ［J］. *Strategic Management Journal*, 2018, 39（12）: 3140-3162.

［97］Fiss P C. Building better causal theories: A fuzzy set approach to typologies in organization research ［J］. *Academy of Management Journal*, 2011, 54（2）: 393-420.

［98］Foss N J, Saebi T. Fifteen years of research on business model innovation: How far have we come, and where should we go? ［J］. *Journal of Management*, 2017, 43（1）: 200-227.

［99］Frishammar J, Parida V. Circular business model transformation: A roadmap for incumbent firms ［J］. *California Management Review*, 2019, 61（2）: 5-29.

[100] Garcia-Castro R, Aguilera R V. Incremental value creation and appropriation in a world with multiple stakeholders [J]. *Strategic Management Journal*, 2015, 36 (1): 137-147.

[101] Garud R, Kumaraswamy A, Roberts A, et al. Liminal movement by digital platform-based sharing economy ventures: The case of Uber Technologies [J]. *Strategic Management Journal*, 2022, 43 (3): 447-475.

[102] Gebauer H, Arzt A, Kohtamaki M, et al. How to convert digital offerings into revenue enhancement - conceptualizing business model dynamics through explorative case studies [J]. *Industrial Marketing Management*, 2020, 91: 429-441.

[103] Ghasemaghaei M, Calic G. Assessing the impact of big data on firm innovation performance: Big data is not always better data [J]. *Journal of Business Research*, 2020, 108: 147-162.

[104] Ghezzi A, Cavallo A. Agile business model innovation in digital entrepreneurship: Lean startup approaches [J]. *Journal of Business Research*, 2020, 110: 519-537.

[105] Gioia D A, Corley K G, Hamilton A L. Seeking qualitative rigor in inductive research: Notes on the Gioia methodology [J]. *Organizational Research Methods*, 2013, 16 (1): 15-31.

[106] Greckhamer T. CEO compensation in relation to worker compensation across countries: The configurational impact of country-level institutions [J]. *Strategic Management Journal*, 2016, 37 (4): 793-815.

[107] Gregory R W, Henfridsson O, Kaganer E, et al. Data network effects: Key conditions, shared data, and the data value duality [J]. *Academy of Management Review*, 2022, 47 (1): 189-192.

[108] Gregory R W, Henfridsson O, Kaganer E, et al. The role of artificial intelligence and data network effects for creating user value [J].

Academy of Management Review, 2021, 46（3）: 534-551.

［109］Grigorios L, Magrizos S, Kostopoulos I, et al. Overt and covert customer data collection in online personalized advertising: The role of user emotions［J］. *Journal of Business Research*, 2022, 141: 308-320.

［110］Grover V, Chiang R H L, Liang T-P, et al. Creating strategic business value from big data analytics: A research framework［J］. *Journal of Management Information Systems*, 2018, 35（2）: 388-423.

［111］Guenzi P, Habel J. Mastering the digital transformation of sales［J］. *California Management Review*, 2020, 62（4）: 57-85.

［112］Gupta S, Justy T, Kamboj S, et al. Big data and firm marketing performance: Findings from knowledge-based view［J］. *Technological Forecasting and Social Change*, 2021, 171: 1-15.

［113］Haftor D M, Climent R C, Lundstrom J E. How machine learning activates data network effects in business models: Theory advancement through an industrial case of promoting ecological sustainability［J］. *Journal of Business Research*, 2021, 131: 196-205.

［114］Hajli N, Tajvidi M, Gbadamosi A, et al. Understanding market agility for new product success with big data analytics［J］. *Industrial Marketing Management*, 2020, 86: 135-143.

［115］Hanelt A, Bohnsack R, Marz D, et al. A systematic review of the literature on digital transformation: Insights and implications for strategy and organizational change［J］. *Journal of Management Studies*, 2021, 58（5）: 1159-1197.

［116］Helfat C E, Raubitschek R S. Dynamic and integrative capabilities for profiting from innovation in digital platform-based ecosystems［J］. *Research Policy*, 2018, 47（8）: 1391-1399.

［117］Hiteva R, Foxon T J. Beware the value gap: Creating value for users and for the system through innovation in digital energy services business models [J]. *Technological Forecasting and Social Change*, 2021, 166: 1-14.

[118] Holmlund M, Van Vaerenbergh Y, Ciuchita R, et al. Customer experience management in the age of big data analytics: A strategic framework [J]. *Journal of Business Research*, 2020, 116: 356-365.

[119] Huotari P, Ritala P. When to switch between subscription-based and ad-sponsored business models: Strategic implications of decreasing content novelty [J]. *Journal of Business Research*, 2021, 129: 14-28.

[120] Jacobides M G. How to compete when industries digitize and collide: An ecosystem development framework [J]. *California Management Review*, 2022, 64 (3): 99-123.

[121] Jain H, Padmanabhan B, Pavlou P A, et al. Editorial for the special section on humans, algorithms, and augmented intelligence: The future of work, organizations, and society [J]. *Information Systems Research*, 2021, 32 (3): 675-687.

[122] Jiang F, Zheng X, Fan D, et al. The sharing economy and business model design: A configurational approach [J]. *Journal of Management Studies*, 2021, forthcoming.

[123] Jocevski M. Blurring the lines between physical and digital spaces: Business model innovation in retailing [J]. *California Management Review*, 2020, 63 (1): 99-117.

[124] Johnson J S, Friend S B, Lee H S. Big data facilitation, utilization, and monetization: Exploring the 3Vs in a new product development process [J]. *Journal of Product Innovation Management*, 2017, 34 (5): 640-658.

[125] Johnson M W, Christensen C M, Kagermann H. Reinventing your business model [J]. *Harvard Business Review*, 2008, 86 (12): 50.

[126] Kanda W, Geissdoerfer M, Hjelm O. From circular business

models to circular business ecosystems[J]. *Business Strategy and the Environment*, 2021, 30(6): 2814-2829.

[127] Kazantsev N, Islam N, Zwiegelaar J, et al. Data sharing for business model innovation in platform ecosystems: From private data to public good[J]. *Technological Forecasting and Social Change*, 2023, forthcoming.

[128] Kitchens B, Dobolyi D, Li J, et al. Advanced customer analytics: Strategic value through integration of relationship-oriented big data[J]. *Journal of Management Information Systems*, 2018, 35(2): 540-574.

[129] Knudsen E S, Lien L B, Timmermans B, et al. Stability in turbulent times? The effect of digitalization on the sustainability of competitive advantage[J]. *Journal of Business Research*, 2021, 128(4): 360-369.

[130] Kretschmer T, Khashabi P. Digital transformation and organization design: An integrated approach[J]. *California Management Review*, 2020, 62(4): 86-104.

[131] Kumar S, Sahoo S, Lim W M, et al. Fuzzy-set qualitative comparative analysis (fsQCA) in business and management research: A contemporary overview[J]. *Technological Forecasting and Social Change*, 2022, forthcoming.

[132] Kunz W, Aksoy L, Bart Y, et al. Customer engagement in a big data world[J]. *Journal of Services Marketing*, 2017, 31(2): 161-171.

[133] Lanzolla G, Markides C. A business model view of strategy[J]. *Journal of Management Studies*, 2021, 58(2): 540-553.

[134] Leppänen P, George G, Alexy O. When do novel business models lead to high firm performance? A configurational approach to value drivers, competitive strategy, and firm environment[J]. *Academy of*

Management Journal, 2022, forthcoming.

[135] Liu J, Tong T W, Sinfield J V. Toward a resilient complex adaptive system view of business models [J]. *Long Range Planning*, 2021, 54(3): 1-17.

[136] Magistretti S, Pham C, Dell'Era C. Enlightening the dynamic capabilities of design thinking in fostering digital transformation [J]. *Industrial Marketing Management*, 2021, 97: 59-70.

[137] Manyika J, Chui M, Brown B, et al. Big data: The next frontier for innovation, competition, and productivity [R]. McKinsey Global Institute, 2011.

[138] Massa L, Tucci C L, Afuah A. A critical assessment of business model research [J]. *Academy of Management Annals*, 2017, 11(1): 73-104.

[139] McAfee A, Brynjolfsson E. Big data: The management revolution [J]. *Harvard Business Review*, 2012, 90(10): 1-9.

[140] Mcdonald R M, Eisenhardt K M. Parallel play: Startups, nascent markets, and effective business-model design [J]. *Administrative Science Quarterly*, 2020, 65(2): 483-523.

[141] Menz M, Kunisch S, Birkinshaw J, et al. Corporate strategy and the theory of the firm in the digital age [J]. *Journal of Management Studies*, 2021, 58(7): 1695-1720.

[142] Merendino A, Dibb S, Meadows M, et al. Big data, big decisions: The impact of big data on board level decision-making [J]. *Journal of Business Research*, 2018, 93: 67-78.

[143] Mikalef P, Pappas I O, Krogstie J, et al. Big data and business analytics: A research agenda for realizing business value [J]. *Information & Management*, 2020, 57(1): 1-6.

[144] Misangyi V F, Greckhamer T, Furnari S, et al. Embracing causal complexity: The emergence of a neo-configurational perspective [J].

Journal of Management, 2017, 43（1）: 255-282.

［145］Möller K, Nenonen S, Storbacka K. Networks, ecosystems, fields, market systems? Making sense of the business environment［J］. *Industrial Marketing Management*, 2020, 90: 380-399.

［146］Morgan-Thomas A, Dessart L, Veloutsou C. Digital ecosystem and consumer engagement: A socio-technical perspective［J］. *Journal of Business Research*, 2020, 121: 713-723.

［147］Morris M, Schindehutte M, Allen J. The entrepreneur's business model: Toward a unified perspective［J］. *Journal of Business Research*, 2005, 58（6）: 726-735.

［148］Nauhaus S, Luger J, Raisch S. Strategic decision making in the digital age: Expert sentiment and corporate capital allocation［J］. *Journal of Management Studies*, 2021, 58（7）: 1933-1961.

［149］Novak T P, Hoffman D L. Automation assemblages in the Internet of Things: Discovering qualitative practices at the boundaries of quantitative change［J］. *Journal of Consumer Research*, 2022, forthcoming.

［150］Olabode O E, Boso N, Hultman M, et al. Big data analytics capability and market performance: The roles of disruptive business models and competitive intensity［J］. *Journal of Business Research*, 2022, 139: 1218-1230.

［151］Osterwalder A, Pigneur Y. *Business model generation: A handbook for visionaries, game changers, and challengers*［M］. Hoboken, NJ: John Wiley & Sons, 2010.

［152］Osterwalder A, Pigneur Y, Bernada G, et al. *Value proposition design: How to create products and services customers want*［M］. Wiley, 2014.

［153］Pagani M. Digital business strategy and value creation: Framing the dynamic cycle of control points［J］. *Mis Quarterly*, 2013, 37（2）:

617-632.

[154] Palmaccio M, Dicuonzo G, Belyaeva Z S. The Internet of Things and corporate business models: A systematic literature review [J]. *Journal of Business Research*, 2021, 131: 610-618.

[155] Pan W, Xie T, Wang Z, et al. Digital economy: An innovation driver for total factor productivity [J]. *Journal of Business Research*, 2022, 139: 303-311.

[156] Parise S, Guinan P J, Kafka R. Solving the crisis of immediacy: How digital technology can transform the customer experience [J]. *Business Horizons*, 2016, 59(4): 411-420.

[157] Park Y, Fiss P C, El Sawy O A. Theorizing the multiplicity of digital phenomena: The ecology of configurations, causal recipes, and guidelines for applying QCA [J]. *Mis Quarterly*, 2020, 44(4): 1493-1520.

[158] Piepponen A, Ritala P, Kernanen J, et al. Digital transformation of the value proposition: A single case study in the media industry [J]. *Journal of Business Research*, 2022, 150: 311-325.

[159] Porter M E, Heppelmann J E. How smart, connected products are transforming competition [J]. *Harvard Business Review*, 2014, 92(11): 64.

[160] Porter M E. *Competitive advantage* [M]. New York: Free Press, 1985.

[161] Porter M E. Strategy and the Internet [J]. *Harvard Business Review*, 2001, 79(3): 62-78.

[162] Priem R L, Butler J E, Li S. Toward reimagining strategy research: Retrospection and prospection on the 2011 AMR decade award article [J]. *Academy of Management Review*, 2013, 38(4): 471-489.

[163] Priem R L, Wenzel M, Koch J. Demand-side strategy and business models: Putting value creation for consumers center stage [J].

Long Range Planning, 2018, 51 (1): 22-31.

[164] Ragin C C. *Redesigning social inquiry*: *Fuzzy sets and beyond* [M]. Chicago, IL: University of Chicago Press, 2008.

[165] Raguseo E, Pigni F, Vitari C. Streams of digital data and competitive advantage: The mediation effects of process efficiency and product effectiveness [J]. *Information & Management*, 2021, 58 (4): 1-13.

[166] Rahmati P, Tafti A, Westland J C, et al. When all products are digital: Complexity and intangible value in the ecosystem of digitizing firms [J]. *Mis Quarterly*, 2021, 45 (3): 1025-1058.

[167] Ross J W, Sebastian I M, Beath C M. How to develop a great digital strategy [J]. *MIT Sloan Management Review*, 2017, 58 (2): 7-9.

[168] Ross J W, Beath C M, Mocker M. Creating digital offerings customers will buy: Find the sweet spot between what technologies can deliver and what your customers need [J]. *MIT Sloan Management Review*, 2019, 61 (1): 64-69.

[169] Sanders N R. How to use big data to drive your supply chain [J]. *California Management Review*, 2016, 58 (3): 26-48.

[170] Sebastian I M, Weill P, Woerner S L. Driving growth in digital ecosystems [J]. *MIT Sloan Management Review*, 2020, 62 (1): 58-62.

[171] Sedera D, Tan C W, Xu D M. Digital business transformation in innovation and entrepreneurship [J]. *Information & Management*, 2022, 59 (3): 1-3.

[172] Siggelkow N. Persuasion with case studies [J]. *Academy of Management Journal*, 2007, 50 (1): 20-24.

[173] Simsek Z, Vaara E, Paruchuri S, et al. New ways of seeing big data [J]. Academy of Management Journal, 2019, 62 (4): 971-978.

[174] Sjödin D, Parida V, Palmie M, et al. How AI capabilities

enable business model innovation: Scaling AI through co-evolutionary processes and feedback loops [J]. *Journal of Business Research*, 2021, 134: 574-587.

[175] Sjödin D, Parida V, Visnjic I. How can large manufacturers digitalize their business models? A framework for orchestrating industrial ecosystems [J]. *California Management Review*, 2022, 64(3): 49-77.

[176] Snihur Y, Bocken N. A call for action: The impact of business model innovation on business ecosystems, society and planet [J]. *Long Range Planning*, 2022, 55(6): 1-13.

[177] Snihur Y, Eisenhardt K M. Looking forward, looking back: Strategic organization and the business model concept [J]. *Strategic Organization*, 2022, 20(4): 757-770.

[178] Sorescu A. Data-driven business model innovation [J]. *Journal of Product Innovation Management*, 2017, 34(5): 691-696.

[179] Stonig J, Schmid T, Muller-Stewens G. From product system to ecosystem: How firms adapt to provide an integrated value proposition [J]. *Strategic Management Journal*, 2022, 43(9): 1927-1957.

[180] Subramanian H, Mitra S, Ransbotham S. Capturing value in platform business models that rely on user-generated content [J]. *Organization Science*, 2021, 32(3): 804-823.

[181] Tan K H, Zhan Y. Improving new product development using big data: A case study of an electronics company [J]. *R & D Management*, 2017, 47(4): 570-582.

[182] Täuscher K. Using qualitative comparative analysis and system dynamics for theory-driven business model research [J]. *Strategic Organization*, 2018, 16(4): 470-481.

[183] Taylor S A, Hunter G L, Zadeh A H, et al. Value propositions in a digitally transformed world [J]. *Industrial Marketing Management*, 2020, 87: 256-263.

［184］Teece D J. Business models and dynamic capabilities［J］. Long Range Planning, 2018, 51（1）: 40-49.

［185］Teece D J. Business models, business strategy and innovation［J］. Long Range Planning, 2010, 43（2-3）: 172-194.

［186］Tidhar R, Eisenhardt K M. Get rich or die trying… Finding revenue model fit using machine learning and multiple cases［J］. Strategic Management Journal, 2020, 41（7）: 1245-1273.

［187］Trischler M F G, Li-Ying J. Digital business model innovation: Toward construct clarity and future research directions［J］. Review of Managerial Science, 2022, forthcoming.

［188］Vatankhah S, Bamshad V, Altinay L, et al. Understanding business model development through the lens of complexity theory: Enablers and barriers［J］. Journal of Business Research, 2023, 155: 1-16.

［189］Velu C. Business model innovation and third-party alliance on the survival of new firms［J］. Technovation, 2015, 35: 1-11.

［190］Wang G. Digital reframing: The design thinking of redesigning traditional products into innovative digital products［J］. Journal of Product Innovation Management, 2022, 39（1）: 95-118.

［191］Wang P. Connecting the parts with the whole: Toward an information ecology theory of digital innovation ecosystems［J］. Mis Quarterly, 2021, 45（1）: 397-422.

［192］Warner K S R, Waeger M. Building dynamic capabilities for digital transformation: An ongoing process of strategic renewal［J］. Long Range Planning, 2019, 52（3）: 326-349.

［193］Wielgos D M, Homburg C, Kuehnl C. Digital business capability: Its impact on firm and customer performance［J］. Journal of the Academy of Marketing Science, 2021, 49（4）: 762-789.

［194］Wiener M, Saunders C, Marabelli M. Big-data business models: A critical literature review and multi-perspective research framework［J］.

Journal of Information Technology, 2020, 35（1）: 66-91.

[195] Wirtz B W, Pistoia A, Ullrich S, et al. Business models: Origin, development and future research perspectives [J]. *Long Range Planning*, 2016, 49（1）: 36-54.

[196] Xie K, Wu Y, Xiao J, et al. Value co-creation between firms and customers: The role of big data-based cooperative assets [J]. *Information & Management*, 2016, 53（8）: 1034-1048.

[197] Yang M, Fu M, Zhang Z. The adoption of digital technologies in supply chains: Drivers, process and impact [J]. *Technological Forecasting and Social Change*, 2021, 169: 1-13.

[198] Yin R K. *Case study research: Design and methods*（5th ed.）[M]. Thousand Oaks, CA: Sage, 2014.

[199] Zhang H, Xiao Y. Customer involvement in big data analytics and its impact on B2B innovation [J]. *Industrial Marketing Management*, 2020, 86: 99-108.

[200] Zott C, Amit R, Massa L. The business model: Recent developments and future research [J]. *Journal of Management*, 2011, 37（4）: 1019-1042.

[201] Zott C, Amit R. Business model design and the performance of entrepreneurial firms [J]. *Organization Science*, 2007, 18（2）: 181-199.

[202] Zott C, Amit R. Business model design: An activity system perspective [J]. *Long Range Planning*, 2010, 43（2-3）: 216-226.

[203] Zott C, Amit R. The fit between product market strategy and business model: Implications for firm performance [J]. *Strategic Management Journal*, 2008, 29（1）: 1-26.

附　录

A. 盒马案例的访谈提纲

开放式访谈提纲：
1. 请您介绍一下盒马的发展概况及其业务特征。
2. 您认为盒马的优劣势是什么呢？
3. 盒马从目前来看是成功的，这背后主要是什么因素（或核心竞争力）的支撑呢？
4. 盒马在整个阿里体系中的定位是什么呢？
5. 阿里对于盒马倾注了哪些资源？
6. 盒马主要面临哪些挑战？如何应对？
7. 盒马的战略以及未来发展目标是什么呢？

半结构化访谈提纲：
1. 数据驱动相关
（1）盒马在哪些业务场景上应用了哪些数字技术？
（2）盒马如何基于数据和技术的驱动，重构"人货场"？
（3）盒马关于数据来源及其利用率是什么现状呢？
（4）盒马看重那些数据？这些数据是如何与业务结合的？
（5）盒马所应用的数字技术在行业中处于什么样的水平？
（6）数字技术为盒马带来了什么效益？
（7）盒马对于数字技术的规划是什么呢？
2. 商业模式创新相关
（1）盒马目前的业态布局是什么？各自侧重点有何差异？如何协同

不冲突?

（2）盒马是如何做到线上线下一体化的?

（3）用户在线上或线下的消费流程是怎样的?还有什么优化的空间?

（4）盒马的自有品牌或联名商品是如何产生的?

（5）盒马的"买手制"和"新零供关系"是如何打造的?

（6）盒马在门店作业、仓储物流等供应链层面有什么先进之处?

（7）盒马为消费者、企业、产业链，以及整个行业创造了什么价值?

（8）盒马在运营过程中看重哪些数据指标?这些指标大致水平如何?

（9）盒马如何实现规模化盈利?其商业模式的可复制和扩张性又该如何实现?

B. 研究样本名单及其部分基本信息一览表

序号	样本案例	创立时间	所属行业	细分类型
1	美团	2010-3	生活服务	提供本地生活服务（例如餐饮、住宿、娱乐、出行等）的综合性O2O平台
2	瑞幸咖啡	2017-10	生活服务	提供咖啡、茶饮、小吃等的新零售企业
3	每日优鲜	2014-10	生活服务	提供果蔬、肉蛋等生鲜产品的新零售企业
4	叮咚买菜	2014-3	生活服务	提供果蔬、肉蛋等生鲜产品的新零售企业
5	饿了么	2010-11	生活服务	提供美食、鲜花、应急商品等外卖服务的平台
6	便利蜂	2016-12	生活服务	线上线下一体化的便利店
7	多点	2015-1	生活服务	提供超市购物及配送服务的O2O平台
8	大润发优鲜	2013-6	生活服务	大润发超市组建的O2O平台
9	菜鸟	2013-5	生活服务	整合快递、物流、仓储等的供应链平台
10	口碑	2015-6	生活服务	提供餐饮、娱乐等本地生活服务的O2O平台
11	橙心优选	2018-4	生活服务	提供果蔬、肉蛋等生鲜产品的新零售企业
12	e袋洗	2014-5	生活服务	提供洗护服务的O2O企业

续表

序号	样本案例	创立时间	所属行业	细分类型
13	盒马	2016-1	生活服务	提供海鲜、果蔬、肉蛋等产品的新零售企业
14	货拉拉	2015-2	生活服务	提供货物运输服务的O2O企业
15	拼多多	2015-9	购物电商	结合社交和购物的新电商平台
16	闲鱼	2016-5	购物电商	提供二手物品交易的电商平台
17	转转	2017-4	购物电商	提供二手物品交易的电商平台
18	唯品会	2011-1	购物电商	提供品牌折扣的电商平台
19	京喜	2014-1	购物电商	结合社交和购物的新电商平台
20	蘑菇街	2011-2	购物电商	女性专属的一站式购物平台
21	考拉海购	2014-11	购物电商	跨境电商购物平台
22	手机天猫	2015-7	购物电商	高品质电商购物平台
23	玩物得志	2018-9	购物电商	收藏品的交易和交流平台
24	得物	2015-7	购物电商	新一代潮流网购社区
25	红布林	2015-10	购物电商	提供二手品牌及奢侈品交易的电商平台
26	微店	2011-5	购物电商	基于微信的电商购物平台
27	小红书	2013-6	购物电商	提供短视频内容种草和直播带货的电商平台
28	爱回收	2011-5	购物电商	提供二手产品回收及交易服务的电商平台
29	瓜子二手车	2015-7	购物电商	提供二手车交易及服务的电商平台
30	ofo	2014-3	旅游出行	提供共享单车租赁的出行服务企业
31	马蜂窝旅游	2010-1	旅游出行	提供旅游向导及攻略等服务的平台
32	T3出行	2018-7	旅游出行	提供打车服务的平台
33	首汽约车	2015-1	旅游出行	提供打车服务的平台
34	曹操出行	2015-5	旅游出行	提供打车服务的平台
35	哈啰出行	2016-3	旅游出行	提供共享单车及生活服务的平台
36	飞猪旅行	2014-1	旅游出行	提供旅行出游综合性服务的平台
37	小猪民宿	2012-7	旅游出行	提供民宿服务的平台

续表

序号	样本案例	创立时间	所属行业	细分类型
38	途家民宿	2011-12	旅游出行	提供民宿服务的平台
39	游侠客旅行	2011-1	旅游出行	通过旅游向导及住宿服务的平台
40	筋斗云出行	2017-3	旅游出行	提供电动共享单车服务的平台
41	十六番旅行	2012-3	旅游出行	通过旅游向导及住宿服务的平台

C. 仿真模型的变量设定

类型	名称	公式及参数	说明
L	大数据洞察	INTEG（大数据洞察×大数据洞察增量，1）	为保证模型的合理取值，将初始值设为1
R	大数据洞察增量	0.5×大数据速度+0.3×大数据体量+0.2×大数据种类	基于已有研究，通过专家打分及企业调研得出权重
L	价值主张	INTEG（价值主张×价值主张增量，1）	为保证模型的合理取值，将初始值设为1
R	价值主张增量	产品创新×目标市场+核心资源投入×渠道通路拓展	基于已有研究，从需求和供给两大方面进行叠加
L	用户绩效	INTEG（用户绩效×用户绩效增量，0）	为保证模型的合理取值，将初始值设为0
R	用户绩效增量	关键业务×用户关系	基于已有研究，从关键业务和用户关系进行解构
L	企业绩效	INTEG（企业绩效×企业绩效增量，0）	为保证模型的合理取值，将初始值设为0
R	企业绩效增量	客单价水平×用户规模	基于业界实践，从客单价水平和用户规模进行解构
A	产品创新	大数据洞察×产品创新系数	基于已有研究和业界实践推断而来
C	产品创新系数	0.2	新品或自有品牌占所有产品的比例，来源于企业调研

续表

类型	名称	公式及参数	说明
A	目标市场	大数据洞察 × 市场定位系数	基于已有研究和业界实践推断而来
C	市场定位系数	0.18	目标客群占总消费人群的比例,来源于企业调研
A	关键业务	大数据洞察 × 价值主张 × 业务匹配系数	基于已有研究和业界实践推断而来
C	业务匹配系数	0.72	整体业务与价值主张及市场需求的契合度,通过企业调研得到
A	用户关系	大数据洞察 × 价值主张 × 用户满意度	基于已有研究和业界实践推断而来
T	用户满意度	WITH LOOKUP (Time [(0, 0) - (10, 10)], (0, 0), (1, 0.12), (2, 0.15), (3, 0.17), (4, 0.2), (5, 0.22))	盒马 App 用户评分为 4 以上的占比,来源于七麦数据
A	用户规模	大数据洞察 × 用户绩效 × 用户净推荐值 × 用户活跃度	基于已有研究和业界实践推断而来
T	用户净推荐值	WITH LOOKUP (Time [(0, 0) - (10, 10)], (0, 0), (1, 0.17), (2, 0.25), (3, 0.41), (4, 0.48), (5, 0.54))	推荐型用户(%)减贬损型用户(%),来源于企业调研
T	用户活跃度	WITH LOOKUP (Time [(0, 0) - (10, 10)], (0, 0), (1, 0.09), (2, 0.17), (3, 0.26), (4, 0.31), (5, 0.35))	盒马年度活跃用户数占比,来源于易观千帆
A	客单价水平	大数据洞察 × 用户绩效 × 用户复购率 × 用户黏性	基于已有研究和业界实践推断而来
T	用户复购率	WITH LOOKUP (Time [(0, 0) - (10, 10)], (0, 0), (1, 0.23), (2, 0.47), (3, 0.6), (4, 0.68), (5, 0.71))	盒马用户年度留存率,来源于易观千帆
T	用户黏性	WITH LOOKUP (Time [(0, 0) - (10, 10)], (0, 0), (1, 0.14), (2, 0.18), (3, 0.22), (4, 0.28), (6, 0.33))	盒马 App 的日活(DAU)/月活(MAU),来源于易观千帆

续表

类型	名称	公式及参数	说明
A	核心资源投入	大数据洞察 × 企业绩效 × 资源投入系数	基于已有研究和业界实践推断而来
C	资源投入系数	0.08	研发支出占总营收的比例，来源于企业调研
A	渠道通路拓展	大数据洞察 × 企业绩效 × 渠道拓展系数	基于已有研究和业界实践推断而来
C	渠道拓展系数	0.26	渠道建设费用占总营收的比例，来源于企业调研
A	大数据速度	核心资源投入 × 大数据分析能力系数	基于已有研究和业界实践推断而来
C	大数据分析能力系数	0.12	从事数据分析人员占总员工的比例，来源于企业调研
A	大数据体量	用户规模 × 大数据转化能力系数	基于已有研究和业界实践推断而来
C	大数据转化能力系数	0.46	数据采集埋点占所有用户触点的比例，来源于企业调研
A	大数据种类	关键业务 × 大数据识别能力系数	基于已有研究和业界实践推断而来
C	大数据识别能力系数	0.18	盒马 App 请求获取的用户信息数目 /100，来源于七麦数据

注：L 代表存量变量，R 代表流量变量，A 代表辅助变量，C 代表常量，T 为表函数；模型的时间单位为年，时间范围为 0~10，时间步长为 0.5，采用欧拉算法。

后　　记

　　本书聚焦中国情境下的企业数字化转型或数字化创新实践，从选题敲定，到走访调研，从研究设计，到书稿撰写，历时五年有余，我也完成了从一名博士研究生向高校青年教师的蜕变，现在回想，不禁感慨万千。这五年，看似一帆风顺、波澜不惊，却实则起伏无常、暗流涌动；这五年，在学业压力和新冠疫情的双重考验下，我克服重重艰险，坚持苦中作乐，践行延迟满足，实现人生进阶；这五年，纵使身处时代洪流，世事变幻莫测，不确定性与日俱增，我始终不忘初心，恪守严于律己，不断适应环境，最终守得繁华。值此专著圆满完成之际，我最想表达的，当属感激之情。

　　首先，我要感谢我的研究生导师江积海教授。还记得硕士刚入学的时候，江老师就曾用"挖井"来比喻做学术要讲究做深做透，在江老师的耳濡目染下，我被带入了管理学研究的殿堂。着手管理学领域的学术研究并非一件轻松且有趣的事，曾多次被大量抽象晦涩的文献弄得头晕眼花，曾多次在百家争鸣的学术丛林中迷失方向，也曾多次质疑自己所做学术研究的目的和意义，可每当我想要放弃时，江老师总是以严谨的治学态度、渊博的学识见解和无私的奉献精神让我深受启迪。通过江老师极具耐心且充满技巧的传道、授业、解惑，我不仅在学术研究上豁然开朗，学到了扎实、宽广的专业知识，更进一步端正了学习态度，树立了坚持不懈、刻苦钻研、努力奋斗的人生价值观。博士期间，在江老师一如既往的引导和支持下，我始终保持奋力求学和不断探索的志向与初心，见到了更广阔的世界，翱翔于更浩瀚的宇宙。这期间也会有各种挫败和质疑，而江老师总是能结合对业界和学界的深刻洞察，高屋建瓴地

后记

帮我指明前进方向并出谋划策，我也因此披荆斩棘、不断进步。正是因为有了江老师的循循善诱和谆谆教导，我才能从一个科研小白成长为一名初步具备独立科研能力的学者，这为本专著的顺利完成奠定了坚实基础。在此，我要向江老师致以最衷心的感谢和最崇高的敬意。

其次，我要感谢为我提供调研和访谈支持的企业高管们，包括阿里巴巴集团的宋逸群女士、谭熹琳女士，盒马事业群的原若凡先生、王菁女士，云从科技的姚志强先生，海云数据的姬铭静女士等，正是由于他们的全力配合与周至安排，我才得以获取宝贵的企业一手资料来进行学术研究。

然后，我要感谢疫情防控期间无私开展线上讲座的众多校内外老师们，他们包括肖静华老师、谢康老师、毛基业老师、张玉利老师、苏敬勤老师、杜运周老师、杨俊老师、乔晗老师、井润田老师、许晖老师、朱庆华老师、韩炜老师、卫田老师、李小玲老师、张勇老师等，是他们让我足不出户就可以和学术大家们交流学习。此外，我还要感谢论文投稿期刊的编辑老师们，包括《外国经济与管理》的宋澄宇老师，《南开管理评论》的周轩老师、孙毅老师和徐芳超老师等，正是由于他们对稿件的高效处理和及时沟通，我的研究成果才得以更精细地呈现和更广泛地传播。

最后，我要感谢我的家人对我一如既往的关怀和照顾，家人永远是我最坚强的后盾和最温暖的港湾。

总之，本专著凝聚了我读博以来近五年的精力与心血，在一定程度上对中国情境下的企业数字化转型或数字化创新实践做了新解读，为业界提供了行动参考、为学界贡献了理论新知。道阻且长，行则将至。在以后的教学科研工作中，我将进一步探索数智时代下的企业管理实践，以躬身入局和知行合一的姿态，在不忘初心、教书育人的同时，研究中国问题、讲好中国故事！

王烽权

二〇二四年九月于南山书院